U0666720

中庸全解

(东周) 子思◎著　墨非◎编译

中国华侨出版社

图书在版编目（CIP）数据

中庸全解 /（东周）子思著；墨非编译. — 北京：中国
华侨出版社，2016.4（2021.2 重印）

ISBN 978-7-5113-6032-8

Ⅰ. ①中… Ⅱ. ①子… ②墨… Ⅲ. ①儒家②《中庸》一
研究Ⅳ. ①B222. 15

中国版本图书馆 CIP 数据核字（2016）第 068415 号

● 中庸全解

编　　著 /（东周）子思著　墨非编译

责任编辑 / 文　喆

责任校对 / 志　刚

装帧设计 / 环球互动

经　　销 / 新华书店

开　　本 / 710 毫米×1000 毫米 1/16　印张 /19.5　字数 /308 千字

印　　刷 / 三河市嵩川印刷有限公司

版　　次 / 2016年5月第1版　　2021年2月第2次印刷

书　　号 / ISBN 978-7-5113-6032-8

定　　价 / 58.00 元

中国华侨出版社　北京市朝阳区静安里 26 号通成达大厦 3 层　邮编：100028

法律顾问：陈鹰律师事务所　　　　编辑部：（010）64443056　　64443979

发行部：（010）64443051　　　　传　真：（010）64439708

网　址：www.oveaschin.com　　　E-mail：oveaschin@sina.com

前　言

　　《中庸》本为《礼记》中的一篇，相传为孔子的孙子子思所作，朱熹将其与《论语》、《大学》、《孟子》并称为"四书"，认为它是最重要的儒家典籍之一。如其名，中庸主要讲解的就是有关"中庸之道"的问题。

　　"中庸之道"，也被称为"中和"、"中和之道"，它是儒家最高的道德修养标准，最高的立身处世原则。孔子曾感慨："中庸之德其至矣乎！"历代儒家君子都以追求中庸、恪守中庸，为修身养德的原则。

　　什么是中庸呢？历代大儒都给出了自己的理解。汉代的郑玄说，"名曰中庸，以其记中和之用也。庸，用也。"也就是去极端，取中间。宋代的程颐解释说，"不偏之为中，不易之为庸。"也就是没有偏颇，恒定有常。朱熹注解说，"中者，不偏不倚，无过不及之名。庸，平常也。"即不偏不倚，保持平常之心。他们的解释都符合中庸之道，但也都不能完全概括中庸之道。

　　中庸之道，小而言之，就是"不偏不倚"四个字而已，可要推广开来，天下万物运行之理无不囊括其中，大千世界各种处世智慧无不由其衍生；小处可以遵守它修养个人的品德，保全自身；大处可以遵循它治理天下，引导万民；浅显处极为普通，不脱离平常的衣食住行；精深处难以言说，连至明的圣人都无法说得清楚。

　　如今很多人一提到"中庸"，就认为它是告诉人们做个平庸之人，告诉人们不做出头鸟，其实，这是对中庸的极大误解。中庸告诉人们如何把任何事情都做得恰到好处，告诉人们如何避免修身、行事、处世中的各种错误，它能将人们的道德、见识都培养得至厚至高，能引导普通人成为值得尊敬的圣人君子。可以说，它是一部儒家最高"智慧的秘籍"，指明了人生的大道，给出了事业成功、生活与健康的根本理论。

虽然成书已逾两千多年，但《中庸》中闪耀的智慧光芒、道德光芒，却未有一丝褪色。在现代社会中，人们依然需要恪守中庸之道，而且是不能须臾背离的。遵守中庸德行就能进步，事业就能成功，生活就能幸福，声望功绩就能彰显；违背中庸，事业、生活都会遇到挫折，人生的价值就不能实现。

从《中庸》中我们可以读到"以德为本"、"修身为贵"、"守礼好义"等做人的基本道理；也可以读到"亲贤远佞"、"谦恭不满"、"自强不息"、"言行一致"等具体的修身原则；还能读到"如何面对困难"、"如何追求勇和智"等先圣对人生迷茫的指导。人们常常感慨不知道怎样活着，不知道为何奋斗，不知道人生应该追求什么，如果能够好好读读《中庸》，这些困扰人生的问题都会迎刃而解，人生一定会进入一个新的层次、新的境界。

本书对《中庸》全文进行了详细的注释、解读，力求用平白浅近的语言将先圣的大道阐述出来，使读者能够清晰地了解中庸之道的精髓。在解读之后的"哲理引申"内容中，结合了很多历史史实、现实案例、哲理故事等对原文大义进行拓展，抛砖引玉，定可使读者有所感悟，从而在心灵、智慧之上领悟先贤的思想精华，更上一层楼。

谨望此书能对读者有所帮助，因为学识有限，书中存在疏漏不足之处，还望读者包涵、指出。

目　录

一、天命章

天命①之谓性，率性②之谓道，修道之谓教。

道也者，不可须臾③离也；可离非道也。是故君子戒慎乎其所不睹，恐惧乎其所不闻。莫见乎隐，莫显乎微，故君子慎其独也。

喜怒哀乐之未发，谓之中；发而皆中节④，谓之和。中也者，天下之大本也；和也者，天下之达道也。致中和，天地位焉，万物育焉。

注　释

①天命：天赐禀赋。

②率性：遵循本性。

③须臾：片刻、倏忽之间。

④中节：合乎礼仪法度。

译　文

天赐禀赋即为"性"，顺性而行即为"道"，修道养善即为"教"。

"道"是不能有一时一刻背离的；可以背离的便不能称为"道"。所以，君子在没人看到的地方依然保持谨戒，在没人听闻的地方依然有所畏惧。对于君子来说，没有比隐蔽的地方更为显明的了，没有比细微的事情更为显著的了，所以君子在独处之时尤为谨慎。

喜怒哀乐等情感还未显露出来，就叫"中"；显露出来后都合乎节度，就叫"和"。"中"是天下最根本的状态；"和"是天下最普遍的原则。达到了

"中和"的境界，天地便各得其所了，万物便生长繁育了。

经典解读

《中庸》开篇即指出，有"性"，有"道"，有"教"。所谓"性"，就是上天赐予人的禀赋，即常说的人性。遵循着这个本性而行事，不使本心被外欲所蒙蔽便是"道"。上天赐予的本性相同，而人的习性各异、品行不一；所应遵守的大道相同，很多人却背离正道，或有过、不及的偏差，这说明不仅要知天、知性，更要主动地对自己的品性进行修养，使自己所行之道合乎先贤圣人之道，也就是"教"。

"教"就是修道，就是养性，既包括教化自己，也包括教化他人——个人要以前代圣贤为规矩，不断修饰教化自己；有德君子还要行絜矩之道，去教化引导世人。个人只有不断自修，道德才能不断提高，行事才能不偏离正道，才可以称为顺应天命；君子只有不懈教人，才能让世人走向正道，实现上天赐予自己的使命。

坚守正道，修养德行，不能有一时背离，不能有丝毫松懈。越是在别人看不到的地方，就越应恪守原则，越是在众人所不知的事情上，越应有临渊履冰般的小心。即修道养德不是为了别人，而应真正出于本心。别人虽然不知道，但自己心里明白，他人可欺，内心难欺，他人可瞒，天地难瞒，所以君子要慎其独，要做到"君子独处，守正不挠"。

所谓"中"，就是正，不偏颇。文中以情感而言，即"喜怒哀乐之未发"，怀有宁静淡泊之心，不要让各种情感扰乱内心，使自己言行偏离中正，便是"中"。"中"显示在行事之中，就是"恰当"，做什么事恰到好处，既不要做过头，也不要做得不足。"中"是天下最根本的状态，是天地万物之所以能有序运行的根本，也是圣贤处世的基本原则。

所谓"和"就是有度，有节制。以感情而言即喜怒哀乐等情感表达出来合乎人性，符合常情。不过于喜乐，以致荒淫放纵；不过于哀怒，以致凄凉怨恨。显示在行事上就是有常、有度，无所乖戾、无所放纵，与世和谐，与人和谐。"和"是天下最普遍的原则，万物和谐发展才能繁荣昌盛，智者和谐处世才能通达无碍。

《中庸》一书的核心便是通过"教"，让人守正道，顺天命，达到"中和"的境界，使人心平和，社会和谐，天下万物都和谐融洽。

<u>哲理引申</u>

修德养性 顺承天命

"天命之谓性，率性之谓道，修道之谓教。"古人相信天命，认为顺应天命才是人生的正道。《中庸》开篇提出"性"、"道"、"教"三个概念就是为了要求人们以"教"修道，以"道"全"性"，以"性"顺天命，从而实现所谓的"天人合一"。但很多人对"性"和"道"存在误解，认为肆意而为、不受任何约束便是回归了本性，便是遵守了"道"，这就是忽略了"教"这一最重要的环节。

儒家所强调的"性"，不是那种生物学上的本能。人渴了要喝水，饿了要吃饭，困了要睡觉，这些的确是所有人的共性，是天生就具有的，不用去教而人人都会做的。但儒家经典中所说的"性"，并非指这些。所谓的"道"，也并非是从这一点出发而具有的行为。孟子就清楚地指出："口之于味也，目之于色也，耳之于声也，鼻之于臭也，四肢之于安佚也，性也，有命焉，君子不谓性也。仁之于父子也，义之于君臣也，礼之于宾主也，智之于贤者也，圣人之于天道也，命也，有性焉，君子不谓命也。"《中庸》中所说的"性"，也是恻隐之心、羞恶之心、辞让之心、是非之心，这些上天赐予人的善良本性，《中庸》中所强调的"道"也是让人们遵守仁义礼智，而不是单单让人会喝水、吃饭、睡觉罢了。

很多人的错误就在于认为安命守道，就是遵从生物学上的本能，不受礼仪约束，想怎么放纵就怎么放纵。他们其实不是顺承天命，而是背弃天命，不是守道，而是无道。这些人行事没有原则，很容易受到外界干扰而走向邪僻之路，丧失仁善之心，最终惹得天怒人怨，被上天所抛弃。

商朝最后一任帝王——纣，就是一个背弃正道，荒淫放纵，从而被上天、人民所抛弃的人。

纣王是商王帝乙的儿子，他有个哥哥叫微子启。帝乙立太子的时候本该立微子启，但商朝太史站了出来，说微子启和纣虽然是一个母亲所生，但生微子启的时候他们的母亲还是妃子的身份，生纣的时候才被册立为王后，这样看来纣才是嫡子，应该立年龄小的纣为继承人。帝乙觉得有道理，加上平时就觉得小儿子各个方面都很出色，聪明绝顶，能言善辩，力气又大。于是就立了小儿子为世子，希望他能为商王朝带来新的活力，这也就是后来的纣王。

但纣王并未像他父亲所期望的那样，登上帝位以后，他很快就变得骄傲起来，性情中残暴贪婪的一面也逐渐显露出来。他总觉得自己这么优秀，生在帝王之家，一定是天命所归，自己想怎么样就可以怎么样。想吃好吃的东西，就到处搜求，强迫诸侯进贡奇禽异兽；想住舒服的地方，就征发百姓，大兴土木，建造华美的宫室楼阁；想要美女就四处派人搜寻，搞得民间鸡飞狗跳，民不聊生；想显示自己的权威，便随意虐杀大臣、百姓，杀戮诸侯……

西伯姬昌、九侯、鄂侯是三个诸侯长，担任商朝三公。九侯有个女儿很美，将其献给了纣王，但九侯的女儿看不惯纣王荒淫放纵的生活，惹怒了纣王，纣王便将其杀死，又杀了九侯。鄂侯为此事争辩了几句，纣王一怒又将鄂侯杀死，还残忍地将其做成了肉干。诸侯、大臣没人再敢进谏。西伯在背后非议了几句，就被纣王囚禁起来，险些处死，多亏周人进献了很多美女、珍宝，才得以逃生。

纣王的放纵无道，惹得诸侯都心生不满，商王朝的威望越来越低，这时，周国开始强大，征讨无道的诸侯，诸侯都有归顺之心。殷商大臣祖伊很担忧，跑着去见纣王说："上天要断绝我们殷商的大命了，无论以人事而看，还是占卜预测，都没有一点吉兆。并不是先王不佑护我们，而是大王您荒淫无道自绝于天啊！"没想到纣王满不在乎地说："我生下来就要做天子，这难道不是天命吗？"他觉得自己想做什么就做什么，这便是顺应了天命、天道。祖伊看他有这种狂悖的想法，只好叹息着出去了，说："纣王不可以劝谏了！"

比干是纣王的叔叔，他不忍心看到社稷倾覆在自己眼前，便犯颜直谏，结果言语上激怒了纣王，纣王竟下令将其剖心杀死。自此，再也没人敢进谏了，大臣们或是假装疯狂，或是趁早逃亡，很快纣王身边便只剩下了阿谀奉承、能够讨好他的小人。不久，周武王讨伐殷商，纣王发兵抵抗，但百姓对其早就痛恨到了极点，军队临阵倒戈，反攻纣王，纣王只好带着自己的珍珠财宝，到鹿台上自焚而死了。

商纣王认为自己身为帝王就是天命，自己顺从欲望为所欲为便是"道"，却不知这种放纵、不加约束正是背弃天命、背弃正道的行为。上天赐予人们单纯善良的禀性，使人们具有了仁义礼智等美德的开端，但现实生活是复杂的，其中存在各种各样的诱惑和错觉，如果没有正确的引导，人就很有可能走向邪僻、罪恶的道路。

就像树木需要扶植、修剪一样，人也需要正确的教导、规范。有的人长大成了君子、圣人，有的人长大成了小人、罪犯。并不是上天赐予了他们不同的禀性，命运注定了他们的人生道路不同，而是他们所受的熏陶、引导不同。从小教一个孩子为善之道，他就会变得善良仁慈；从小让他生活在欺骗、背叛的环境中，他自然也会学得这些；努力修养自己的德行，以圣人为规矩，德行必然与日俱增；每日荒淫放纵，为非作歹，德行必然与日俱损。

所以说，合乎天命与否，合乎大道与否，关键还是在于后天的"教"。人生之中不应随波逐流，放纵懈怠，而要不断切磋琢磨，提高道德修养，也就是孟子所说的"存其心，养其性，所以事天也。夭寿不贰，修身以俟之，所以立命也。"

率性而为即为道

《中庸》中指出"率性之谓道"，很多人对此不能理解，认为如果顺从本性就叫"道"的话，那哪里还用修道，想做什么就做什么，想怎样行事就怎样行事，这不是和儒家遵守礼仪，坚持道义的要求相违背吗！其实，并非如此。修道固然是要求人们约束自己的本性，但这并非是对本性的违背，更不是对上天赋予人的天性的戕害。

"人之初，性本善"，在以孟子为代表的儒家大师眼中，人生来就具有仁义礼智等美德的开端，即恻隐之心、羞恶之心、辞让之心、是非之心。然而，到了世俗之中往往很多人不按道德、礼仪行事，在各种外欲的诱惑之下，他们为所欲为，行邪恶不法之事，所以世上才有了各种罪恶。也就是说，上天赋予人的本性之中不仅有各种各样的愿望，同时也包含着各种规则。圣人体悟到了这些规则，所以按照它们制定了礼仪。能够恪守这些礼仪、原则的人才是真正顺从本性的人，而那些被外欲所驱使，背弃道德原则，蔑视礼仪的人，自以为是在率性行事，其实是真正的迷失了本性。

率性而为，不是不守礼仪，故意追求特立独行，而是能够知道人生真正的意义是什么，自己真的需要什么，不被各种欲望所迷惑，孔子的弟子颜渊就是这样的人。颜渊生活十分贫苦，居住在僻陋的巷子之中，每天吃些十分粗糙的食物，但他十分热爱学习，每次听闻老师有益的教诲就铭记于心，时刻践行。因为贫穷的生活，刻苦的学习，他年纪轻轻就长了白头发，显得十分苍老。周围的人都不理解他，为他如此艰苦的生活感到怜惜。当时，有了学问的人就可以出去做官，颜渊却不以做官为乐，将全部心思都放在求学修身之上。孔子对他十分赞赏，称道："颜回真是贤能啊！一箪粗食，一瓢清饮，居住在陋巷之中，别人都忍受不了这种清苦，而颜回却不改变他的欢乐。贤能啊颜回！"

世人都以高官厚禄、吃喝享受为乐事，而颜渊却独独以学习、修身为乐；世人都以驰骋畋猎，宴饮舞乐为乐，而颜渊却独独以恪守仁德礼仪为乐。世俗之欢乐的背后是无限的空虚和危机，而颜渊的欢乐背后是内心的充实和道德的完善。到底哪一种欢乐才是顺从自己的本性，哪一种欢乐才能让人得到更好的发展，一目了然。得道之人，正是因为知道了这一点，所以他们不愿沉溺于世俗的欢乐之中，不愿被那些世俗事务所纠缠，他们在不断的求知和修养中追求自己的快乐，坚守自己的本性。庄子就是一个懂得率性而为的大智者。

庄子很有学问，文章写得又很好，很多君主都想让他为官，但庄子却对他们所许诺的厚禄高位不屑一顾，只想自己逍遥自在地生活。一天，楚王读了庄子的文章，大为欣赏，便立刻将国中宰相的位置空出来，派了两个亲信大夫前去迎请庄子。楚国大夫赶到时，庄子正在濮水边钓鱼，对这两位权贵不闻不问。二人受命而来，恭敬地等在旁边，直到庄子收起鱼竿，准备起身时才走上前去，拜见庄子说："先生具有治世之才，何必要屈身在濮水边垂钓呢？我们听说很多诸侯想邀您做官，都被您拒绝了。您一定是在等待更好的机会。"庄子看了他们一眼，笑了笑。楚臣接着说道："如今先生的机会到来了，楚国是天下最强大的国家，如今楚王又是一代英主，他现在将宰相的位置空了出来，就等着将国政托付给先生了。先生如果到了楚国，一定可以建立一番事业，扬名天下，获得一生享用不尽的富贵。"

庄子听后，看着鱼竿，对楚臣说："我听说楚国有一只神龟，已经死了三千多年了，楚王用锦缎将它的壳包好珍藏在宗庙之中。你们说这只神龟是愿意死去留下骨头让人珍藏，还是愿意活着在泥水中摇曳着尾巴游来游去呢？"

楚臣说："情愿活在泥水中游来游去。"庄子转过头，笑着对他们说："我现在就在泥水中摇着尾巴游来游去呢，为何要放弃这种快乐去追求那些死后都享用不尽的荣华富贵呢！你们请回去吧！我宁愿在烂泥里摇尾巴！"

庄子和颜渊虽然一道一儒，学说观点有很大不同，行为性格也差异悬殊，但他们都能不被外欲所迷惑，坚守自己的本性，把那些世俗之人梦寐以求的地位、财富、权力视为敝屣。可惜，世上真正能够做到这点的人并不多。很多人并不明白什么才是自己真正需要的，自己应该追求什么。他们在花天酒地中虚度岁月，在歌舞酒宴之间寻求短暂的快乐；他们将获得财富、名声看作自己的最高目标，甚至不惜为了获得它们而放弃原则，抛弃亲情，背叛朋友……他们丧失了上天赋予人的纯洁本性，迷失在了各种虚幻的快乐和欲求之中，还嘲笑那些没有和他们一起追逐欲求的人。但当生命迷雾散尽之时，他们才会感到深深的空虚和悔恨，然而，那时他们大多已经迷失得太远了。

率性不是为所欲为，肆意追求外欲，而是在道德原则之内保持自己的本性。懂得这个道理的人才是真正的得道者，这样的人生才是有意义的人生。

恪守正道不可须臾偏离

"道"是不能有一时一刻背离的；可以背离的便不能称为"道"。所以修道的君子，必须在任何事情上都恪守原则、道义，不能有一毫偏离，否则就会前功尽弃，使自己的行为变得虚假不实。《菜根谭》中有这样一句话："一念错，便觉百行皆非，防之当如渡海浮囊，勿容一针之罅漏；万善全，始得一生无愧，修之当如凌云宝树，须假众木以撑持。"平常行善不难，一生无愧很难。修道正是如此，合乎道义的事做起来并没有那么困难，即使儒家视为最高道德的仁，也不是难以接近的，难就难在事事都符合道义，天天都坚持仁德，永不缀弃，永不违背。

孔子赞扬弟子颜渊时曾经说过："回也，其心三月不违仁，其余则日月至焉而已矣。"众多弟子都能接近仁，但只有颜回能够长期坚持下去，其他弟子不过短时间内做做罢了。世人大多都有修道向善之心，但很多人只是口头上说说，或是做上一两件善事，坚持十天半月，时间长了以后，就将自己的初衷忘掉了，又变回了原来的样子。所以他们终究不能在追求善道之路上前行太远，在为学修身中取得什么成就。

　　还有的人，虽然坚持了很久，但并未将道德、原则融合于灵魂之中。他们为善完全是为了获取虚名虚誉，骗取世人的好感和称赞。一旦事情对他们的声誉地位没有影响的时候，他们便会从自己的利益、私欲上进行选择，从而违背长期坚持的原则，做出让自己从前的行为蒙羞，让自己以后将会懊悔的事。秦朝丞相李斯，就犯了这样的错误。

　　李斯是儒家大师荀子的弟子，他跟随老师学习多年，立志要建立一番功业、扬名天下。后来，他辞别老师，来到了秦国，很快得到秦国丞相吕不韦的重视，在秦国做了小吏。但不久以后，因为韩国间谍郑国入秦之事，秦王下逐客令，准备驱逐诸侯客卿。李斯上《谏逐客书》阻止，这份谏书让秦王认识到了他的才能，对其十分赞赏，不久便任命其为廷尉。在秦始皇统一天下的过程中，李斯竭忠尽智，立下了汗马功劳，最后被任命为丞相。他协助秦始皇统一天下，反对分封制，坚持郡县制，又参与制定法令、礼仪，做出了巨大的贡献。

　　但李斯建功立业、治理国家并非完全像先贤那样出于"治国、平天下"、造福百姓的历史使命感。他年轻的时候，在茅厕中看到老鼠，这些老鼠以污秽为食，看到人就惊慌失措地逃走；后来他又在米仓中看到老鼠，这些老鼠吃的肥肥胖胖，看到人也大摇大摆的不知回避。于是他感慨道："一个人有没有出息，就如同老鼠一样，是由自己所处的环境决定的。"他认为一个人应该抓住一切机会，为自己争夺一个有利的地位。在这种想法的驱动下，他展示了自己的才华，建立了丰功伟绩，为了维护秦国的统治也曾如其他忠臣那样怒斥奸臣赵高，不断劝谏荒淫无道的秦二世。如果单看这些，李斯完全称得上是个贤臣忠臣。但世人很少如此看待他，因为他不仅做过这些，还为了维护自己的权利地位做了很多违背道义，有害国家的事。

　　韩非也是荀子的弟子，年轻时和李斯交好。韩非口吃不善言辞，但文章写得很好，提出了很多治国方略，秦王读了他的文章以后，倾慕不已。恰好韩非的学说不被韩王采纳，便来到了秦国投奔李斯，很快受到秦王的重视。李斯看到这个老朋友，心中并没有过多的欢喜，他没有顾及昔日的情谊，没有考虑为国家吸纳贤才，反而担心起自己的地位来了，想："自己才能不如韩非，若韩非在秦国得势，岂不要夺去了自己的位置！"于是他向秦王进谗说，韩非是韩国公子，表面上是为了秦国考虑，实际都是为了韩国。秦王听了以后，以为受到韩非欺骗，心中愤怒，立刻将韩非投入狱中。李斯又私下给韩非毒药，告诉他秦王不会释放他了，与其受辱，不如吞毒自杀。韩非失望无助，只好自杀而死，秦王感到后悔想要赦免他时，已经晚了。

后来秦始皇巡游天下，在途中去世。始皇遗诏让贤明的公子扶苏继位，但赵高、胡亥阴谋夺取权力，拉拢李斯篡改诏书。赵高找到李斯，问："如今皇上驾崩，外人无从得知，诏书、印玺都在我的手中，丞相看该怎么办呢？"李斯大惊，听出赵高想要篡改诏书的意图，当下拒绝，义正词严地斥责道："皇帝刚刚去世，你怎么能说出如此大逆不道的话！李斯本出身微贱，幸得先皇赏识才有了今日的位置，怎能辜负先皇的重托，背叛国家呢！"赵高看着他，笑道："丞相自己认为才能、功绩、谋略以及扶苏的信任哪点能比得上蒙恬呢？"李斯沉默半晌，黯然答道："我都不如他。"赵高说："扶苏一旦继位，一定会重用蒙恬，他们对您颇有微词，那时只怕你不仅不会得到任何好处，连今日的位置都保不住了！胡亥为人仁慈，对您又十分敬佩，不如立他为皇帝，那样你就可永保富贵，不失丞相高位了。"

面对赵高的诱惑，李斯最终辜负了秦始皇的重托，忘记了他口中的国家社稷，参与篡改诏书，并谋害了扶苏、蒙恬。然而，他的富贵并没有能够长保，秦二世荒淫无道，信任奸佞，大秦帝国很快衰落，李斯这时才知道自己的过错，他想通过苦谏让胡亥醒悟过来，可一切都是徒劳。昏庸的胡亥宠幸赵高，将李斯协助秦始皇创建的天下大业一步步毁掉了。李斯本人，也因为赵高的谗言，被下狱判处腰斩的酷刑。

李斯作为荀子的弟子，自然熟谙儒家修身、处世之道，可他却不能算是个得道的贤人，就是因为他对那些君子应该恪守的原则大道不能时刻坚守。在面对利益诱惑的时候，他抛弃了忠信、仁义之心，为了保住自己的位置不惜陷害朋友，为虎作伥。所以，知道正道容易，能够坚持正道，没有一时一事的背离难。

很多人平时能够按照正人君子的原则处世，但面对大的诱惑之时便产生了侥幸之心，认为自己违背一次不算是大过，没人知道就不影响修行。殊不知，修道养德如筑建千里高堤，有一毫的松懈就会前功尽弃，有一丝的漏洞就可能全盘溃毁。所以孔子说："君子无终食之间违仁，造次必于是，颠沛必于是。"只要选择了正道，就不能须臾之间放弃，无论面对多大的诱惑，处于如何幽隐、危险的环境中都不可在原则上松懈半步。

君子独处 守正不挠

君子修德是真正追求内心的不断完善，而不是做点好事给别人看，求点好名声当上位阶梯的。所以，无论有没有人在身旁，处于公开场合还是私下场合，都应该严格要求自己，表里如一地坚持道德原则。

有人说修养可以分为三个层次，一是不在乎别人监督，这种人无论别人关注他与否，他都不在乎。并不是他没有毛病，而是其缺少廉耻之心，即使做了不道德之事，别人鄙视他、议论他，他也不在乎。甚至还以自己的丑行沾沾自喜，到处向人炫耀。这种人就是失去了是非、羞恶之心，是最没有修养的。其次，是在乎别人的监督，这种人好面子，为了保全自己的面子，会做一些表面上的善事，至少在他人面前是一副谦谦君子的形象。虽然他们修身还不到火候，但相对于前面的一种人已经是很大的进步了。所以孟子说："从不知羞耻进步到知道羞耻，就可以免除羞耻了。"第三种人，不需要监督，这种人是真正的有德君子，无论他人在不在身旁，是否看着自己，他们都能自觉地控制自己的欲望，坚持道德原则。

古人修身最看重的就是慎独，一个人德行如何，并不看他在公共场合做得如何，而要看在没人的时候他是怎么做的。柳下惠被视为道德典范，就是因为他做到了慎独，在私密的场合中也能坚持节操，坐怀不乱。而那些当面一套，背后一套，表面上满口仁义道德，背后却无恶不为的人，只能被人们称为"伪君子"。要想免去这种表里不一的讥讽，真正在修道之路上有所成就，就必须时刻严格要求自己，在私下隐秘之处也绝不放荡恣肆。所以《菜根谭》中说："青天白日的节义，自暗室屋漏中培来。"只有慎独守正，表里如一才能得到他人的尊重，才算得上是个真正的贤士。东汉名士杨震就是个能够慎独的人。

杨震小的时候父亲就去世了，家中十分贫寒。但他在贫苦之中不废学业，通过刻苦努力，成为了当时天下闻名的博学之士。杨震精通《尚书》，对其他儒学典籍也研究透彻，当时的学者都将其称为"关西孔子"。杨震年轻时以教书育人为业，州郡长官多次聘请他前去做官，都被他谢绝了。后来当权的邓太后也听闻了杨震的贤能，便亲自下诏请他做官，杨震这才出仕，当时他已经五十多岁了。

　　杨震做官以后，时刻用先贤之道要求自己，公正廉洁，不谋私利，受到朝野一致称赞。在做荆州刺史的时候，杨震发现了一个叫王密的小官，做事十分干练，才华出众，便向朝廷推举王密担任昌邑县县令。不久以后，杨震调任东莱太守，赴任途中恰好路过昌邑。王密听说恩师经过，便亲自到郊外将杨震迎接到昌邑休息。

　　晚上，王密前去拜会杨震，两人聊得十分高兴，不知不觉已到深夜，随从们都回去睡了。这时王密才起身告辞，将要出门的时候，王密忽然从怀中掏出一包黄金，放到桌上，对杨震说："恩师远行，途经本县，学生没有准备什么礼物，这点黄金就当您的盘缠吧！"杨震看到黄金，脸色顿时一变，说："从前我举荐你，是因为看到了你的真才实学，希望你能为百姓做点好事。如今你这样做，岂不是违背了我举荐你的初衷，辜负了我的期望。你真想报答我，只需要好好为官，为国家、百姓多做实事就行了。"王密赶忙答应，但还是要坚持将黄金留下来，充作杨震的盘缠。杨震无奈地说："官员之间互赠金银不符合朝廷法规，黄金你还是拿回去吧，我万万不能收下。"王密见恩师如此固执，就说："三更半夜，只有您和我在这儿，不会有人知道的，您就将学生的这点心意收下吧！"

　　他这话一出，杨震勃然变色，怒斥道："你这是什么话！天知、地知、你知、我知，难道还不值得畏惧吗？你怎么可以说没有人知道呢？即使没有别人在这里难道我们平时所讲的道理，所坚持的原则就可以放弃了吗？没有人知道就可以违背自己的良心了吗？"王密看到老师的决心，知道自己的失言，也认识到了自己修养上的不足，羞愧得满脸通红，向老师承认了错误，连忙拿着金子离开了。

　　人可以欺骗别人，但欺骗不了天地，欺骗不了自己的良心。修身养德来不得半点虚假，必须是发自内心深处的，所以君子不在意有没有人看着自己，他们做事只须问心无愧，对得起天地良心即可。所以，无论是处于大庭广众之下，还是处于没有他人的私下场所，他们都能坚守正道，不会有丝毫松懈。也正因为如此，他们的德行才能不断进步提高。而那些表里不一，为了博取虚名虚誉而伪善的人，一切修行都是做给别人看的，有人时一副道貌岸然的样子，没人时立刻变得不知廉耻，一分的进步后面跟着十分的退步，他们的德行永远不会有所提高。而且，他们虚假总有一天被世人所看穿，他们骗取的虚名虚誉也终究将全部失去。《大学》中说："人之视己，如见其肺肝然。"任何虚伪做作只能像皇帝的新装一样欺骗自己，不能带来任何道德上的增益，所以君子要诚意、慎独。

居中守正 不因喜怒违背原则

"喜怒哀乐之未发，谓之中；发而皆中节，谓之和。"这就是告诉人们要善于控制自己的情绪，不要因为受到外界干扰而骤喜骤悲，从而在情绪的驱使下作出极端、有悖原则的选择；也不要因为对事物的不同感情，而违反原则，作出不同的处置方式。《大学》中指出："身有所忿，则不得其正。有所恐惧，则不得其正。有所好乐，则不得其正。有所忧患，则不得其正。"一个人如果被极端情绪所驱使，能够坚持正道，不违背道德原则就很难了。

我们常常都会有这样的经历，当你过于激愤，或过于兴奋时，往往会作出一些令自己事后都吃惊的抉择，有时这些抉择会让自己悔恨不已，痛骂自己为什么竟有那么荒诞、愚蠢的念头。这就是未能时刻坚持中庸之道，从而导致"感情用事"的缘故。要想避免这种错误，就需要时刻克制自己的欲望、情绪，理性处事，时刻将应该恪守的原则放在心中。一个人无论是修身还是治国，要想取得一定成就，必须具有这种品德。

作为领导者，一言一行都足以影响到整个国家，如果他性情宽和，心胸广阔，便能够采纳善言，包容犯颜直谏的下属，贤人也就会亲近他。相反，若他性情偏激、心胸狭隘，遇到喜事便忘乎所以，遇到烦恼便迁怒于他人，直谏的人他怀恨于心，不经意间得罪他念念不忘，时刻想着打击报复，这样的人是不会有任何成就的，他的身旁一定也会汇聚着阿谀奉承、迎逢拍马的小人。

唐太宗李世民之所以能够开创贞观盛世，和他胸襟宽广、不以喜怒情绪肆意妄为的品行息息相关。魏徵是有名的直陈，皇帝有了错误，他都能直言相谏，有时搞得唐太宗很没面子，甚至在愤怒之时说，一定要将魏徵杀了，可他却能够克制这种愤怒，事后再仔细思考，然后欣然采纳魏徵有益的劝谏。

一次，长乐公主要出嫁了，唐太宗对这个女儿十分宠爱，下令赏赐给她几倍于长公主的嫁妆。虽然大臣们都觉得这过于奢侈，有违礼制，但知道唐太宗爱女心切，都不敢劝阻。魏徵上朝以后，直言劝谏道："臣听说有德之人崇尚节俭，圣明君主尊崇礼制。昔日汉明帝分封皇子的时候说，'我的儿子怎能和先帝的儿子相比呢？'于是命令只给他们先帝儿子一半的土地。如今您送几倍于长公主的嫁妆给长乐公主，这岂不是和明君的想法相差很远。"大臣们听魏徵如此说，都很担心，怕皇帝因魏徵忤逆他的想法又说他和明君相差很远而生气，降罪于他。没想到唐太宗听后，大度地笑了："我想要厚赐自己的女儿，超过了先帝公主的待遇，的确和汉明帝相差很远！诸位都视而不见，多亏有了魏徵我才知道了自己的错误啊！"于是不仅没有发怒，还采纳了魏徵的建议，对他进行一番嘉奖。

还有一次，唐太宗带着众臣在上林苑玩赏，路过一棵大树，唐太宗指着树说："这是一棵嘉木啊！"身边的大臣宇文士及立刻大加称赞，说皇帝的德行就如这大树般伟岸，皇帝的功绩就如这大树般巍峨……任何人听到了这番话都会欣喜异常，对称赞者大加赞赏。唐太宗也不例外，他心中很高兴，但这高兴转瞬即逝。他并未对大唱赞歌的宇文士及进行奖赏，反而沉下脸，说："以前魏徵经常提醒我身边有阿谀奉承的小人，我不知道是谁，现在终于明白了。"宇文士及听后连忙谢罪，大臣们也都受到教训，再也不敢阿谀谄媚了。

唐太宗深谙中和之道，不在愤怒的时候惩罚忠臣，也不在欣喜的时候奖赏佞臣，故能坚持原则行事，忠臣能够直言进谏，不担忧遭受杀身之祸，奸佞也都不敢阿谀谄媚，自讨无趣。所以他总能听到正确的建议，亲近贤能的大臣。相反有些君主则不然，他们喜怒无常，正直的大臣有一言不合就惨遭酷刑，甚至杀害，奸佞的小人善于察言观色，讨其开心，往往能够得到无尽奖赏。所以，贤臣或是远离，或是沉默，而小人则在身旁越聚越多。这种君主的德行也就越来越败坏，国家也就越来越危险了。

统治者不守中和之道，危害整个国家；普通人不守中和之道，也会损害自身和家庭。人们常常说，有些人脾气不好，容易暴喜、暴怒，难以接近，要尽量远离。所谓脾气不好，其实并不是天生的，而是修养不足，不懂得克制自己的情绪。这样的人面对很多事情的时候，往往会仅凭借自己的感情去处理事情，不遵守原则，不考虑他人的感情，不仅难以和人相处，还会将很多事情搞砸。

所以，无论一个人处于什么地位，都要认识到"中和"的必要性，认识到暴喜暴怒的害处，加强道德修养，改掉自己感情用事、固执己见、刚愎自用等坏毛病。《诗》中说："温温恭人，维德之基。"克制极端情绪，做一个温和谦恭之人，是修身养德的基础。

行事有度 学会节制自己

中庸之道，最重要的就是能够节制自己，既要节制内在的感情欲望，也要节制外在的行为。"节制"不是消灭，不是要人们彻底地灭除人欲，什么娱乐活动也不做，而是要在有这种感情、活动之时，保持一个合理的度。很多事情，有度而为就是好事，有益于身心健康，但若没有尺度，尽情地纵欲，就会将好事变成坏事，引导自己滑向堕落的深渊。

我们经常听到这样的消息：亲朋好友聚会，席间大家谈笑饮酒，结果饮酒过度，喝出事故来，将好好的一件事，变成了悲剧；新买的车辆，爱不释手，长时间驾驶，结果导致疲劳，车子撞坏；工作之余放松一下，玩了一个网游，结果游戏上瘾，为了打游戏反而耽误了工作，耗费了精力……做这些事的初衷都是好的，结果做过了度，沉迷于其中，好事就变成了祸事。这些事情本身并没有什么过错，真正有错的是人自己不懂得节制自己。一个能够节制自己的人，才能真正感受到各种事情的美好，才能在事业和生活中取得一番成就。

战国时候，梁惠王在国都中大设酒宴，招待诸侯宾客。大家喝得高兴的时候，梁惠王请参加宴会的鲁共公举杯祝酒。鲁共公站了起来，看到喝得醉醺醺的魏王和宾客们，想了想，说道："从前，尧帝的女儿名字叫作仪狄，她最先发明了酿酒，味道好极了。仪狄将这种美酒奉献给大禹，禹喝了以后也觉得味道美极了，一下子喝得酩酊大醉，醒来以后，反思道：'后世一定会有因为过度饮酒而亡国的人！'于是戒掉了饮酒，并疏远了仪狄。齐桓公半夜里醒来，感觉饥饿，很不舒服，易牙立刻烹调烧烤，调和五味，进献给齐桓公。桓公吃了以后饱饱的，直到第二天早晨还没有睡醒，因此耽误了朝政。他反思感慨道：'后世一定有贪图美味而亡国的！'晋文公得到了一个叫南威的美女，同她饮宴嬉乐，三天都没有上朝听政，后来醒悟，叹道：'后世一定有因为宠幸美色而亡国的。'于是疏远了南威。楚庄王登上高高的强台，眺望崩山，左面是大江，右边是大湖，俯视下面，徘徊流连，快乐得忘记了死亡的危险。醒悟以后，他感慨道：'后世一定会有因为爱好修建亭台园林而亡国的！'于是便停止了游玩之乐。如今，梁王您酒杯中有仪狄的美酒，盘子里有易牙的美味，左右环绕着南威般的美女，前后矗立着强台般的园林、高台。这四件事有一件事就会让人亡国，而您兼有这四样，难道还不该警惕吗？"梁惠王听了以后，连声赞赏，称说的好。

鲁共公可以称为一个贤者了，他深刻地认识到宴饮娱乐无度所造成的危害，并用先贤的事例来警诫参加宴会的诸侯们，使他们不至于在欲望的驱使下，行事过度。历史上过度纵欲，不知节制从而导致国亡身死的事例举不胜举。最古老的《尚书》中就提及了太康失国之事。

太康是夏朝开国君主启的儿子，他从小跟着父亲享乐，继位以后变本加厉，毫无节制。他迷恋上了打猎，便带着亲信渡过黄河，在外打猎长期不归，朝政荒废，百姓离心。他的弟弟们看到这种状况，十分忧心，来到黄河岸边追述大禹的告诫，做了《五子之歌》，其中就提及："内作色荒，外作禽荒。甘酒嗜音，峻宇雕墙。有一于此，未或不亡。"国君若是沉迷于酒色、田猎、舞乐、宫室之中，不懂得节制自己，政事必然荒废，国家难免灭亡。果然，后羿趁着太康外出之机，占领了都城，导致太康失去了国家。

太康失国可谓纵欲无度的前车之鉴，给后人树立了很好的反面典型，可后世效仿他的君王还是前仆后继。从夏桀、商纣，到隋炀帝、宋徽宗、明武宗，因过度享乐纵欲而国亡身死的不计其数。

当然也有人能够节制欲望，最终成就了一番伟业。战国时的齐威王，继位之初整日饮酒作乐，不理朝政，导致诸侯都轻视齐国，前来侵犯。后来他被直谏的大臣感悟，认识到了自己的错误，立刻远离酒色，励精图治，将齐国治理得井井有条，使诸侯畏惧。东晋元帝司马睿，曾经因为好酒经常贻误大事，丞相王导对其直言劝谏，让他戒酒。司马睿于是命人将酒杯倒满，然后连酒带杯一齐丢掉，发誓从此以后不再饮酒。正是因为拥有这种摔杯戒酒的决心和毅力，他在困境之中保全了东南的半壁江山。可见一个人是否能有所作为，和他是否能够节制自己的欲望，恪守中和之道有很大关系。

富有天下不知道节制欲望，犹致国破身死，更何况如今我们这些普通人呢。一个人本来拥有的就不多，如果不将有限的时间、精力投入到学习、奋斗之中，不趁着年轻体健之时努力求索，却沉迷于一些有害的事情之上，那人生真的很难出彩了。这个道理人人都能明白，却很少有能闻道而改过的，有些人因为沉迷于酒色损害了身体，有些人因为沉迷于网络荒废了学业，有些人沉迷于赌博失去了财产……这些人难道不知道赌博、饮酒的害处吗？他们只是不能在面对欲望的时候节制自己，谨守中庸之道罢了。难怪孔子要感慨："中庸之为德也，其至矣乎！民鲜久矣。"

二、时中章

仲尼曰：“君子中庸，小人反中庸。君子之中庸也，君子而时中①；小人之反中庸也，小人而无忌惮也。”

注　释

①时中：随时做到中和恰当，朱子注“随时以处中也”。

译　文

仲尼说：“君子合乎中庸之道，小人违背中庸之道。君子之所以合乎中庸之道，是因为他们能够随时做到中和；小人之所以违背中庸之道，是因为他们极端、放纵、无所忌惮。”

经典解读

君子无论做什么事都合乎中庸之道，他们行事前会思考是否符合礼仪，是否违背原则，所以不道德的事他们不做，极端偏激的手段他们不会采取。小人则不然，他们根本不在乎什么道德原则，自然也不会考虑中庸之道，他们为了实现目的不择手段，无所不为。

君子谨守中庸之道，所以做事之时温和而不激烈。《荀子·不苟篇》描述道：“君子宽容而不轻视别人，刚直而不尖刻伤人，能言善辩而不与人争吵，明察秋毫而不过于激切，卓尔不群而不盛气凌人，坚强果敢而不粗暴无礼，柔和顺从而不随波逐流，恭敬谨慎而能宽容待人。他们行事完全符合礼仪。”正因为如此，君子能够与时屈伸，随时符合中庸之道。

小人恰恰是君子的反面，他们行事专走偏激的道路。高兴时便忘乎所以，放荡恣肆；失落时便怨天尤人，迁怒他人；不得势便阿谀谄媚，低声下气；得势以后便盛气凌人，欺辱他人；处事之时求全责备，苛责别人；受到触犯则斤斤计较、睚眦必报；有了一点小成绩便忘记谦虚，沾沾自喜，到处炫耀；占了一点小理，便得理不饶人，言谈粗暴无礼……

君子有谦卑之心，有敬畏之心，有自省之心，有辞让、是非之心；小人则不知谦卑、敬畏为何物，不知自省、辞让为何行，一意孤行，无所忌惮。孔子发出如此言论，就是让人们做守护中庸之道的君子，而不要做偏激、放纵的小人。

哲理引申

近君子 远小人

每个人都期望自己能成为一个有德君子，受到周围人的尊敬称赞，而不愿被人视为小人，受到排斥、鄙视。那么如何才能成为一个君子呢，除了在平时生活中加强道德修养，克制自己的欲望以外，身边所接触的人也起着十分重要的作用。俗话说"近朱者赤，近墨者黑"，和什么样的人接近，自己就会变成什么样的人。要想成为一个君子，就必须接近君子，与之交往，远离小人，以免受到污染、伤害。那么生活之中该如何区分谁是君子，谁是小人呢？

君子和小人最大的区别，就是君子能够随时恪守中庸之道，不采取偏激极端的手段，以温和谦恭的态度处世待人；而小人不知中庸之道，无所忌惮，骄矜放纵。这两种人存在着截然不同的处世方式。

君子存有敬畏之心，所以他们在做事的时候知道三思而行：行事是否符合道义？不符合道义，他们就不会去做；行事是否对得起良心？对不起良心他们就不会去做；行事是否伤害别人？伤害别人的事他们不会去做。小人没有这些顾忌，他们做事的时候考虑的只有一个"利"字，只要是能给自己带来好处，他们就不顾一切地去争取，所以他们会为了利益违背道义，为了利益不顾良心，为了利益放弃尊严，为了利益伤害他人。

君子笃诚而守道，小人放肆而不法。君子贫困之时，宁愿固守贫贱也不违背礼义；小人遭受贫困，就怨天尤人，绞尽脑汁地谋求利益。君子发达之时，依然恪守礼义，能够救济他人；小人发达以后，就会骄傲自大，欺凌他人。

君子宽容、谦让，小人刻薄、好争。君子受到了冒犯，能以宽容之心原谅他人，小人受到冒犯，就会念念不忘，时刻想着报复回来。君子与人产生争端，首先想到的是道理、谦让；小人与人产生争端，首先想到的是如何为自己狡辩，如何将利益夺取到手。君子受到了不公正的待遇，会首先从自己身上找原因，反思自己哪里还做得不够；小人受到了不公正的待遇，首先想到的是别人故意打击自己，自己如何反击、报复。

因为这种截然不同的处世方式，所以无论是进是退，是穷是达，君子都能安然处之，给自己和身边的人都带来益处；而小人无论处于什么环境中，都会让自己内心越来越偏激，伤害自己的同时也会伤害别人。所以，接近君子无论何时都能受益，接近小人无论何时都会受损，远离偏激、放纵的小人，应该像远离沸水、尖刺一样迅捷，不然必定受其戕害。

春秋时候，齐桓公在管仲、鲍叔牙等人的辅佐之下，九合诸侯，一匡天下，成为一代霸主。但他成为霸主以后，管仲却生病了。在管仲病危的时候，齐桓公来到病榻之前探望。看着国家栋梁将要逝去，齐桓公既心痛贤臣，又忧心国事，问管仲："仲父生病，寡人如失股肱，无日不期盼您早点好起来。可是，万一有什么不测发生，国事该托付给谁呢？"管仲回答："知道臣下的莫过于国君。"桓公问："鲍叔牙怎么样？"管仲摇摇头："鲍叔牙虽然是个君子，但其为人恩怨过于分明，见到别人的恶处终身不忘，这样的人不可以执政。"齐桓公又问："易牙这个人怎么样？"管仲说："易牙这个人为了讨好国君您，满足您的嗜欲，不惜将自己的儿子烹了，没有人性，怎么能担任国相呢？"桓公又问："开方如何？"管仲回答："开方是卫国公子，他离开自己的祖国来侍奉国君，父亲死了都不回去奔丧，如此无情，连父子情分都不顾，怎么会忠于您呢？没有亲情的人，不能托付国政。"桓公又问："既然他们都不行，那竖刁怎么样？他为了侍奉寡人不惜自残身体，没有比他更爱寡人的了吧！"管仲摇摇头，说："不爱惜身体，这是违背人情的做法，一个人连自己都不爱，怎么会爱别人呢？连自己的身体都能伤残，他想要得到些什么呢？这种人千万不可以留在身边！"

管仲见齐桓公面露难色，便向他推荐了隰朋，说："隰朋这个人为人忠厚，因公忘私，不耻下问，又能包容别人，可以代替我管理国政。"齐桓公很惊讶，说："隰朋这个人平时默默无闻，没有什么出奇的地方，对寡人也没有表现出特别的亲爱，仲父为何看重他呢？"管仲说："隰朋忠厚廉洁，有了才能不炫耀，所以您觉得他平庸；其为人勤恳朴实，不善于讨好他人，所以您听不到赞扬他的好话；他刚直不阿，从不以曲佞的手段讨好国君，从不阿谀谄媚，所以您觉得他不爱您。国君想找一个讨好自己的小人，隰朋不合适，但若找一个可以托付国家的君子，没有比隰朋更合适的了。"说罢，管仲又告诫齐桓公在自己死后，一定要罢黜疏远竖刁、开方、易牙等三人。

齐桓公最初时听从了管仲的建议，在管仲去世以后，便罢黜了易牙等三人，提拔隰朋做了国相。可不久以后，隰朋也去世了。没有易牙等人的阿谀奉承桓公总觉得身边少了些什么，终于将易牙等人召回来，并授予重任。

第二年，桓公病重。竖刁、易牙等人见齐桓公将不久于人世，便勾结各公子图谋作乱。他们堵塞宫门，不让大臣们进入，假传君命，扰乱国家。齐桓公躺在宫里病榻上，外面的情况什么也不知道，想召见大臣都没有办法。病得奄奄一息的齐桓公躺在床上，饿得发慌，向侍奉的宫女索取食物。宫女才将易牙、竖刁作乱，堵塞宫门，无法获得食物的真相告诉他。齐桓公听了以后，仰天长叹，悔疚地叹道："我没有听从仲父的话，竟落到了今天这种地步！倘若死者有知，我有什么面目去见仲父呢！"说罢用衣袖遮盖了脸面，活活饿死了。齐桓公死后，几个公子各结党羽，相互争夺王位，手足残杀，以至于桓公的尸体停放在床上六十多天无人收殓，尸体腐烂生蛆，惨不忍睹。

齐桓公对于违背人情的易牙、竖刁等小人不加防备，不知早日疏远，结果使自己落了个活活饿死的下场，国家霸业也因此而衰落。历史上因为亲近小人而亡国败家的事例数不胜数，因为接近君子而获得裨益的例子同样不胜枚举。所以，为人处世一定要善于分辨周围的人，对于笃诚守正的君子，尽力接近、学习；对于偏激谄媚的小人，及早避开、远离。

君子中庸 小人反中庸

君子恪守中庸之道，无论何时都能温和、谦恭地对待别人，都能谨守原则、道义而行事；小人则相反，他们尖酸刻薄，不懂敬畏，行事嚣张跋扈，为了利益巧取豪夺，损人利己。很多人觉得小人处处争利、处处好强能够占尽便宜，君子温和谦卑，辞让守礼，会经常吃亏。于是产生了不做好人君子，愿为小人受利的想法。其实不然，君子温和但不是软弱，小人嚣张夺利，不一定能获得真正的利益。

君子守中庸而行，不争强，不好胜，这是为人的最高智慧。小人处处争强夺利，嚣张跋扈，快意一时，遗祸无穷，有小聪明，却是大愚蠢。君子不争而争，既不违背道义，又能赢得他人认可；小人似得非得，表面获利，于己则损害德行，于人则招惹怨恨。《大学》中说："言悖而出者亦悖而入，货悖而入者亦悖而出。"以偏激不道德的手段对付别人，别人也会用同样的手段报复你；以邪僻不正的手段获得钱财，钱财也一定会因邪僻不正的手段而失去。所以说，君子常有无妄之得，小人常有无妄之失；君子多福，小人多祸。

唐朝名将郭子仪就是一个能够恪守中庸之道的君子。郭子仪为人谦卑自律，守正持节，他早年以武举高第入仕从军，积功至九原太守，但一直不受朝廷重用，但其对朝廷从来没有过怨言，在职位之上坚守着自己的本分工作。安史之乱爆发以后，很多在玄宗之时受到杨国忠等奸臣排挤、打击的官员都因怨恨朝廷，而同叛军勾结，郭子仪并未如此，而是积极响应朝廷平叛的号召，为国家百姓而奔走驱驰。

在平叛的过程中，郭子仪凡事都以大局为重，从不夹杂个人感情，即使触怒自己的人也从不挟私报复。另一位平叛将领李光弼曾和郭子仪为同僚，两人关系不融洽，即使坐在一起也不交谈。后来，郭子仪当上了元帅，成了李光弼的顶头上司，李光弼十分恐慌，害怕郭子仪诛杀自己，于是下跪请罪道："我甘愿一死，只期望你能放过我的妻子儿女。"郭子仪走下堂来，拉着他的手说道："如今国家动乱，皇帝受辱，没有您不能平定，我怎么敢怀着私怨报复呢！"一边流泪，一边用忠义之道勉励李光弼，并推荐他做了节度使。李光弼被郭子仪的宽容深深感动，从此忠心为国、奋力作战，成为平叛的名将。

郭子仪等率军进攻叛军，皇帝派宦官鱼朝恩节制诸军，结果官军在相州被打得大败。鱼朝恩为了推卸责任，将战败的责任都推到郭子仪身上，向唐肃宗进谗言诋毁郭子仪。朝廷于是将郭子仪召还京师，剥夺了他元帅的职位。郭子仪受到不公正的待遇，并未心怀怨愤，也没有任何非分的图谋。但鱼朝恩还是咄咄逼人，竟然派人掘毁了郭子仪父亲的坟墓。朝廷大臣都十分担心，认为郭子仪一定会起兵造反。没想到，郭子仪还是奉命入朝了，代宗谈及此事。郭子仪只是流着泪回答："我长期带兵，不能禁止士兵损坏百姓的坟墓，别人挖我父亲的坟墓，这是上天惩罚我，不是有人和我过不去。"

后来，鱼朝恩请郭子仪赴宴，宰相元载派人对郭子仪说鱼朝恩将对他不利，部下也要求跟随前往。郭子仪没有同意，只带十几个家僮前去。鱼朝恩见到郭子仪只带了这么一点人，十分惊讶，问道："您的随从怎么这么少？"郭子仪把听到的话告诉了他，并说大家应该以大局为重，协心合力兴复朝廷。鱼朝恩听罢，感动得哭道："若非您是长者，能不起疑心吗？"从此，再也不难为郭子仪了。

叛乱平定以后，很多人居功邀赏，而功劳最高的郭子仪却绝口不言自己的大功。代宗任命他为尚书令，郭子仪恳辞不受。代宗又命五百骑兵持戟护卫，催促他到官署就职。郭子仪还是不肯接受，说："太宗皇帝曾任此职，因此历代皇帝都不会任命，皇太子任雍王，平定关东，才授此官，怎能偏爱我，违背原则。且平叛以后，冒领赏赐的人很多，甚至一人兼任几职，贪图升官不顾廉耻。现在叛贼基本平定，正是端正法纪、审查官员的时机，应从我开始。"代宗无奈，只得作罢，命史官将他的事迹写入国史。

郭子仪可谓功盖天下，再造社稷，但他从未表现出骄傲之色。他极少与高官权贵们交游，住在旧的王府中，王府敞开大门低级的官员也可以随意进入，完全没有其他功臣高官那种盛气凌人的架子，所以从平民百姓到皇亲国戚，以至皇帝本人，没有不尊重敬佩他的。

郭子仪作为功勋盖世的大将，能够得到几代皇帝信任，得到众多大臣尊重，和他大公无私、低调谦恭、宽容待人、严格律己的行事风格是密不可分的，而这些处世方式正是中庸之道对君子的要求。所以，为人处世坚守中庸之道，是最大的做人智慧。

而那些偏激跋扈的小人，看似快意一时，有些聪明，其实是在自寻祸患，愚不可及。曾难为郭子仪的宦官鱼朝恩就是如此。

鱼朝恩为人非常专横，凡事以自我为中心，他得势之时嚣张跋扈，朝廷的公卿大臣都不敢抬头看他。宰相大臣决定政事的时候，不先知会他，他就瞪大眼睛说："天下大事，怎么不由我？"因此，连皇帝都开始厌恶他。他的小儿子在内殿当差，一次和上司争路，不知被谁碰了一下，回去告诉了鱼朝恩。鱼朝恩大怒，第二天便上奏要皇帝赐其儿子金腰带、紫袍服。这远远超出礼制，皇帝还没说话，鱼朝恩便命令管此事的人，捧来了紫衣，然后向皇帝谢恩。皇帝都畏惧他的权势，只好强装笑脸说："你儿子穿紫衣，扎金腰带，非常合适。"不久，和他儿子争道的小黄门就被贬到了岭南。鱼朝恩的跋扈恣肆，看似风光，却让自己众叛亲离，人人怨愤。终于，宰相元载秘密奏请诛杀鱼朝恩，得到唐代宗同意。一次宴会后，代宗将其留下，责难他图谋不轨，鱼朝恩为自己辩护，但已经于事无补了，他的左右将他擒住，当场缢杀。

君子有大智慧所以中庸而行，小人没有大智慧所以反中庸而行。中庸而行得人得福，反中庸而行，失人致祸。为人处世，不可废弃中庸之道。

三、鲜能章

子曰："中庸其至矣乎！民鲜能^①久矣！"

注　释

①鲜能：很少能，不能达到。

译　文

孔子说："中庸大概就是最高的德行了吧！人们缺少它已经很久了！"

经典解读

这句话是孔子对中庸之德的赞赏，同时也是对世人不能践行中庸之道的感慨。

在孔子看来，能以中庸之道行事是最高的道德修养，但真正能够永远保持内心中和，行事有节有度，行为恪守礼仪从不放纵懈怠的人少之又少。即便是孔子的那些得意门生，也没有几个能够做到这一点的，更别说普通的世俗之人了。

孔子之所以大声疾呼中庸之德，正是因为世人不重视中庸，反中庸之道而行。他所处的时代正是礼崩乐坏、战火频仍的春秋时期，大国争霸、小国争强，统治者贪婪奢侈，人民争相逐利，没人在乎那些先圣制定的礼仪道德，没人将温和恭顺作为处世规范。在孔子看来，正是世人不重视道德修养，违背礼制，相互侵夺利益造成了时代的混乱，导致了"君不君，臣不臣，父不父，子不子"的混乱状态。要想治平天下，必须引导人们回归礼乐，以中庸之道处世做人。所以孔子以身作则，教人们做"温良恭俭让"的君子；指出"过犹不及也"，反对行为偏激；号召君子"固穷"，不犯上作乱，不见利忘义……

哲理引申

中庸处世 盛而不满

所谓"中"就是不偏不倚，恰到好处；所谓"庸"就是平平常常，合乎人情。中庸之道就是教人们不偏不倚的平常道理，懂得道理后，不仅在行事上要将平常、有度、均衡等贯彻到实处，内心也要永远保持一种协调和谐的心境。用这种中和的心境去处世，才能永远保持穷而无怨，富而不骄，困而无忧，达而不傲，事业也就能永葆生机，盛而不满了。

中庸是平常有度，那就有两个极端，一个是做得不足，没有信心，自暴自弃；一个是做得过头，骄傲自大，自以为是。做得不足的弊端大多数人都能够克服，通过积极努力弥补自身的不足，从而战胜弊端，取得成功；践行中庸之道，难就难在成功以后怎样保持平常心，不骄傲自满。现实中有很多人，通过努力而取得了成功，但成功以后便肆意妄为，认为自己成功是天命所在，如何放纵也不会受到惩罚，于是忘乎所以，为所欲为，再也听不进去善意的劝告，再也不能保持昔日不骄不躁的作风。结果，随着骄奢恣肆而来的必然是惨痛的失败。

春秋时期，南方的吴国和越国领土相接，世代敌对，经常相互攻伐。到了吴王阖闾的时候，任用伍子胥、孙武治理国政、军队，使国力迅速增强，并击败了西方强大的楚国，威震诸侯。这时，越王允常去世了，阖闾认为吞并越国的机会到来了，不顾孙武、伍子胥等人的劝阻，执意起兵伐越，在作战时又骄傲自大，疏于防备。结果新即位的越王勾践，采用大夫范蠡的奇谋，在战场上一举击败了进犯的吴军，阖闾本人也被射伤了脚趾，回国不久便病重去世了。

阖闾去世之前，将儿子夫差叫到床前，告诫他说："我因为骄傲自大，轻视敌人而惨败身死，你切勿再犯我的错误！"同时要求夫差励精图治，洗刷自己的耻辱。夫差继位以后，时刻铭记着父亲的遗训，重用伍子胥等贤能的大臣，国家很快从失败中恢复过来。在这期间夫差为了激励自己，每天傍晚都让人在宫门口喊叫他。"夫差!"他回答:"在!"来人便问:"你忘记父亲的耻辱了吗?"他回答:"不敢!"一连几年,国家终于强大得可以击败越国了。于是,夫差起兵伐越,果然取得大胜。越王勾践被打得落花流水,带着几千残兵退守会稽山,准备决一死战。

但在大夫文种等人的劝谏下,勾践选择了向吴国求和。他们用重金贿赂夫差宠臣太宰伯嚭等人,又低声卑辞向夫差称臣,进献给夫差无数珠宝美女,又答应勾践夫妇入吴为奴仆的苛刻要求。面对这种巨大的胜利,看到越国君臣如此奉承自己,夫差心理上得到了极大的满足,也将昔日的仇恨都放下了,同意与越国媾和。大臣伍子胥坚决反对,告诫夫差如今若不彻底消灭越国,将来吴国一定会反受其害。骄傲自大的夫差,再也听不进去忠言,反而觉得伍子胥刚愎自用,不将自己放在眼中,对其十分不满。

不久以后,战胜越国的夫差又想北上进攻齐国,并同中原盟主晋国争霸。伍子胥为了江山社稷,屡次直言进谏,夫差大怒。加上奸臣伯嚭等人的谗言,夫差竟赐予忠心耿耿的老臣一把属镂之剑,令伍子胥自杀。伍子胥怀愤而死,死前预言越国十年休养生息,十年教化训练,二十年之后吴国一定会被越国灭掉。骄傲自大的夫差自然对这逆耳的告诫不屑一顾,一方面姑息越国,一方面继续兴兵北上争夺霸主之位。

果然,十几年后,越王勾践通过卧薪尝胆,暗中积蓄了强大的力量,趁着夫差北上与晋国争夺盟主的机会,发动袭击,攻入了吴国,杀死了夫差的太子,夫差被迫求和。不久以后,越国再次攻吴,夫差抵抗失败,被越国擒获。临死之前,他想到了昔日伍子胥的预言,悔恨不已,叹道:"我骄傲自大,不听从伍子胥的忠言以致到了今日的地步。我有什么脸面去地下见伍子胥呢!"于是蒙上眼睛,自杀而死。

夫差最初能够坚守正道,听从伍子胥等贤臣的引导,不贪图享乐,不沉迷于酒色,从而使国家迅速强大起来。等他成功复仇以后,便变得骄傲自大,刚愎自用,过度享乐,兴建宫室亭台而耗空国库;过度沉迷于酒色而荒废国政;过度追名逐利而穷兵黩武将国家拖入争霸战争的深渊之中……这些就是成功以后,背弃了中庸之行的表现,也正是这些导致了吴国的灭亡、夫差的失败。

所以,一个人无论取得多大的成功,都要恪守中庸之行,不能骄傲自满,不能放纵无度，不能过度沉溺在胜利的光环之中，迷失了正道。正如孔子在《易·文言》中说："日常言论讲究诚信，日常行为讲究谨慎，防止邪恶的侵蚀，保持忠诚的秉性，引导世人向善而不夸耀，才能拥有博大的德行而感化人民。"

至德难求 不弃小人

孔子曾经这样评价过他的弟子："柴也愚，参也鲁，师也辟，由也喭。"即子羔这个人有些愚直，曾参这个人有些迂腐，子张这个人有些固执，子路这个人有些粗俗。这些人都是孔门贤士，犹然不能符合中庸之道，可见要想达到中庸的境界是多么的难。

既然中庸之道那么难以实现，难道那些不符合中庸之道的人就都是"小人"，都该远离、摒弃吗？显然这不是孔子的本意。在《孟子》一节中，孟子的弟子万章曾请教过这个问题，他问："孔子受困于陈国时，曾说：'何不归去呢！我的那些学生们志向狂放而细节不足，喜好求远，但能够不忘根本。'孔子在陈国时为什么会思念鲁国的那些狂放之士呢？"孟子说："孔子得不到言行合于中庸之道的人相交，那就只能和狂与狷这两种人相交往了！狂的人具有进取精神，狷的人有所不为。孔子难道不想和言行合于中庸之道的人相交吗？但是不能够得到，所以只能求次一等的罢了。"

所以，圣贤勉励人们按照中庸之道行事，但并不抛弃那些行为上还不符合中庸之道的人。能够接近众人，不特立独行、固执孤僻本身就是中庸之道的要求。所以，他们虽然认识到了世人缺少中庸之道，但却并未对世人失望，他们知道世人的德行不足，但却不居高临下地鄙视他们。

孔子曾到过一个叫互乡的地方，那里民风不善，居民难以交流。弟子们看到当地人这样都十分厌恶，催促孔子迅速启程离开。这时有一个当地的童子，前来求见孔子。孔子接见了这个童子，同他交谈了一番。送他走以后，弟子们都很吃惊，问："老师，这个地方的人这么不通情理，难以交往，您为何还要接见这个童子呢？"孔子温和地对他们说："我接见他，并不是赞许这里人难以交往的缺点，而是因为这个童子好学，存在向善之心。待人何必过分苛求呢，人家改正了错误，追求进步来拜见我，我们要肯定他改正错误的行为，而不要抓着他以前的错误不放。"弟子们听了，对老师的心胸和德行更加佩服了。

我们平时处世也要有孔子这种容纳别人缺陷的心胸。每个人都希望自己所交往的人是十全十美的，道德至圣的，不愿接近那些存在这样那样缺点的人。但世上有几个人能完美无缺，道德无瑕。齐桓公曾打算任用鲍叔牙为宰相，管仲就表示反对，说："鲍叔牙这个人虽然是个君子，但过于固执，别人有了一点错误他就记在心中，不能忘掉。这样的人是不能做宰相的。"一个人如果过于求全责备，别人身上有一点错误就将其无限放大，这样的人是很难同别人友好相处的，必然会显得孤僻、高傲、不合群。他们自然也就无法亲近别人，不能用自己的美德去引导他人，也无法汇集众人的才能力量成就一番伟业。

《菜根谭》中有这样一句话："待小人不难于严，而难于不恶；待君子不难于恭，而难于有礼。"对于世俗小人，严厉苛责他们并不困难，困难的是知道他们有错误，知道他们德行不足，还能不厌恶他们；对待有德的君子恭敬顺从不难，难的是坚持礼节，不过分恭维、迁就他们。其实，这种不抛弃小人，不迁就君子的态度，也是中庸之道的要求。

有位智者在山中修行，很多好学乐道的青年都投在他的门下，向他学习做人做事的学问。一天，一个神情紧张的青年，也来投奔智者，智者准备收留下他。这时，一个学生走了进来，对智者说："老师，切勿收留这个人，这人是个小偷，我曾在城中看到过悬赏捉捕他的画像。如今他一定是又犯了什么事，走投无路才来这里的，他并不是真的想向您学道。"其他学生听了议论纷纷，有的建议将其轰出去，有的建议直接将其抓起来，送往官府。

智者听了，注视青年一番，摆摆手，示意学生们安静，然后对他们说道："你们多虑了，我看他不是个小偷，确实是来向我学习的。"说罢就让人给青年安排了住处，让他和其他学生一起学习。

青年没有任何基础，经常问一些肤浅、奇怪的问题。其他学生都看不起他，厌恶他，但智者从来没有表现出一丝失望、厌恶的情绪。有时青年显得急躁了，想离开这里，智者都耐心地劝导他，鼓励他继续学下去，成为一个有学识、受尊敬的人。

一次，一本珍贵的经书丢失了，智者很着急，学生们翻遍住处，最后在青年那里寻到了。学生们纷纷抱怨："这人本就是个贼，原本就不该收下他，请老师立刻将他赶走吧!"智者将青年叫进来,问他经书为何在他那里。青年说,自己不经意间看到,翻了两页觉得很好,就拿了回来,准备仔细阅读。学生们都不信,唯独智者点头赞许他好学。并对其他学生说:"你们为何不相信同学的话,而偏偏相信自己的猜测呢?"学生们这才不说话了。

几年以后,青年通过努力真的成了一个博学多识,德才兼备的人。在告别的时候,他跪在老师面前,向老师承认道:"我从前真的是个贼。"智者点点头,说:"我知道。"青年又说:"那次我曾想偷走您的经书,逃下山去。"智者又点点头,平淡地说:"我知道。""那您为何还要继续将我留下。"智者笑着道:"谁没有缺点呢?世人若是都完美无缺,我们还去教导谁?越是有缺点的人,岂不就越应该得到教诲,我为何不将你留下来呢?"

青年被老师深深感动,到了外面不断传道育人,最后也成为了一个深受世人敬仰的教育家。

每个人都有缺点和优点,在交往之中既要学习他人的优点,又要能够包容别人的缺点,这样的人才能在道德上不断进步,在事业上取得成功。尤其是以传道、育人为己任的人,更要拥有宽广的心胸,去包容那些存在缺陷、德行不足的人,用美德感化他们,引导他们走上正路。

中庸之道,不是教人们苛求,而是让人们在不断磨砺自己的同时能够包容他人的不足。

四、行明章

子曰："道①之不行也，我知之矣：知者②过之，愚者不及也。道之不明也，我知之矣：贤者过之，不肖者不及也。人莫不饮食也，鲜能知味也。"

注　释

①道：即中庸之道。

②知者：智者，才智超群的人。

译　文

孔子说："中庸之道不能盛行于世，其中原因我知道了：智者认识过了头，认为中庸之道不值得践行；愚者认识不够，理解不了中庸之道。中庸之道不能弘扬于世，其中原因我知道了：贤者做得过了头，超过了中和的要求；愚者做得不够，达不到中和的要求。人没有不饮水吃饭的，但很少有人能品尝出真正的味道。"

经典解读

孔子认为中庸之道不能行之于世有两方面原因，一是在认识上，有的人愚钝，不能了解中庸之道的好处，不理解这种大智慧；有的人自恃聪明，总是认为自己能够超越"中和"，追求极致，所以不在乎中庸之道。一是在行为上，虽然知道了中庸之道的好处，却不能正确掌握那个"度"，或是能力不及，做得不够，或是好高骛远，做得过头。

中庸就是要求人们不偏不倚地做平平常常的事，为何竟如此困难呢？孔子指出，这就像饮食一样，每个人每天都会吃饭喝水，但能够品尝出真正味道的人却不多。为何呢？就是因为内心不正，存在各种偏差、欲望：饥饿的时候，吃什么都是甘甜可口的；吃饱的时候，尝什么都是平淡无味的；想吃一种食物的时候，口中就会不自觉地感到那种期盼的味道；可如果忽然有一种更能吸引你的食物出现在面前，你立刻会将原本期盼的味道忘得干干净净。正是这些不同的欲望，导致了内心的不正，所以才不能品尝出饮食的正常味道。也正是各种欲望，让人在行事上，不能保持中庸之道，常因为恐惧而畏缩，因为骄傲而冒进，因为厌恶而做得不足，因为喜爱而沉溺其中。人只有克服这些欲望，将偏斜的心矫正，才能逐渐回归到中庸上来。

哲理引申

摆正心态处世

民间有这样一个小故事：

明太祖朱元璋刚刚起事的时候，打了一个大败仗，在溃逃中和部下走散了，为了躲避追兵，他不停地向前跑，直到又饥又饿昏倒在一个破庙的旁边。恰好庙中有两个乞丐，看到有人昏倒，就上前救助。他们知道这人是饿昏的，便将讨饭剩下的残羹冷炙热了一下，拿给朱元璋吃。

朱元璋吃了以后，觉得美味异常，体力也恢复了。就问两个乞丐，刚才自己所吃的是什么东西。乞丐见朱元璋骑着马，是个有身份的人，说是讨来的剩饭，他一定不高兴。于是，看着锅里的剩米饭和花花绿绿的菜叶，灵机一动，告诉他说："刚才所吃的叫'珍珠翡翠白玉汤'。"朱元璋记在心里，道谢了一番便离开了。

多年以后，朱元璋平定天下做了皇帝，可是有一件事总困扰着他：宫中虽然有各种美味佳肴，各地来的大厨，但他却总是想到当年逃亡中吃到的那锅汤，无论什么样的美味都不能让他寻回那种美妙的味道。于是，朱元璋下令："有谁知道'珍珠翡翠白玉汤'如何做，便封赏千金。"命令下了很多天，都没有回复，天下的厨师大多都看到了皇帝的这道命令，可这个菜名却从来没人听说过。

终于，那两个乞丐由别人口中听到了这个消息，他们这才知道昔日所救

31

的那个人竟然做了皇帝，还到处寻访"珍珠翡翠白玉汤"。于是，他们欣然进宫，述说了救朱元璋一事。朱元璋听后大喜，暗想："终于可以再次喝到那美味的汤了！"立刻让乞丐们指点宫里的厨师做汤。

汤做好以后，被捧到朱元璋面前，还未品尝，一股酸腐的味道就已经呛得皇帝皱眉了。勉强喝了一口，险些呕吐出来。朱元璋大怒："你们难道是戏弄我吗！当年喝的汤是从未尝过的美味，如今怎么做出了这样一碗东西！"乞丐连忙跪下谢罪，坚称当年那锅汤就是这么做的。朱元璋不信。这时大臣刘伯温站出来说："陛下，他们并没有说谎啊！昔日您在逃亡之中，几天几夜没吃没喝，饥渴到了极点，在那种情况下，无论吃什么都会感觉是美味的。如今您富有天下，宫中龙肉凤髓应有尽有，所以再好的东西也不会觉得美味了。汤虽然没有变，但您的处境变了，它的味道就不同了。"朱元璋这才明白自己无法尝到那种滋味的原因，于是下令重赏了两个乞丐，将他们放出宫去。

同样是一锅汤，饥饿的时候便觉得它美味异常，饱暖的时候便觉得它难以下咽，并不是它的味道真的变了，而是人不同的心境让自己觉得它不同。孟子曾经说过："饥者甘食，渴者甘饮。是未得饮食之正也，饥渴害之也。岂惟口腹有饥渴之害？人心亦皆有害。人能无以饥渴之害为心害，则不及人不为忧矣。"饥饿的人觉得所有食物都好吃，干渴的人觉得所有的饮料都好喝。是饥渴让他们不能尝出食物、饮料的正确味道。人心也有同样的毛病，当你十分期盼一件事情时，你就看不到它的坏处；当你十分厌烦一件事的时候，你就看不到它的好处；当你十分憎恨一个人的时候，你就看不到他的优点；当你十分喜爱一个人的时候，你就看不到他的缺陷……正是因为有了这种主观偏见，所以人在待人处事之上就不能做到适度、公正，不能把握中庸之道。

饮食不正，祸患不会太大；人心不正，灾祸就难以避免了。春秋时的晋灵公十分厌恶大臣赵盾，灵公本人生活放荡荒淫，赵盾屡次进谏，他不仅不听，还变本加厉，最终众叛亲离，被弑杀于桃园。战国之时的楚怀王，因为受到秦国欺骗，对秦昭王、张仪十分愤怒，不看形势，不权衡力量，不听大臣劝阻，执意兴兵伐秦，结果被打得大败，丧师辱国。秦二世胡亥十分宠信赵高，赵高说什么他听什么，接受赵高的建议享乐无度，不理朝政，滥杀无辜，最终身死国灭。汉朝时吴王刘濞，因为儿子之死，对朝廷心怀怨愤，时刻想着图谋作乱，最后发动叛乱，兵败身死……所以说，厌恶、愤怒、亲近、怨恨，这些主观的情感都可能让人心态不正，倘若不及时加以节制，就会采取极端的手段处置问题，从而给自己带来灾祸。故《大学》中说："身有所忿，则不得其正。有所恐惧，则不得其正。有所好乐，则不得其正。有所忧患，则不得其正。"心不正，则行不正；行不正，则灾祸来。

要想避免心态不正所引发的错误行为，最根本的途径就是加强道德修养，摆脱过分的主观情绪，也就是恪守中庸之道，做到喜怒哀乐要么不发；发也要控制节度。心态端正，中和处世，便能坦然地面对各种环境，最终取得成功；心态不正，邪僻极端，无论遭遇困境，还是偶得成功，都将逐渐偏离正道，自取灭亡。端正自己的心态，你会发现自己发出像日月的光芒，成功长盛不衰；不能端正自己的心态，你会发现自己如同烟花急速绽放，终将如尘埃一样湮灭，走向灭亡。

过犹不及 切勿清高自傲

孔子的弟子子贡曾问道："子张和子夏两个人谁更贤能一些呢？"孔子回答："子张做事经常过头，子夏做事常常不够。"子贡说："这么说来是子张更贤能一些了。"孔子摇摇头，说："做过了头和做得不够是一样的。"

要想符合中庸，就必须把握好一个"度"字，这无论对于修身，还是做事，都是最难的。不够这个度，说明用力不足，还未达到尽善尽美；超过了这个度，说明用力过多，有些画蛇添足的成分。对于修身求道之人而言，这两种错误都是需要用心避免的。

做得不够的人，被孔子称为狂者，他们大多比较随性，却志大言高，做事的时候常常存在懈怠的毛病。他们对人、对己都要求不够，有了毛病过于包容，常说："算了吧！""就这样吧！""可以就行了！"……这种人志向很大，能够认识到圣贤是怎么做的，口中也经常称赞先贤，以先贤为目标，但他们却不能严格磨砺自己，使自己的行为和言论完全相符。虽然这种人容易相处，也懂得大道理，但不能在事业上精益求精，故而很难创建一番超出常人的伟业。

而做得过头的人，被孔子称为狷者，他们大多固执孤僻，无论做事还是为人都过于较真。他们也能够向前代圣贤学习，但却不知道圣贤所掌握的度，看到别人有一点做得不好，他们便不愿与之交往；看到别人某处不如自己，他们就不愿向其学习；圣贤说了一句话，他们就严格恪守，不懂随时变通；他们有自己的标准，身边的人达不到，他们便心生厌恶，认为别人不贤能。这样的人虽然能够坚持自己的原则，但很难融入社会，更别说包容他人、教化世人了。狷者往往会沾沾自喜，认为周围的人都不如自己，却不知道自己并不符合圣人之道，在孟子看来，他们甚至还赶不上狂者，是比狂者更次一等的人。

大多数人都能认识到做得不够的错误，从而更加努力，弥补缺陷。但很少有人能认识到"做过头"的错误，一直追求极端，追求"更好"，反倒将自己引上了错误的路途。做过头的人，自以为成绩超人，难免会清高自傲，清高自傲就听不进善言，不能及时发现自己的毛病，在错误的路上越走越远。王阳明曾讲过这样一段话："今人病痛，大段只是傲。千罪百恶，皆从傲上来。傲则自高自是，不肯屈下人。故为子而傲，必不能孝；为弟而傲，必不能弟；为臣而傲，必不能忠。"

三国名将关羽就是因为骄矜过头，太过清高自傲而失败的。关羽跟随刘备东征西讨，深得信任，与刘备情同手足。刘备多次遭受失败，关羽都不离不弃，尽忠尽职。刘备失去徐州的时候，家眷困在城中，关羽为了保护刘备家小，被曹操擒获。曹操对关羽的才能和忠义十分欣赏，封他为侯，赏赐重金，还将擒杀吕布获得的赤兔宝马赠予关羽。对于曹操的厚待，关羽十分感激，但他还是要坚持对刘备的那份忠义，声明一旦得到刘备消息，无论千里万里都要立刻去投奔。

后来关羽得知刘备下落后，便毅然放弃了曹操给予的高官厚禄，冲破重重阻挠前去投奔刘备，这便是演义中"挂印封金"、"过五关，斩六将"的故事。从此，关羽在世人心中成了忠义的典范，论才论德都声震天下。

但关羽有个致命的毛病，便是过分在意自己的名节，过于清高自傲。他看不起能力、道德不如自己的人，甚至对其他一些大臣名将也十分轻视。黄忠入蜀时，屡建功勋，但在封赏的时候，关羽却不高兴地说自己"不与老兵同列"。诸葛亮离开荆州的时候，嘱咐关羽一定要联合东吴共抗曹魏，但关羽却十分傲慢地对待东吴君臣。孙权想与他联姻，派人前来为儿子向关羽的女儿求婚，关羽不答应也就算了，还当面怒斥东吴使者说："吾虎女焉能配汝犬子！"东吴陆逊防区与关羽相接，关羽对其十分轻视，呼其为"小儿"。就连自己部下的将领，他都不放在眼中。部将糜芳是刘备的小舅子，关羽却认为他没有才能而轻视他，糜芳、傅士仁犯了错误，关羽出兵伐曹之前还恶狠狠地发誓，回来一定惩罚他们。结果，二人投降东吴，导致关羽前线兵败，被擒杀。

一个人保持气节，不愿同自己看不上的人同流合污本是一种美德。然而关羽却将这种美德做过了头，把它变成了狂傲自大，认为谁都不如自己，看不上的人就故意鄙视、凌辱。结果，闹得众叛亲离，兵败身死。

追求美德是一种优点，但若过分执着于自己的道德标准，而狂傲地认为别人都不如自己，轻视他人，凌辱他人，那这种美德便成了一种性格缺陷。所以，修身养德一定要牢牢把握一个度，恪守中庸之道，既不要做得不够，也不要做过了头。

五、不行章

原__文_

子曰："道其不行①矣夫！"

注__释_

①不行：不能在世上流行，不能被世人推崇。

译__文_

孔子说："中庸之道，大概不能行之于世了！"

经典解读

这是孔子对于世人不能接受中庸之道所发出的感慨之辞。其中既有大道在迩，而世人不去追求的痛惜；也有"道不行，乘桴浮于海"的无奈；若观照孔子平生所为，还能看到圣人"知其不可而为之"的那种决心和毅力。

中庸之道之所以不能实行，孔子在前章已经讲了——要么认识不足，要么行为不当。这些弊端很难克服吗？并不是，只要勤学就一定能够端正认识，只要力行就一定能够践行大道。世人之所以远离中庸之道，并不是中庸之道多么难以达到，而是勤学、力行之心不够。

老子曾经感慨道："吾言甚易知，甚易行。天下莫能知，莫能行。"孟子也曾感慨道："道在迩而求诸远，事在易而求诸难。"孔子说此话时，大概也是起了如此之思：大道就是中庸啊，就是做平平常常之事，可世人为何说自己没能力去做呢？为何做了就要追求独特邪僻，将事情做过头呢？世人都不能端正心态践行中庸之道，它大概不能行之于世了吧！

做事一定要掌握好"度"

中庸之道之所以不能行之于世，很大程度上是人们认识不到"中和"的好处，凡事都追求极端，认为做得越多就越好，走得越远就越佳。所以，怀着好心却经常干些画蛇添足的坏事。孔子指出过犹不及，任何事情都有一个最佳的度，未达到这个度不好，超过了这个度同样不好。有这样一个笑话：

一个愚人家中来了客人，妻子做了一桌丰盛的饭菜。在客人还未上桌的时候，妻子对愚人说："去尝尝菜的滋味怎么样？"愚人尝了一口，说："有点淡了。"妻子道："淡了就放半勺盐，再尝尝。"愚人放了盐，发现菜果然变得美味可口了。

过了一会儿，客人都到了，大家围在桌旁开始吃饭。妻子发现客人都皱着眉头吃饭，不夹菜，十分好奇。便上前尝了一口，发现所有的菜都咸得无法入口。这时愚人讪讪地说："刚才加了半勺盐，味道便变得好极了，我想若是多加几勺一定会更加可口……"

愚人就是不知道加盐应该有度，从而将好好的一桌菜给毁掉了。这听起来十分可笑，但现实中很多十分聪明的人，在做事上也会犯这种追求极端的错误，从而将事情搞糟。

春秋之时，霸主齐桓公去世，宋襄公便想谋求霸主之位，于是他处处以仁德自居，想要凭借自己的仁义让诸侯归服。但是南方的楚国不吃这一套，最后两国只能以兵戎相见。宋军在泓水北岸列阵，楚军渡河前来进攻。宋军司马子鱼劝宋襄公："楚军正在渡河，我们趁机进攻一定会取得胜利。"宋襄公断然拒绝，说："争夺霸主之位，要以德服人，我们怎么能乘人之危，攻打别人呢！"楚军渡过河以后，还没有摆好阵势，子鱼又劝道："楚军阵势未成，我们应趁着混乱进攻，或许还能取胜！"宋襄公又拒绝了，说："君子不鼓不成列，要打就光明正大地打，那才符合仁义。"过了一会儿，楚军摆好阵势，向宋军发起了进攻，因为楚众宋寡，宋襄公吃了大败仗，霸业成为泡影，自己也在战斗中受了重伤，不久便去世了。

唐代学者赵蕤在《反经》中记载了这样一则故事：

孔子的弟子子路在邵这个地方做长官。鲁国执政的季氏限百姓在五个月内开通一条运河,线路恰好经过子路的辖区之内。当时生产力低下,五个月开凿运河对百姓来说是很困难的,所以百姓都很担忧。国家给的经费又很低,干活的人都消极怠慢,心生不满。子路见到这种情况,便自掏腰包,把自己的薪水补贴给工人,甚至从自己家里搬来粮食给大家吃。人们的热情一下子提高了很多,工作效率也上来了。

这个消息被孔子听到了。孔子马上派子贡去把子路为工人做好的饭倒掉,将锅砸破。子路是个急性子,不理解老师的意图,很生气,跑去和孔子吵架,说:"夫子为什么要这么做呢?你平时教我们行仁义,为国家效力,如今我正是这么做的。你却又派子贡倒掉我的饭,砸破我的锅,难道是嫉妒我吗?"孔子说:"子路,你不要糊涂!天子拥有整个天下,所以爱天下;诸侯拥有整个国家,所以爱自己国家的百姓;大夫只需要管好自己职责之内的事情就可以了;普通人只要爱护自己的家人便可以了。超过了范围的仁义,虽然出发点是好的,但那就侵犯了别人的权威,做好事做得过了头,也是极其错误的!"

没有比仁义更好的美德了,但宋襄公却仁义得过了头,在战场上还抱着所谓的"仁义"不放,这就成了迂腐,不知变通,遭受失败也是必然的了。没有比尽职爱民更合格的官员了,但孔子却反对子路的做法,认为仁义过头是极其错误的行为。历史上有很多因做过头而导致失败的案例,吴王夫差想建功立业,称霸诸侯,结果用兵过度,成为穷兵黩武,最终遭受失败。三国时的杨修,故意显示自己的聪明,结果不知收敛,遭到曹操厌恶、猜忌而被处死。隋炀帝想建功立业,开疆拓土,于是屡屡远征,结果百姓不堪,国力耗尽,导致国家覆亡。明太祖想巩固政权,整顿吏治,结果法令过于严苛,杀戮太多,留下了滥杀功臣,残暴好杀的恶名……

现实生活中的很多事之所以不能做好,也是因为人们不能准确地把握"度"。比如和人交往,有人看到他人过于冷漠,变成了孤家寡人,便热情地对待身边的每一个人,结果因为过于热情,弄得他人感觉很不自在,谁都躲着他,最后也成了孤家寡人。再比如教育孩子,有人因为疏于管理,致使孩子养成了很多不好的习惯;另外有些家长看到这种错误,便严苛地管理孩子,结果并未如愿,反而让孩子产生了逆反心理,丧失了很多独立锻炼的机会。再比如工作上,有人因为不听指挥而犯了错误,于是其他人吸取教训,什么事都严格按照规章制度而做,结果工作并没有如愿做好,反而让自己显得唯唯诺诺，工作变得刻板平庸。

任何事情都有两个方面，一定要善于衡量其中的度，不要做得不够，更不要自作聪明将事情做过了头。

"道"应该学以致用

很多人能够认识到中庸的好处，可一旦到了行动之上，就不能按照中庸之道行事，这也是孔子发出"道其不行矣夫"的重要原因。学以致用、学而优则仕，将学得的知识践行于现实生活之中，是孔子的一贯主张。我们谈论"中庸"，学习"中庸"，不应仅仅将其停留在书本上，停留在理论阶段，而要在自己的生活之中切实贯彻中庸之道。

宋代大文豪苏轼博学多才，儒释道皆通。他研习各家经典，深切懂得控制情绪的重要性。一天他参禅觉得有所体悟，便写了一首诗："稽首天中天，毫光照大千；八风吹不动，端坐紫金莲。"其中"八风"就是指影响人修行的几种情绪。写完之后，苏轼自己越端详越觉得自己修行不错，体悟很深，便沾沾自喜，派书童将这首诗渡江送与好友佛印。他想佛印一定会赞叹、佩服自己，没想到佛印看到诗后仅回复了两个字："狗屁！"

苏轼得到回复后，十分气恼，心中很不服气，连夜划船过江找佛印理论。谁知佛印正张灯等着他呢。苏轼愕然，问："你怎么知道我要来的？"佛印笑着说："你不是'八风吹不动'吗，怎么一屁就打过江了？"苏轼这才知道，自己的修行只是在纸上，还差得远呢。于是，在以后的学习修为中变得更加谦虚，更懂得学以致用了。

其实，任何学问都是如此——只有能够应用到实际中才算是真正的学问。书中写得再好，口中说得再动人，也不过都是些虚妄的理论，如果不能指导现实生活，不能应用于实际，看起来、听起来再有道理也没有丝毫的价值。赵括的兵法讲得天花乱坠，连他的父亲赵奢都难不倒他，可结果一到了战场之上，就失去了效用，将几十万大军葬送了。晋朝王衍等人的清谈，谈得头头是道，结果对社会没有丝毫用处，反而将好好的国家搞得乌烟瘴气。

圣贤修道为学，并不是为了沽名钓誉，而是要用自己的学说来改变社会，引导人民。那些满口仁义、节操，却对百姓的疾苦视而不见，对社会的混乱听而不闻的人，并不是真正的有道之人，而是乱道的奸贼、无用的腐儒。

战国时期的陈仲子是齐国有名的贤士，尤其以廉洁著称。陈仲子出身于宗族世家，他的哥哥是齐国身份显赫的大夫，但陈仲子却离开自己的家，认为自己的国家无道，哥哥所享有的俸禄都是不义之财。他避居在於陵，亲自耕种，妻子亲自纺织，生活贫困到极点也不愿接受哥哥的馈赠，有时竟饿得倒在地上起不来，拣拾井边落下的李子吃。

有一天他回家里去，正好看到有人送给他哥哥一只鹅，他皱着眉头说："要这种哦哦叫的东西做什么呢？"过了几天，他母亲把那只鹅杀了给他吃，他哥哥恰好从外面回来，看见后便说："你吃的正是那哦哦叫的东西的肉啊！"他连忙跑出门去，"哇"的一声便呕吐了出来。齐国人知道了这件事，都更加称赞他的廉洁。

匡张于是问孟子："陈仲子该算是个廉洁的人了吧？"孟子却认为，陈仲子这样做完全违背了人情，不吃母亲做的东西，认为哥哥的财产取于不义，人怎么能这样呢！只有蚯蚓才会像他这样抛弃人伦而追求所谓的廉洁。

一次，齐国的使者出访赵国，赵威后询问齐国使者说："於陵仲子还活着吗？"齐使很惊讶，说："难得您还记着这位贤人，他还在呢！"赵威后说："这个人啊，上不能在朝中为臣，下不治理自己家庭，中不和诸侯交往，这是引导百姓向无所事事的地方走啊！你们为何不将他杀掉呢，却将其视为贤人！"

韩非子也讲了一个这样的故事。齐国有个叫田仲（即陈仲子）的居士，很有廉洁之名。一天宋国一个叫屈谷的人来拜访他，说："我听说先生的宗旨是不依靠别人而生存，现在我有一个巨大的葫芦，就像石头一样坚硬，皮厚得没有空腔，我想把它送给先生您。"田仲说："葫芦的用处，就在于它可以盛东西。现在你的这个葫芦皮厚无腔，那么就不能剖开装东西；它坚硬得像石头，也就不能挖空盛酒水，我拿它有什么用呢？"屈谷说："好吧，看来我只能将它丢掉了。那么先生您不依靠别人而生活，对国家百姓不闻不问，于世又有什么用处呢，也属于坚硬的葫芦一类的啊！"

在先贤看来，无论持什么样的学说，最重要的就是要"学以致用"，要对社会和人民有所帮助。否则你道理讲得再好听，也不过如同叽叽喳喳的鸟叫，甚至还会将世人引向无所事事的邪路，对社会造成危害。

六、大知章

子曰："舜其大知也与！舜好问而好察迩言①，隐恶而扬善，执其两端②，用其中于民，其斯以为舜乎！"

注　释

①迩言：浅近之言，平常之语。

②两端："过"与"不及"两个极端。

译　文

孔子说："舜帝真是有大智慧的人啊！他好询问别人的意见，好体察浅近的言辞，对于恶言隐而不宣，对于善言积极弘扬，善于执掌事情的两个极端，采用中和之道治理人民，这就是舜德行广大，受民拥戴的原因吧！"

经典解读

孔子赞扬了舜的中庸之德：好问，好察迩言，隐恶而扬善，中道治民。

好问即不刚愎自用，如此便能够听到善意的言辞，便不会因为认识上的狭隘而走向邪路。

能够体察身边浅显的言辞，就能及时知道自己的错误、缺点，从而不会积蓄起严重的祸患。

不讲他人的坏处，多说他人的好处，便不会激怒他人，为自己赢得支持的同时，又能鼓励他人向善。

以中道治民，既不会让人民放纵懈怠，又不会因为过于苛严而使人民无法承受。

正是因为舜拥有这些美好的德行，才能将天下治理得井井有条，得到世人的尊重。他是统治者的典范，也是每一个人在修德求道时应努力效仿的对象。

哲理引申

好问多察 为政之要

贤明的执政者善于询问周围人的意见，这样他们才能随时明察自己的缺点，从而及时弥补错误。而愚蠢的执政者总是自以为是，刚愎自用，不仅不能主动去审察自己的缺陷，就连别人好意劝谏，他们都懒得听从，所以他们常常因为主观偏见而走入邪路。好问善道、长于明察的统治者，是汇聚众人的智慧、才智而为政，所以他们执政恰当，而很少犯错；刚愎自用、不察善言的统治者即使拥有再多的部属，也不过是一个目光短浅的匹夫，要想取得成功，治理好国家是不可能的。

孔子的弟子子张询问为官之道。孔子告诉他说："多闻阙疑，慎言其余，则寡尤；多见阙殆，慎行其余，则寡悔；言寡尤，行寡悔，禄在其中矣。"也就是说，为官一定不能鲁莽行事，刚愎自用，要多听听旁人好的建议，要多看看身边的人是怎么做的，不确定的话不要盲目去说，不确定的事不要盲目去做，这样才不致犯错。

孟子的弟子乐正子被鲁国委以政事，孟子听到以后，对弟子们说："听说乐正子将在鲁国执政了，我得知这个消息以后，简直高兴得睡不着觉了！"

弟子公孙丑问："乐正子这个人能力很强吗？"

孟子说："不。"

公孙丑问："那他很有智慧吗？"

孟子说："没有。"

公孙丑问："那他必然见多识广了？"

孟子说："不。"

公孙丑很奇怪："既然这些优点他都没有，那您为何要高兴得睡不着觉呢？"

孟子回答："公孙丑这个人虽然没有什么特别的才能，但能够听取好的言论。"

公孙丑问:"能够听取好的言论就够了吗?"

孟子说:"一个人若能够听取他人好的言论,治理天下都够了,何况一个小小的鲁国呢?如果能够听取好的言论,四面八方的人都会不远千里赶来,将好的建议告诉他;假如不能听取好的建议,他就会说,'呵呵,我都已经知道了!'那种'呵呵'的声音和自傲的神色就会将人拒之于千里之外。贤士远止于千里之外,阿谀奉承的小人就会到来。整日身边都围着阿谀奉承的小人,想要治理好天下可能吗?"

在圣人眼中,只要能够多听好的意见,便可以胜任官职,便可以将天下治理好,更何况是其他比治理天下容易得多的事情呢!一个人多听听别人的意见,多看看贤人是怎么做的,如此才能知道自己哪里做得不足,哪里还能做得更好。如果将自己封闭起来,对别人好的建议不闻不问,对别人好的行为视而不见,那他即使有修身为道的志向,也很难取得任何进展。

历史上的周厉王,最怕听到别人的好意见,不仅不让大臣们进谏自己的过错,还禁止百姓对国政有任何非议。百姓不满,常常抱怨。周厉王便找来一个卫国的巫师,让他在大街上监视人民,谁讲了一句不满的言辞就让武士将其抓起来,投入监狱。这样,周厉王再也听不到别人的非议了,也听不到人民好的建议了,沾沾自喜,以为这样就算将天下治理平稳了。结果,人民的怨气越积越重,终于忍受不下去了,一起暴动起来,攻入王宫,杀死巫师,把周厉王也流放到蛮荒的地方去了。

与周厉王相反,唐太宗最喜欢听取他人的好意见。每次采取大的行动之前,都要召集大臣们谨慎探讨。有的时候,大臣的言论和他本人想法不同,他都耐着性子听下去,因此大臣们大多都能直言进谏。魏徵尤为刚直,屡屡犯颜进谏,很多时候让皇帝当众下不来台。唐太宗虽然也会为此恼怒,但怒气一过,他就能恢复理智,认识到魏徵恰当的言论,并加以采用,还会为自己方才的冲动向魏徵道歉,给他赏赐。正是因为如此,唐太宗成为了历史上少有的开明君主,开创了"贞观之治"。

纵观历史上那些有作为之君,无不善于采纳他人好的言论。秦始皇曾经因为受到诸侯宾客的欺骗,打算将六国在秦的士人全部驱逐出境。这时李斯上了一份《谏逐客书》,讲述了外来贤士对于秦国的重要作用。秦始皇看后,果断采纳，这为统一天下奠定了坚实的人才基础。楚汉相争时，汉高祖曾想将天下土地分封给六国诸侯，这时张良到来，及时指明了这种做法的危害，汉高祖幡然醒悟，才中止了这一计划，没有犯下致命的错误。三国时，袁绍刚愎自用，不听谋士田丰、许攸等人的建议，结果惨遭失败；而对手曹操则虚心采纳谋士们的建议，最终以少胜多，打败了袁绍。

好问多察者寡过，不闻不察者多忧。一个领导者要想减少错误，施政恰当，就必须善于听取他人好的意见，及时察明自己的缺点。

多听善言 才能弥补过失

舜之所以能够将天下治理得井井有条，受到世人尊重，与其能体察善言、与人为善的美德息息相关。孟子就认为能够虚心听取善言、采纳善言是一个人最高的美德，他曾说："子路，别人指出他的过错，他就很高兴。大禹听到有教益的活，就恭敬地拜谢。舜又更进一步：总是与别人共同做善事。舍弃自己的缺点，学习人家的优点，以吸取别人的长处修善为乐。从他种地、做陶器、捕鱼一直到做帝王，没有哪个时候不向别人学习的。吸取别人的优点来行善，也就是与别人一起来行善。君子之德，没有比与别人一起来行善更大的了！"

世上没有全知全能的人，即使圣贤如尧舜也会因为某些局限，对问题的认识存在偏差，只有虚心接受他人好的建议、批评，才能及时发现自己的错误，及时改正。一个人如果害怕听闻自己的错误，别人指出自己的不足就会感到厌恶，视人如仇雠，那他人就不会再劝谏他，也不会再亲近他，他只能成为一个被遗弃的孤家寡人，身上的错误越积越多，最终走向败亡。

开创文景之治的汉文帝就是一个善于听取他人意见，从而弥补自己错误的明君。

西汉初期，北方的匈奴十分强大，屡屡进犯汉朝，汉文帝为此十分忧心。一次，他和郎官冯唐聊天时谈到战国打破匈奴的赵将李牧，感慨说可惜自己没有李牧那样的将领，否则就不会担忧匈奴了。冯唐听了，毫不客气地说："陛下即使有李牧那样的将领也不能用。"这话是当众说的，让文帝很是下不来台，一气之下，便回宫了。

不久以后，他忽然想到，冯唐这样说一定有他的道理，便将冯唐请进宫中，虚心地向他请教，问："先生前日和我谈话，说我即使得到了李牧那样的将领也不能任用，请问为何要这样说呢？"冯唐说："要想让将领充分发挥才能，必须给他们足够的自由，赵王对待李牧就是这样的，可以由他自行任用官吏，随意使用驻区内的税收。如今云中太守魏尚很有才能，亲爱士卒，治军有方，匈奴不敢接近他的防区。但他仅仅因为在上报军功的时候，多报了六个敌人的首级，朝廷就将他罢免，治他的罪。所以由此我知道即使有李牧那样的将领您也不能任用。"

汉文帝听了以后大悟，知道自己在任用将领方面过于苛严，埋没了人才。于是，立刻派冯唐持着符节前去赦免魏尚，恢复了他的官职。匈奴出于对魏尚的畏惧，都不敢再接近云中郡了。

还有一次文帝出宫巡游，在路过渭桥的时候，桥下忽然跑出一个人来，惊吓了文帝的马匹，险些酿成事故。文帝下令将这人抓起来，交给廷尉审判、处罚。廷尉张释之审理后了解，这个人在路上行走，听到皇帝出行清道的命令就躲到了桥下，过了一会儿他以为队伍已经过去了，所以就跑了出来，没想到恰好皇帝的马车经过，惊吓到了马。张释之觉得他不是有意触犯皇帝，就按法律判他罚金四两。

文帝得知判罚结果很不高兴，说："这人惊吓朕的马，多亏我的马训练有素，才没有酿成大祸。这是威胁我自身安危的，廷尉竟然只判他罚金！"张释之力争道："陛下如果觉得他罪大，当时将他杀死也就罢了。既然交给廷尉，就要按法律判罚。国法是天子和百姓一起遵守的，如果违背法律条令，随意轻判、重判，就会使法令失去信用。陛下想要治理好天下，怎么能根据自己的意愿，而随意违背法律呢！"文帝听了以后，立刻意识到了自己的错误，说："廷尉说得好啊，是我错了。就按你的审判执行吧！"于是将那人处以罚金后释放。

汉文帝也是一个普通人，并不比其他的帝王聪明、敏捷、更有智慧，但他有个很多人都不具备的优点，就是能够宽厚待人，听取别人的善言，即使这种言论触怒了自己。所以，大臣们敢于在他面前直言劝谏，他也能够及时发现自己的错误，修正不恰当的政策，最终使政治清明，百姓和乐。

普通人也一样，每个人都犯过错误，这些错误自己很难发现，但在别人的眼里却十分明显。如果你善于听取他人的言论，他人自然愿意将你的过错告诉你，这样你的品格才能不断提升，错误才能得到弥补。相反，如果你总是自以为是，不听他人的善言，人家劝了你一两次之后，见你不知悔改，谁还会再劝？那样你的错误就将永远存在，你也将永远在原地踏步，不会有什么长进。

"良药苦口利于病，忠言逆耳利于行。"善意的劝谏，教益的言辞，是医治身上缺点的良药，我们只有多听善言，才能不断弥补自己身上的过失，在修身为道的路上越行越远，永不偏离。

不听善言者必亡

别人给自己提出建议，一定是发现了自己有做得不够的地方，无论他们说的恰当与否都要虚心听取，如果他们说的有道理就及时采纳，若他们说的没道理，听听也不会对自己造成多大伤害，没有必要敌视他人。可是，历史上就有很多不通情理的人，他们自以为是，刚愎自用，认为天下没人比得上自己，别人劝谏自己就是和自己对着干，就一定要打击报复。这种听了善言不察识，总喜欢他人阿谀奉承的人就是没有是非之心，只怕连圣人再世都无法教导他们了。著名亡国之君隋炀帝就是这样的人。

隋炀帝杨广是隋文帝的次子，使用阴谋诡计陷害了自己的兄长而登上帝位。他为人聪明有才，在诗词、军事等方面都颇有见地。于是自认为天下所有人没有赶得上自己的，从来不听从大臣们的劝谏，很多事情错得明显，但他决定了就不悔改，至死不回头。

一次大臣虞世南稍稍建议他多听大臣劝谏，隋炀帝却宣称："我生性就不喜欢受人劝谏。如果是高官，还想通过进谏来求官，我一定不会饶恕他。如果是卑贱的士人，我虽然能够饶恕他，也绝对不会再让他出人头地。你们都记住吧！"一次他饮酒喝多了，又对左右近臣说："有劝谏的人，若将我惹怒了。即使我当时不杀他，事后也一定不会放过。"大臣们听到这些话以后，都不敢随意进言了。

隋文帝的时候，崇尚节俭，爱护百姓，天下出现了少有的盛世。可炀帝继位以后，一改父亲的传统，重赋厚敛，大兴土木，到处游玩享乐，赏赐无度。正直的大臣看不过去，逐渐疏远，而邪僻谄佞的小人却都聚集到了他的身边。

　　大业三年，隋炀帝为了更好地享乐，下诏收集北齐、北周旧时乐人及天下散乐。老臣高颎劝谏说："此乐久废，现在要征集，恐怕那些没有见识的人会放弃原来的正宗而追逐这些末流，相互教习传播开来。"炀帝听了很不高兴。高颎私下里向大臣们表示担忧，又说："北周、北齐刚刚因为贪图享乐而灭亡，殷鉴不远，如今天子怎么能这样做呢？"隋炀帝听闻以后，觉得高颎是在讽刺、诅咒自己，十分愤恨。

　　过了不久，好大喜功的隋炀帝为了向四方国家显示中国的富庶、自己的威仪，下令制造容纳千人的大帐篷，在里面设宴款待突厥可汗以及四方使者，又赏赐突厥可汗几十万匹布帛，赏赐各国使节的金银珠宝不计其数。如此铺张浪费，打肿脸充胖子，遭到了大臣们一致反对。高颎对观王杨雄感慨说："近来朝廷极无纲纪规矩！"大臣宇文弼也私下对高颎说："周天元皇帝就是因为奢侈而亡国的，现在的情况与之相比较，不是更加厉害了么？"名将贺若弼也私下对隋炀帝的做法发了些感慨，认为太过奢侈。

　　本来这都是老臣们担忧国家而发的几句牢骚，但隋炀帝听闻以后却恼怒异常，认为这些大臣不服自己，有悖逆之心。于是抓住他们非议朝政的小事，都扣上诽谤朝政，图谋不轨的罪名，全部处死了。高颎、贺若弼都是平定天下的大功臣，历来受到隋文帝的重视，如今因为几句话而被杀，让天下人都看到了隋炀帝专横残暴的本性，从此敢于劝谏、愿意劝谏的人越来越少了。

　　暴政越来越苛严，人民的不满越积越多，却没一个人敢于在隋炀帝面前说真话，对其进行劝阻，人民终于忍无可忍，轰轰烈烈的起义四处开花。宰相苏威知道隋炀帝残暴自用，根本不敢将实情告诉他，所以经常沉默不语。

　　天下已经乱成了一团，隋炀帝还不了解，打算离开洛阳巡游江都。将军赵才看到社稷有倾覆之患，自己又深受皇恩，不能坐视隋朝灭亡，便进谏说："现在百姓穷困，府库空虚，盗贼蜂起，禁令不行，陛下应该在京都好好安抚百姓臣僚，我虽然愚笨无知，冒死相请。"炀帝勃然大怒，把赵才投入狱中，十多天气消了才将其放出来。

　　大臣们不敢劝谏，有不畏惧炀帝的小官便出来说话，奉信郎崔民象在建国门上表劝阻巡游江都，言辞激烈，惹怒了隋炀帝，炀帝竟下令侍卫先将他的下巴卸下来，让其不能说话，然后再把他杀掉。在去往江都的路上，有很多地方官员拦住皇帝，忠心劝谏，隋炀帝根本听不进去，来一个杀一个，毫不手软。

杀来杀去，隋炀帝杀得自己众叛亲离，再也没人对他讲真话了。到了江都，部将宇文化及看到隋炀帝已经不可救药，索性造起反来，带兵逼宫，将隋炀帝杀死，草草埋葬。

隋炀帝聪明、有才，也很有些大志向，但就是因为刚愎自用，不能听进臣下的善言，最后将大好基业毁掉，成了历史上有名的昏庸君主。一个人能够取得什么样的成就，和其自身的聪明才智其实关系不大，能够听取好的意见，不断虚心进取，即使平庸之才也能取得非凡的成就；不能听进好的建议，自以为是，即使再聪明、再有才，也只能走向失败。历史上夏桀高大有力，勇猛敏捷，不能听从关龙逢的善言，最终成了亡国之君；殷纣王天资聪颖、体力过人，不能听从比干等人的善言，最终被武王诛杀；智伯能文能武，才艺超群，不能听从智国等人的善言，最终军败身死……

善言是人行事的法则，是匡正错误的尺矩，能听善言，才能行至善道。一个人若不能听取善言，便丧失了做人处事的标准，要想不让自己走向败亡，是不可能的。

为人要学会隐恶扬善

对于"隐恶而扬善"，朱子注解道："于其言之未善者则隐而不宣，其善者则播而不匿，其广大光明又如此，则人孰不乐告以善哉。"不宣扬他人的不善，就不会招致怨恨，多宣扬他人的善行，是对他人为善的鼓励，有助于善道的传播，也会让自己受到他人的信任，从而他人更乐于将好的道理讲给自己听。

随意宣扬他人的缺点，想通过贬低他人来彰显自己的高尚，本就不是一件有道德之事。君子看到别人的错误，不会将其视为笑话，而是反思自己是否也存在同样的缺点，有则改之；没有同样的错误，也会反思自己是否有义务引导那些犯错误的人，帮助他们改掉缺点。君子行絜矩之道，以天下为己任，既要修正自身，作为世人的典范，又要积极引导有过错的人，使其回归到善道上来。他们帮助别人改过犹来不及，哪有精力去宣扬他人的缺点。

孔子就是一个善于隐恶而扬善的人。卫国的大夫孔文子聪明好学，谦虚谨慎，但在男女作风上有些问题，而且行事常违背礼仪，但他死后却获得了

"文"的谥号。孔子的弟子子贡就很不服气，问孔子："孔文子怎么配得到'文'的谥号呢？"孔子回答说："他敏而好学，不耻下问，所以能得到'文'的谥号。"孔子在谈论他人的时候，很少讲到他人有什么不道德之事，他首先看到的就是别人身上值得自己去学习的优点。在读有关孔子的著作时，几乎随处都能看到对他人优点的赞扬，但却很少能找到指责他人缺点的言辞，这便是圣人宽阔的胸怀和高尚的德行。

《弟子规》中有这样几句："道人善，即是善。人知之，愈思勉。"说人的恶处，让人受到打击与用刀剑伤人没有什么区别，是一种极其恶劣的行为；而说人的善处，让人得到勉励，则是对人最好的帮助和支持，在这个过程中，也提高了自己的德行。

武则天的时候，娄师德和狄仁杰同朝为官。狄仁杰很有才能，所以常常对身居宰相高位的娄师德心存轻视，认为他平庸无能，尸位素餐。平时言语和朝廷廷议时，狄仁杰也多次让娄师德下不来台。但娄师德从未将这些放在心上，他知道狄仁杰是个人才，朝廷需要这样的人，于是经常在武则天面前称赞狄仁杰。

一天，狄仁杰在皇帝面前又表现出了对娄师德的轻视，武则天便问他："朕重用你，你知道原因吗？"狄仁杰回答："我因为能力和品行而受到重用。"武则天笑着沉默不语。一会儿又问他："娄师德能知人识人吗？"狄仁杰眼睛也不眨地说："臣和他同朝为官多年，没见到他有这种长处。"武则天告诉他说："我之所以了解你，就是因为娄师德的推荐。开始我不知道你的才能，但娄师德屡屡在我面前称赞你忠诚能干，所以我才不断提拔你。"于是，命令侍从将娄师德推荐狄仁杰的奏章拿出来，足足有十几份。狄仁杰读了以后，想到自己对娄师德的轻慢，不禁羞愧满面，走出宫门后，他感慨道："我自以为是，轻蔑别人，原来已经被娄公包容很久了！"从此，一改往日的狂傲，对娄师德十分尊敬。

娄师德不因为狄仁杰轻视自己而报复，反而以德报怨，在武则天面前称赞狄仁杰美好的一面，既给国家推荐了贤才，做到了宰相的本分，又以宽厚之德赢得了狄仁杰的尊重，可谓大智了。当然，历史上也有专门喜欢谈论他人缺点的人。

春秋的时候，宋国有个将领叫作南宫万，他十分善战，有万夫不当之勇。

但在一次和鲁国的战斗中被打败，做了俘虏。鲁国人并没有杀死他，在和宋国讲和之后就将他放了回去。南宫万被俘本来就很惭愧了，回国以后，宋国国君宋闵公不仅没有什么安慰的话，还故意讥讽他："你不是有万夫不当之勇吗？为什么做了俘虏，给国家带来耻辱呢？"南宫万很惭愧。后来，一次打猎的时候，南宫万和宋闵公争夺一个猎物，宋闵公十分气愤，又当众羞辱道："原来我尊敬你，如今你成为鲁国的俘虏，还有什么可尊重的！"南宫万羞愧难当，从此对宋闵公怀恨在心。终于，在一年以后发动叛乱将宋闵公和平时轻视、讥讽自己的大臣都杀死了。

没人喜欢自己的缺点被当众议论，如果总是谈论他人的缺点、错误，就会像宋闵公一样，早晚给自己带来祸患。所以说，隐忍他人的错误，宣扬他人的优点，不仅是美德，也是处世的大智慧。每个人在生活中都应该谨慎地对待他人的过错和优点，尽力隐恶扬善。

以中道治人民

"执其两端，用其中于民"，就是在执政的时候要周全考虑过与不及这两个极端，然后选择一个恰当的度，尽量兼顾大多数人的利益，使政事最为合理。能够恰到好处地掌握事情的度，就是"执中"，否则就是"失中"，失中就会让事情偏离正路，滑向极端，从而不能达到预期的效果，产生新的灾害。所以，古之圣人在治理天下时最讲究的就是执守中道。

唐尧做天子的时候，想将帝位传给虞舜，但还不放心。于是，就问舜说："若是你成了万民之主，你将如何治理天下呢？"舜回答说："公允地执守中道，便是我治理天下的法则。"

尧听了以后，十分高兴。他认为舜已经完全掌握了治理天下的大法，便将天下交给了舜，放心地退休去安度晚年了。

手下的大臣们不太明白，于是问舜说："什么是中道呢？为何您能执守中道帝尧便将帝位传给您呢？"舜解释说："人们之所以不能将事情做好，就是因为有的人性子太急，往往将事情做过了头；有的人性子太慢，又常常做得不够。做过了头和做得不够都不恰当，执守中道就是做事恰到好处，既不过头也不不够。如果事事都能这样，天下怎么会治理不好呢？"

有的执政者施政过于宽松，宽松人民就会怠慢，怠慢就会走向邪僻；有的执政者过于苛严，苛严人民就不能忍受，不能忍受就会起来造反；有的执政者过于仁慈，仁慈过度就不能及时制止奸邪；有的执政者过于残忍，残忍过度就会滥杀无辜；有的执政者过于懈怠，对朝政不闻不问，导致国家混乱；有的执政者过于勤奋，勤奋过度既累坏了自己身体，又对下属干预过多，反而不能治理好国家……这些都是不能用中道治国。执守中道，既不能荒忽懈怠，也不能干预过度，必须掌握好一个度。

一次，颜渊入见鲁定公，鲁定公问："东野毕这个人是个人才，很擅长驾驭骏马，先生您知道吗？"

颜渊回答："擅长是擅长！不过以他的方法驾驭骏马，早晚会将马弄丢的。"

鲁定公有些不高兴，他觉得东野毕善于驾驭马是众人皆知的事，颜渊却无端地说他会将马弄丢，这分明是嫉妒。于是，事后定公对左右近臣说："原来君子也喜欢诬陷他人啊！"

三天以后，掌管马匹的官员忽然跑来汇报说："东野毕驾车时马匹忽然不听使唤，挣脱两旁的缰绳，有两匹马回到厩中了！"

鲁定公十分惊讶，连忙坐起来，派人驾车召颜渊前来。

颜渊到了以后，鲁定公迫不及待地请教说："日前我询问先生，先生说，东野毕驾驭骏马好则好，但一定会将马跑失，开始我不信，但如今他的马果然跑失了。请问先生是如何知道的呢？"

颜渊回答说："臣是根据政事推测出来的。从前舜帝善于使用民力，而造父善于使用马力。舜帝使用民力时，从不让人民穷困，造父在使用马力的时候，也从来不让马匹疲惫，所以舜不会失去人民，造父不会遗失马匹。如今东野毕在驾驭马车的时候，虽然骑着马，握着缰绳，姿态都很端正，缓急快慢，进退奔走也都很合适，但经历险路，奔跑很远以后，他还对马责求不止，所以臣认为他的马一定不堪忍受，挣脱缰绳逃走的。"

定公听了，称赞道："说得好啊！不过您的话中含义很深，寡人愚钝，先生能否再进一步说明呢？"

颜渊说："臣听闻，禽鸟被逼急了就会啄人，野兽被逼急了就会抓人，百姓被逼急了就会奸邪犯禁。自古至今，没有能严苛地逼迫下民而自己却没有危险的啊！"

鲁定公很高兴，感觉受益颇多，将颜回的话告诉了孔子。孔子听后，微笑着赞道："颜回就是颜回啊，看到驾马都能想到为政要执中，这难道还不值得赞许吗！"

驾驭马车，既要让马尽力，又不能使它们过于疲惫，不堪忍受；治理人民也一样，既要对人民加以规范，又不能过于苛严，滥用民力。秦二世、隋炀帝、宋徽宗，这些亡国之君，就是因为重敛厚赋、残暴地对待百姓，导致人民忍无可忍，奋起反抗而使国家灭亡的。所以，对百姓一定要宽仁。但宽仁也要有个度，一旦超过了应有的限度，宽仁就会变成放纵，那反而不利于国家、百姓。

春秋之时，子产担任郑国执政，将国家治理得井井有条。在他临去世的时候，将子太叔叫到身边，叮嘱说："我死后，郑国一定会由你执政。只有具有圣德的人才能以德服人，否则不如严厉一点。火十分猛烈，人们看到懂得畏惧，所以被火烧死的人很少。水看起来柔和，人们不知畏惧，所以被水淹死的人很多。为政过于宽容，想要治理好人民是很难的。"

子产去世以后，子太叔执政，他并未听取子产的劝告，不忍心严厉，一味宽容。结果人民对政令都十分轻视，郑国出现了很多盗贼，聚集在沼泽中为非作歹。子太叔十分悔疚，说："我早听从子产的建议，就不会有现在的麻烦了！"于是调集军队，将盗贼全部剿杀了。

孔子听说这件事后，感慨道："好啊！政策过于宽厚人民就会怠慢，怠慢就用刚猛来纠正；政策过于刚猛人民就会受到伤害，受了伤害就给予他们宽厚的政策。用宽厚来弥补刚猛，用刚猛来修饰宽厚，如此政治才能调和适度。"

执其两端，以中道治民，就是要"宽则纠之以猛，猛则纠之以宽"，在宽和与严厉之间找到一个恰当的度。如此，才是为政治民的上策。

七、予知章

原　文

子曰："人皆曰'予知'，驱而纳诸罟擭陷阱之中，而莫之知辟①也。人皆曰'予知'，择乎中庸而不能期月②守也。"

注　释

①辟：通"避"，躲避、逃避。

②期月：整月，一个月。

译　文

孔子说："人人都说'我很聪明'，可像禽兽那样被人驱赶到网扣、陷阱之中，却不知道躲避。人人都说'我很聪明'，可选择了中庸之道却连一个月也坚持不了。"

经典解读

人人都觉得自己很聪明，但却常常陷入困窘、祸患之中，这是为何呢？

就是因为人们太过"聪明"，自以为是，好走极端，不知适可而止，所以自己投入了陷阱之中还沾沾自喜。

人人都觉得自己很聪明，却不知道中庸之道的好处，或是了解中庸之道，却不能长期坚持下去。最终依旧落于邪僻之中，这怎么能称得上是聪明呢？

为人不要沉迷于小聪明，要有大智慧。小聪明盯着眼前的益好，能够让人获利于一时，大智慧建立在道德基础之上，利在长远；有小聪明的人喜欢走极端、争强好胜，有大智慧的人固守中庸之道、平和宽厚；小聪明得利，大智慧得人。真正的智者，能够坚持中庸的大智慧，所以才不会落入各种陷阱之中。

<u>哲理引申</u>

切勿自恃聪明

聪明是一种优秀的素质，但若一个人过于沉迷于"我很聪明"的梦幻当中，不学先贤的大道，不听他人善意的劝告，就会被这种自作聪明带入失败、邪僻的道路上。所以，孔子才会感慨，世人都说"予知"，却又经常被驱赶到网扣、陷阱之中。

自恃聪明，就是自寻祸患。孟子门下有个叫盆成括的弟子，学业未成，他便辞别老师，去齐国做官。走后，孟子感慨地对弟子们说："哎，盆成括这个人要死了！"弟子们都很不解，问："他刚离开师门，去齐国做官。老师这样说是因为怨恨他吗？"孟子摇摇头，说："他这个人呀，有些小聪明，但没有听闻君子的大道。这就足以招致杀身之祸了！"果然没过多久，盆成括就被杀了。一个人如果只知道凭恃自己的小聪明，不明白做人的大道理，他一定会做很多错事，也一定会为这些错事承担后果。

自恃聪明，就是自绝于人。《素书》中有句话：孤莫孤于自恃。一个人自恃聪明，必然好自逞能，行为自私放纵，依靠着些小聪明，在他人面前显摆，耽误了德行上的修养。一旦侥幸依靠这些小聪明取得了点微末成就，就会沾沾自喜，傲慢地对待旁人。人家善意地劝谏他，他高傲地认为自己够聪明了，不肯听从；别人告诫他的错误，他会认为别人嫉妒自己的成就，不加采纳。这样的人，听不进去善言，不知真正的善道是什么，即使贵有千金、统尊万众，也不能获得信任，永远是个背离众人的孤家寡人，德行残缺却茫然不觉，忧患在即却浑然不知。

三国时，马谡随刘备入川，在诸葛亮帐下为参军，他才器过人，好论军计，深得诸葛亮器重。但先主刘备看清了马谡名不副实的本质，他临终之时对诸葛亮说："马谡言语浮夸，超过实际才能，不可委以大事，您要对他多加考察。"诸葛亮虽然答应了，却不以为然，继续让马谡担任参军，时常与他一起谈论军事谋略，从白天直到黑夜。

建兴六年（228年），诸葛亮北伐魏国，亲自率领十万大军，突袭魏军据守的祁山。当时论者多建议以魏延、吴懿等老将为先锋，诸葛亮有意提拔马谡，让他担任了此大任。魏明帝曹叡得知蜀汉来伐后，派大将张郃总督各路军马在街亭抗击马谡。蜀军前锋出发前，诸葛亮嘱咐马谡一定要靠近水源驻扎军队，可到了街亭，马谡发现南山地势较高，于是下令上山扎寨。副将王平，久经沙场，经验丰富，劝谏说："不可上山，张郃是魏军名将，一旦他断绝水源，我军就陷入危境了！"马谡高傲地说："我在丞相帐下，屡出奇谋，连丞相都赞赏我的智谋，你一个武夫懂什么！兵法云'置之死地而后生'，魏军如果断绝水源，士兵一定拼死作战，这样必然可以一战击破张郃！"王平屡次劝谏，马谡不听，只能带着自己部下的五千人分开扎寨。

张郃到达街亭后，看到蜀军已经先到，不禁失望。后来观察发现，蜀军竟然在山上远离水源扎寨，心中大喜，立刻挥军围攻南山，断绝了蜀军取水道路。当地气候干旱，士兵很快就渴得失去了战斗力，根本不像马谡所想。不久张郃发动进攻，蜀军大败，士兵溃散，马谡落魄逃回，因此获罪被杀。

马谡自以为很聪明，见识超过武将出身的王平，不听劝谏，结果却让自己遭受大败，被处以极刑，这就是自恃聪明所要承受的后果。这样的事、这样的人历史上多的数不胜数。

自恃聪明，就是拒绝进步。一个人若总是觉得自己比他人聪明，盛气十足地对待别人，最后必然人人都厌恶他，没人喜欢同他交往，他也就封闭了自己向他人学习的进步机会。所以，孔子说："独学而无友，则孤陋而寡闻。"独学并不是远离众人独自学习，而是自以为是，自作聪明被众人所遗弃，陷入孤陋之中。

有个年轻人，投入贤者门下学习。因为十分聪明，底子又好，很快他就在众人之中脱颖而出，受到了大家的尊重以及老师的欣赏。但得到这点小小的认可之后，年轻人便逐渐变得骄傲起来，不仅对同学们表现出一副高高在上的样子，就连对老师语气中也有了轻视之意。老师多次委婉地提醒，他都没有改正。久而久之，书院中所有的同学都开始疏远他，有了问题也不愿向他请教了。年轻人虽然意识到了这一点，但自恃聪明，又碍于面子并没有及时悔改。

过了半年，他发现那些昔日远远不如自己的同学进步都非常快，和自己已经没有多少差距了。他觉得是自己努力不够，于是加强了学习力度。可一年以后，他发现，同学们进步远远要比自己迅速得多。难道是自己智力下降了？他疑惑地找到老师请教。贤者看着这位弟子，叹了口气，说道："学习修养是一个不断寻找自己漏洞，向前进步的过程。别的同学常在一起讨论问题，互相询问，他们是共同在寻找漏洞，共同进步啊！而你却是在独自奋斗，一个人再聪明又怎么能比得上众人一起努力呢？你如果不能将'我很聪明'的观念放下，只怕永远也不能融入同学之中去，也就永远追不上别人了！"年轻人惭愧地低下头，从此开始变得谦虚起来。

自恃聪明是前进的障碍，自恃聪明是失败的源头，自恃聪明让人变得孤陋而寡闻。一个人要想避免走入邪僻之路，要想在学业、事业中取得成就，保持不败，就必须告别"我很聪明"的愚蠢想法，以一颗谦虚谨慎的心待人接物，处理世事。

要大智慧 不要小聪明

很多人认为"我很聪明"，其实他们的聪明往往都是小聪明，而不是大智慧。这些人所谓的聪明也不过是能发现利益，占些便宜，利口巧辩，深刻明察……真正的大智慧，并不需要这些。有大智慧的人知道一个人的德行才是立身的根本，他们依于正道而行，所以不会为了眼前的利益而耍些不正当的手段，也不会为了博取他人的称赞而刻意显示自己的精明。所以，他们无论走到哪里都坚守着道德原则，可能他们会暂时显得迂腐愚笨，不如别人那样获得巨额的财富，极高的权力，但他们永远不会走到邪僻的路上，从而给自己带来灾祸。

小聪明盯着眼前，盯着利益；而大智慧则着眼长远，着眼道义。小聪明让人获得一时的荣耀，却带来无穷的祸患；大智慧看似错过很多机会，却能让人永保平安。要小聪明的人好走极端，见利忘义，而有大智慧的人则行不由径，恪守中道。

春秋之时，晋国出现了骊姬之乱，太子申生被杀，公子重耳、夷吾逃亡国外。夷吾辗转到了秦国，在秦穆公的帮助之下回到国内继承了君位，就是晋惠公。

晋惠公在秦国的时候，为了能够得到秦国支持，向秦穆公许诺说，如果自己能够回国继承君位，便将晋国黄河以西的城池割让给秦国。等他回到晋国，继承君位以后就立刻后悔了，不想交出城池。可答应了人家的事，又不好直接反悔。晋惠公要小聪明，派人对秦穆公说："我回到晋国以后，就想将河西的城池交给秦国，但晋国的大臣们都反对，说'这是先王用鲜血换来的，不能因为国君的几句空话就白白送给别人'，寡人也没有办法。"秦穆公虽然知道晋惠公这是背信弃义了，但也没有过分计较。

不久以后，晋国发生了饥荒，只好向秦国请求购买粮食。秦国有的大臣不同意卖粮食给晋国，说："晋君是个见利忘义的小人，昔日许诺给我们土地，回到了晋国便食言，此次饥荒是上天惩罚他们，不能给他们粮食。"秦穆公询问宰相百里奚，百里奚说："天灾流行，各国都可能发生，救助灾荒，敦睦邻国，是国家应尽的道义，应该答应晋国。"这时，有大臣建议说："应该趁晋国疲弊之时攻打它，夺取应得的土地。"秦穆公摇摇头，说："晋君虽然可恶，但晋国的百姓有什么过错呢！"于是将粮食卖给了晋国。

过了一年，秦国发生了饥荒，秦穆公派人到晋国购买粮食。晋惠公和大臣商议，大夫庆郑说："您靠秦国的力量登上君位，过后便背弃了割地的诺言。晋国饥荒时秦国还借粮食给我们，现在秦国饥荒请求买晋国的粮食，给他们就是，有什么可商量的！"晋惠公还在犹豫，他的舅舅虢射说："往年晋国饥荒，是上天要将晋国赐给秦国，秦国不知道夺取还借粮食给我们；如今秦国饥荒，是上天要将秦国赐给晋国，我们岂能违背天意？应派兵攻打他们。"晋惠公觉得虢射所言十分有道理，说："秦国君臣愚蠢，错过了大好的机会，我们岂能像他们一样！"于是拒绝了秦国的请求，反而派兵攻打秦国。秦穆公听闻之后大怒，也起兵攻打晋国。

秦军、晋军在韩原相遇，展开了大战。虽然晋军人数众多，但都因为晋惠公的所作所为感到理亏，而秦军则上下一心，人人奋勇，很快就打败了晋军。喜欢背信弃义的晋惠公也做了秦军的俘虏。

晋惠公之所以落得战败被俘的下场，就是因为喜欢要小聪明，不顾道义，也就是没有做人、治国的大智慧。相比之下他的兄弟晋文公就聪明得多。晋文公也是在秦穆公的帮助下继承了君位，继位以后，秦晋两国共同攻打曾轻慢晋文公的郑国。但兵临城下的时候，秦穆公听从了郑国的劝谏，背弃盟约独自率兵离开。晋国将军们都主张趁秦军不备袭击秦军。晋文公却说："依靠别人的力量而又反过来损害他，这是不仁义的；失掉自己的同盟者，这是不明智的；用战乱代替和平，这是不符合武德的。"于是，放过了秦军，也放弃了进攻郑国。晋文公明白与他国交往要坚持仁义道德，没有贪一时的小利，争一时之气，这才是真正的大智慧。

聪明是好的品质，可前提是一定要符合道义。周厉王很聪明，想到了用巫师监视人民言语；周幽王很聪明，想到了用点燃烽火的方法逗笑褒姒；吴王夫差很聪明，听到国内出事的消息就杀死信使，隐瞒真相；智伯也很聪明，知道打着公室的旗号向其他卿家讨要土地；赵高也很聪明，将秦二世玩弄于股掌之上，斗败深谙权术的李斯。但他们这些人的聪明，都偏离了仁义道德的大道，都是些邪僻不正的小聪明，最终遭到败亡的命运，受到世人耻笑也是必然的了。

所以，无论处于什么样的位置上，拥有怎样的权势，都应追求与道义相符合的大智慧，而不是只盯着利益的小聪明。

坚持不懈才能取得成功

中庸之道需要长久不懈地践行下去，才能做到善始善终。其实，世上什么事不是如此呢？任何成功的背后都必然包含着长久的不懈努力，没有事情是一蹴而就的。学习知识需要一点一点的积累；修养道德需要一点一点的进步；做成事业需要一点一点的努力；不能静下心来，走过布满荆棘坎坷的奋斗之路，就永远不会得到成功的辉煌。

古希腊哲学家苏格拉底是一个思维敏捷，特别有智慧的人。很多年轻人仰慕他的学识、道德，投到他的门下，向他学习。一天在课堂上，学生询问苏格拉底："老师您是如何取得今天这样的成就的呢？我们应该如何做才能成为您这样的人呢？"苏格拉底回答："努力，坚持努力。"接着问，"你们都能够做到吗？"学生纷纷回答："能。"

下课的时候，苏格拉底为学生们布置了一个任务，他说："我要你们做一件最简单也是最容易做的事儿：每个人把胳膊尽量都往前甩，然后再尽量往后甩。每天三百下。"说着，苏格拉底示范了一遍，当天学生们就都开始依照老师的要求去做了。

第二天苏格拉底问学生："谁昨天甩胳膊三百下了？做到的人请举手！"所有学生的手都齐刷刷地举了起来，一个不落。苏格拉底点头称好！一周后，苏格拉底又问："你们现在谁每天还在甩胳膊三百下，做的将手举起来。"有一大半的学生举手，苏格拉底点头称好。一个月后，苏格拉底再次提起此事，只有少数的几个学生举起手来，苏格拉底点头称好。过了一年，苏格拉底又问起这件事，这次只有一名学生举手，苏格拉底微笑着对他点点头。

这个唯一坚持下来的学生叫柏拉图，古希腊继苏格拉底之后又一位伟大的思想家。柏拉图或许不是几十名同学中最聪明的，但为什么只有他才能成为伟大的智者呢？那是因为他有非同一般的品质——始终如一的坚持精神。

坚持不懈的恒心对于成功来说远比天赋、环境等更为重要。孔子的弟子颜回，天资并未超出其他弟子很多，他家中贫穷，生活条件很差，但就是因为好学不倦，听到了善道便孜孜不倦地坚持下去，所以屡屡被孔子称赞，成为孔子最为欣赏的弟子。

爱迪生发明灯泡为全世界带来了光明，很多人将其称为天才，认为他的成功是不可复制的。但却不知道他成功的真正关键不是天赋，而是不懈的努力。为了找到最理想的灯丝，爱迪生和他的助手试验了1600多种材料，也就是说遭受了成千上万次的失败。面对这么多的失败，有多少人能够不改初衷地坚持下去呢？当时的很多专家都认为电灯的前途黯淡，他们讥讽爱迪生的工作，说这是"毫无意义的"，有记者甚至当众宣称"爱迪生的理想已成泡影"。

面对这些冷嘲热讽，也许大多数人都会放弃，但爱迪生没有，他相信，每一次的失败都意味着离成功更近一步。最终，他研制出了可以亮上1200多个小时的灯泡，将人类带入了光明时代。

日本本田公司的创始人本田宗一郎出生在一个十分贫困的家庭。在一次偶然的机会中看到汽车后，他发誓要为自己制造汽车。身边的亲人得知他的想法后，无不对此发出嘲笑，认为宗一郎这是异想天开。然而，出乎众人意料的是，他真的带着自己的梦想投入了汽车制造业，并在无数困难中坚持了下来。面对销售的萎缩、同行的排挤、研发的失败等困境，他从来没有想过放弃，终于使本田公司成为日本数一数二的汽车制造企业。在回首往事时，他说："我除了错误、一系列的失败、一系列的后悔以外什么也没有。但是唯一让我感到欣慰的是，在一次次的打击，一次次的后悔中我坚持了下来，没有一次选择放弃。"

　　成功并没有什么特殊的诀窍，只要努力坚持下去，你就一定会达到自己想要的那个高度；也只有努力坚持下去，你才能实现自己的梦想。人生中的失败也只有一种，那就是放弃。知道目标，知道如何奋斗，却不能坚持到底，自己中途放弃，这才是最可悲，最值得遗憾的。

　　人们常说，"行百里，半九十"，对于求索者来说，最后的那一段路才是最重要的。无论情况多么恶劣，都不要放弃自己的理想。只有经历过疾风暴雨的人，才能看到绚烂的彩虹；只有经历过漫长寒冬的人，才能看到春暖花开；只有经历过寂寞长夜的人，才能看到黎明的阳光。

八、服膺章

原 文

子曰："回之为人也，择乎中庸，得一善，则拳拳^①服膺^②而弗失之矣。"

注 释

①拳拳：恳实虔诚的样子。

②服膺：牢牢记在心里，衷心信服。

译 文

孔子说："颜回这个人，能够择取中庸之道，得到一个善端，就踏踏实实地奉持，再也不让它失去。"

经典解读

孔子感慨人们不能坚持恪守中庸之道后，又提出了一个值得大家学习的正面榜样，即自己的弟子颜回。颜回为人十分踏实好学，即便生活非常贫困，也能长期坚守老师教给的道理，孔子曾感慨说："回也，其心三月不违仁。其余则日月至焉而已矣！"

善要坚持，要积累。每个人每天都能接触很多善行，都能看到很多他人身上的美好品质，为什么到头来自己却不能成为受世人尊敬的有德君子呢？就是因为他们虽然看到了善，却没有立刻去做，做了却没有长期坚持下去，所以修为并未随着见识的增加、时间的流逝而增长，最终还是一个平庸之辈。古人云，"见善如不及"，又说，"勿以善小而不为"，都是告诫人们见到善行，听闻善道就要立刻去践行，把善收集到自己的身上。

哲理引申

修行善道不可中断

颜回是个信念十分坚定的人，他看起来并没有其他同学那么机灵，常常沉默不语，但每次回去以后，他都能仔细琢磨老师教授的道理，将好的行为在实践里贯彻下去，长久不废。所以能够在孔子的众多弟子中脱颖而出，成为孔子最欣赏的一个。孔子教给各个弟子的道理都是相同的，但他们的成就却存在天壤之别，关键就在于他们对于老师所教的道理是否坚持下去了。有的人听到了老师教诲，就铭记在心上，坚持而不放弃，自然能成为一代贤士君子；而有的人左耳听、右耳冒，或是觉得有道理，做了几天，但就因为种种原因坚持不下去了，这样的人自然只能沦为平庸之辈。

人追求善道，就如草木追求阳光一样。草木要想茁壮生长，必须得到阳光和煦连续地照射，个人要想不断提高，也需要沿着大道不停前进。得到了善道，不能坚持，时而遵行，时而放弃，就如草木"一曝十寒"，不可能健康成长。真正立志于善道的人，听到了好的道理，一定会拳拳服膺而不使自己失去它。所以孔子说："君子连吃一顿饭的工夫也不违背仁德，急遽紧迫之时一定要实行仁德，颠沛流离之际一定要实行仁德。"孟子也说："志士即使身处贫困也不会忘掉大道；勇士即使失去头颅也不会丧失原则。"

孔子的弟子子路就是一个得到善道便不放弃的人。

子路志气刚强，性格直爽，曾看不起提倡礼乐的孔子，屡次冒犯。后来，接触多了，受到孔子的教导，懂得了很多从前不知道的大道理，便彻底服膺了孔子，带着礼物，通过孔子其他弟子的引荐，拜孔子为师，立志向孔子学习大道。

子路最初伉直鲁莽，好意气用事。孔子于是告诉他，勇也是不同的，符合礼义的勇才是值得君子追求的，暴虎冯河之勇、是非不分之勇，都是乱勇，只会让人背离正道。子路将这些教训记在心中，逐渐脱去身上的野性，成了一个有勇又知礼的人，还担任了季氏的家臣，将自己的领地治理得井井有条。

后来，子路出任卫国大夫孔悝的家臣，卫国发生了内乱，孔悝被人劫持。人民纷纷逃出国都，当时子路正在城外，他牢记老师忠于职守的教训，奔赴国都救难。在进城的时候，遇到了正在逃离的子羔，子羔劝子路不要去送死。子路坚定地说："夫子教导我们以忠义处世，我拿着孔悝的俸禄，就应该去救难！"于是进城同叛军搏斗。在搏斗中，子路被刺中，帽子也被打掉在了地上，此时他还牢记着老师恪守礼节的教诲，说："君子即使赴死，也要衣冠整齐。"于是，将帽子捡起来，戴正，系好帽缨，这才从容就死。

子路牢记老师的教诲，即使面临死亡依旧不放弃，正是因为具有这种精神，他才能从一个粗野之人，成长为一个合格的君子，受到后人的敬仰。一个人要想在道业上取得进步，必须得具有这种得到善，就不让它失去的态度。

一个少年，去拜见一位贤者，询问如何才能成为有德之人。贤者问："什么才能叫有德呢？"少年说了很多美好的品德：慷慨、节约、勤奋、助人为乐……贤者将这些美德写在一个个卡片之上，然后随意抽出一张交给少年，说："你这个星期，就严格要求自己，让自己符合这卡片上标明的德行。"

一个星期以后，少年再次到来，高兴地对贤者说："这一个星期我对自己严格要求，做到了卡片上所写的美德。"贤者又抽出一张卡片，让他去做，这样三个月以后，卡片抽完了。贤者问少年："每一次你都尽力去做了吗？"少年点点头。"那你觉得自己可以成为一个有德的贤人了吗？"少年有些犹豫。

贤者笑了笑，拿出一张写着所有美德的纸，交给少年说："这上面的美德，上个星期你都做到了吗？"少年摇摇头。贤者说："我知道，因为你每次得到新的卡片时就将原来的卡片遗失了。你每个星期都践行新的美德，却忽略了以前曾经具有的。所以你虽然按着所有卡片的要求做了，现在却没有拥有所有的美德。拥有美德不是一件难事，难的是在以后的岁月中一直拥有它。"

曾子说："士不可以不弘毅，任重而道远。仁以为己任，不亦重乎？死而后已，不亦远乎？"修行善道没有止境，君子既然立志于此，就一定要拥有"死而后已"的恒心，既不能在生命结束之前懈怠放弃，改变初衷，又不能将学到的善行随意抛弃，只有如此，德行才能不断提高，才可以称为"善始善终"。

勿以善小而不为

颜回"得一善，则拳拳服膺而弗失之"，所以受到孔子的称赞，其实看到就应该去追求、拥有的，不仅是那些好的道理，也包括那些好的行为。为善是一种美德，先贤早就告诫过我们要"见善如不及"、"勿以善小而不为"，但现实生活中人们往往因为"为善自己没有获得益处"、"自己不做，会有别人去做的"、"这点小事不值得去做"等等原因，对眼前的善选择"不为"。殊不知这种"不为"，就是一种恶，一种德行上的过错。

一点不被人们看重的小善，可能会带来极大的改变，避免很多重大的灾难。有个作家曾经在书中提到这样一件事。一次，他在乘电梯的时候，走出电梯门时，忽然听到门中传来极不寻常的咔咔声。电梯门随即关闭了，他也准备离开，走了几步以后，他忽然想到，万一这电梯真的出了问题，自己离开后他人误乘会造成什么后果啊！于是，他立刻转身回去，打开电梯门，用旁边的垃圾桶将门卡住，随即联系了物业维修人员。他站在门前，耐心地等了十几分钟，告诉每一个人自己听到了电梯中的异常响声。维修人员到来以后，对电梯进行了测试，当空电梯升到一半的时候，忽然停了下来，随即快速地滑了下来，重重地跌到底层。虽然，这件事并没有几个人了解，但他自己知道，就是因为忽然闪现的那个善意和他正确的选择，避免了可能发生的一场灾难，救了某些人的生命。

一点不被人们看重的小善，可能对某些人来说意义非凡，给他们的生活带来意想不到的温暖，我们又何乐而不为呢？一个民工扛着一个巨大的行李袋走在路上，行李袋中凸出的一个衣架恰好顶在了他的肩膀上。他的两只手抱着袋子，腾不出来，肩膀蹭来蹭去的却怎么也不能躲开，周围又都是人，想把行李袋放下很不方便，他只好忍着肩膀上的不舒服，继续走路。旁边的人都看到了他的困扰，但大家都对这个陌生的民工不闻不问，继续赶自己的路。这时，一个戴眼镜的老大爷走上前去，让他稍微停一下，然后帮他将顶着肩膀的衣架重新放好。年轻的民工感激地看了老大爷一眼，老大爷点点头，微笑着离开了。老大爷这么轻轻的一个举动，便改变了一个人对这个城市的看法，让他在冷漠中，发现社会上还有温情、善意存在。这点小小的善意，让这个年轻人终生不忘，十几年后，已经成为企业家的他，将几十万元捐献给了贫穷的山区，让无数的山里孩子得到了受教育的机会。老大爷的善大吗？只是动动手而已，只是一个鼓励的笑容。可就是这点善意，不知改变了多少人的命运。

一点不被人们看重的小善，还可能会给自己带来极大的好处，解救自己的祸患。就如人们常说的"善有善报"，你今天的一点点付出可能感觉不到什么收获，但天机难测，说不定什么时候，它们就会反馈到你的身上，让你受益无穷。

春秋时，晋国大夫赵盾巡行回城，看到城外有一个人萎顿地倚靠在大槐树下。他心生恻隐，于是下车走上前去，询问："你是谁啊，为何沦落到这种地步？"那人说："因为遭遇饥荒，家中已经好几天没有饭吃了，我出来找吃的，却不想在这里饿晕了。"赵盾吩咐人给他吃的、喝的，那人吃完后又说："可惜我的母亲还在家中等着我找回吃的，您能否再给我一点？"赵盾又让随从给他准备了一篮子的肉和干粮，足够他和母亲吃很多天。

几年以后，晋灵公即位，他荒淫残忍，喜好滥杀无辜。赵盾作为执政大夫数次进谏，引起了灵公的不满，灵公在宫里设下埋伏宴请赵盾，准备在席间将他杀死。赵盾来到宴席上，埋伏的甲士忽然冲出来，卫士们拼死抵抗，情况万分危急，这时灵公手下的一个甲士忽然倒戈，拼死保卫赵盾逃出。赵盾问："你既然是宫中卫士，为何要冒着危险保护我呢？"那人答道："您还记得几年前大槐树下的那个饿汉吗？那就是我啊！"

赵盾行一善，救一个不相识的人，也是救了自己。善不在大小，贵在能行。一言之善，往往就可以改变他人的命运，改变自己的命运，让身边的整个社会变得与众不同。生活之中没有那么多生死抉择的机会，为善与不为善大多都在平常的小事上，也许只是一声轻轻的感谢，也许只是随手帮人关上一扇门窗，也许只是给人一个善意的提醒，这都是德业的不断积累。正如荀子所言："不积跬步，无以至千里；不积小流，无以成江海。"一个人要想在修德为道的路上不断前进，就不要放过身边那些看似不起眼的小善。

过错要及时改正

颜渊去世后，鲁哀公曾经问孔子："夫子的弟子中谁最为好学？"孔子伤心地感慨："从前有个叫颜回的十分好学，不将自己的愤怒转移到别人身上，在同一个错误之上不会重复犯错误。不幸短命去世了，现在就没有了。"可见颜回之所以能够长期坚守中庸之道，不仅是因为他能够不断学习、践行"善"，还因为他能不断去除"恶"，弥补自己的缺点，不重复犯同样的错误。

没有人是十全十美的，人们都存在这样那样的缺点，都会犯错误。但有人能够看到自己的错误及时改正，所以他们所犯的错误越来越少，成为了成功者，而有的人则麻木、懈怠，不及时吸取教训，不断地重复同样的错误，所以他们永远停留在原地转圈子，成为人生中的失败者。

孔子曾经说："过而不改，是谓过矣。"又说，"德之不修，学之不讲，闻义不能徙，不善不能改，是吾忧也。"可见在圣人眼中，有过、有不善都算不上什么大毛病，有了这些错误不能及时改正，不愿意去改正才是真正值得忧虑的。

乘船渡江之前，人们都会检查船上是否有漏洞，有漏洞就赶快补好，否则船在水中就会有沉没的危险；其实人生也像乘船渡江一样，身上的种种缺点就如船的漏洞，不及时弥补，就会在"渡江"之时发生沉没的灾难。

知错能改，善莫大焉。孔子的弟子子路就是个知错能改的人。《孟子》中说："子路，人告之以有过，则喜。"他知道自己的缺点，就感到高兴，因为又可以改正错误，使自己进步了。所以，他虽然出身粗鄙，但能不断学习礼仪，最终成为孔子喜爱的弟子，尽忠而死。

春秋时候，晋国君主晋襄公去世，临死之前他将自己年幼的儿子夷皋托付给了执政大臣赵盾。晋国大臣们因为晋国祸患屡生的缘故，都期望立一位年长的君主，所以打算从秦国迎回襄公的弟弟公子雍为国君。但夷皋的母亲日夜抱着儿子在朝廷上啼哭，说："先君有什么罪过？他的儿子有什么罪过？抛开嫡子不立，却到外面找国君，你们将要如何安置这个孩子？"大臣们为此十分忧心。穆嬴又到赵盾的家里哭诉，说："国君将这个孩子托付给您，如今他刚去世，话音还在耳边，您怎么忍心抛弃他的儿子呢？"赵盾和大臣们都害怕出现祸乱，于是只好立夷皋为太子，就是晋灵公。

晋灵公生长在深宫之中，从小娇宠无度，长大以后生活奢侈，不知为君之道，每天只知道享乐，大肆搜刮，用彩画装饰宫墙。他无聊的时候，就站在高台之上，用弹弓打人，看着人们惊慌躲避的样子，哈哈大笑，以此为乐。赵盾和大臣们屡次劝谏，灵公都当作了耳边风，表面上应承，事后该怎样还怎样。

一次晋灵公要吃熊掌，厨师将熊掌呈上后，灵公觉得煮得不够烂，立刻下令将厨师杀死。把他的尸体放在筐中，让宫女们背着丢往宫外。这一幕恰好被赵盾和大臣士会看到了。他们打算规劝灵公。士会说："您是执政大臣，您劝谏国君不听，别人就无法劝谏了，还是我先去吧！"于是进宫拜见灵公，灵公沉迷于和宫女玩乐，头也不抬，直到士会向前走了三尺，到屋檐之下，才抬头看了他一眼，还未等士会开口，就说："我已经知道自己的错了，我会改正的，您就下去吧！"士会说："谁能不犯错误呢，犯错误能够改正，没有比这更好的了。《诗经》中说：'事情容易有好开端，但很难保持到最终。您能始终坚持向善，国家才会有保障，臣子们才会有依靠。国君能够弥补过失，君位就不会失去。"灵公连忙称赞他说得好，许诺自己从此一定会潜心改过。但士会一出去，灵公照旧作乐，照旧如同往日那样昏庸放纵。

大臣们对灵公很失望，都不愿再劝谏了，那些阿谀奉承的小人更是聚在灵公周围，不断怂恿他享乐，使他更加荒淫。只有赵盾作为执政大夫，又想到先君托孤的重任，不断对灵公进行规劝，用自己的权力限制他过头的行为。这大大地惹恼了晋灵公，于是他将赵盾视为眼中钉、肉中刺。便派了一个刺客去刺杀赵盾，但刺客被赵盾的忠心尽职而感动了，宁愿自己触槐而死也不杀忠臣。灵公于是又生一计，假意宴请赵盾，准备在酒席中埋伏甲士将他袭杀。虽然这次阴谋还是没有成功，但赵盾知道灵公必杀自己而后快，便离开国都，准备逃往他国避难。灵公见不断劝阻自己的人终于走了，心中喜悦，到桃园游玩。赵盾的兄弟将军赵穿是晋襄公的女婿，见灵公如此无道，不分忠奸，就趁着大家愤怒之时带兵冲入桃园，将灵公杀死了。

晋灵公行为无道，经过大臣们劝谏，他也明白了自己的过错，却不及时改正，反而变本加厉，讳疾忌医，想要杀害劝谏自己的忠臣，结果被赵穿杀死。可以说，正是他对错误不知悔改的态度，导致了自己的死亡。

任何人都会犯错误，就像船用久了会出现小洞、小缝一样，最初它们不会造成太大的威胁，只要及时补好就行了。但如果对它们视而不见，任它们不断扩大增多，那船必然会沉没了。犯了过错，一定要及时改正，不要等错误发展到不可补救那一步才感到悔恨，那时做什么都晚了。

九、可均章

子曰："天下国家可均①也，爵禄可辞也，白刃可蹈②也，中庸不可能也。"

注　释

①均：治平。

②蹈：踏，赴。

译　文

孔子说："天下国家可以平治，爵禄可以辞去，利刃可以蹈赴，中庸之德却不一定能够坚守。"

经典解读

不是最有智慧的人不能治平天下国家，不是最为廉洁的人不能轻易辞去高官厚禄，不是最有勇力的人不能慷慨赴死。这三种美德都是最为珍贵的，这三种行为都是最为难得的，但在孔子眼中，中庸要比它们更加难得。

中庸的要求没有治平天下、慷慨赴死那么高，每个人都可以做符合中庸之道的事，但要真正做到事事都合乎中庸之道，端正内心，没有一丝偏邪，那就十分困难了。所以朱子在注解此段时说："三者难而易，中庸易而难。"

孔子通过这种对比，就是告诉大家，不要畏惧中庸，中庸人人都可达到；但也不要轻视中庸，要想真正符合中庸，需要长久不懈的修行、磨砺。

哲理引申

守大节易 守中庸难

孔子说，爵禄可以辞去，利刃可以蹈赴，但中庸之德却不一定能够坚守，很多人不能理解，认为中庸不就是凡事适度吗？每个人只要注意一下都可以做到，难道它比辞去高官厚禄、慷慨赴死还要困难吗？的确如此，那些看起来很困难的大事，人们都会加以注意，所以在作出关键抉择的时候，往往不会犯错误。历史上就有很多这样的例子，平时可能行为不端，欺凌百姓，但在民族大义面前，他们坚持了正确的选择；平时可能显得骄奢贪婪，没有爱心，但在生死的关头，他们良心发现，毅然选择了舍生取义……

民国时候的很多军阀，如吴佩孚、段祺瑞、曹锟等，在当政的时候，为了获得权利，拉帮结派、相互倾轧，甚至采用贿选等不法的手段；为了争夺地盘，不惜屡屡发动内战，给人民带来了无尽的灾难。然而，当他们晚年受到日本人的诱惑时，都能保持民族大义，没有投敌叛国、成为令人不齿的汉奸。还有我们经常在新闻或是文学作品中看到这样的情节：恶行累累的犯罪分子，在关键的时刻良知发现，良心未泯，作出了正确的选择，挽救了他人性命，甚至不惜牺牲自己去挽救巨大的损失。这些人，能够保持大节，但平时处世却完全谈不上符合中庸之道。他们的醒悟固然值得肯定，他们的人生中也有令人称赞之处，可这却不是真正的君子所该追求的。

人们常常称赞"浪子回头金不换"，但我们需要注意，人生最应该做的不是让自己回头，而是始终确保自己不成为一个"浪子"。要在最初，在平生的小事中就依照正道行事，既要有大节，也要注重小节，既要在关键的时刻保持气节，又要在平时小事中追求德行。小事做好，大事失节；平常时有德，关键时弃义，固然令人不齿。但平常不注重德行，只在关键时刻把握住那么一次大节，也是不完美的。

《菜根谭》中有句话："小处不渗漏，暗处不欺隐，末路不怠荒，才是真正英雄。"一个真正的君子不仅要有"爵禄可以辞去，利刃可以蹈赴"的气节，也要注重平常小处的修养，做到不渗漏、不欺隐、不怠荒。历史上有很多人，在才能、大节上没有什么失误，但就是因为平常不注重中庸之德而饱受诟病，甚至遭受灾祸的。

汉朝将领陈汤，曾任西域副校尉，和西域都护甘延寿一起出奇兵攻杀了与汉朝相对抗的匈奴郅支单于，为安定边疆作出了很大贡献。他才能出众，热爱国家，受到后人的敬仰，但在当时他却屡屡因为不注意自己的行为而受到指责、打击。

陈汤年轻的时候，家中很贫穷，自己又志大眼高，不愿像常人那样耕作、经商，只能靠借贷为生。借了钱又经常拖欠，所以被认为是没有节操，不被州里人所称道。陈汤被推荐做官以后，做事常不守常规，就连袭击郅支单于那次，都是假托朝廷命令，又临时威逼都护甘延寿而出兵的。这虽然让他们建立了奇功，但也成为后来很多大臣弹劾他们的借口。丞相匡衡等就多次上书指责他们"擅自假托皇帝命令兴师动众，冒着危险以取得侥幸，在蛮夷中惹起事端，给国家带来灾难"。

陈汤这个人还很贪财，所缴获的财物进入汉界后多不依法上交。虽然汉元帝以其功高赦免了他的过错，但汉成帝继位以后，就听取匡衡的建议，将他罢免了。陈汤还利用皇帝的信任，收受贿赂。苟参曾任水衡都尉，死后，儿子苟伋为侍中，苟参的妻子打算为苟伋求取封地，陈汤便接受了她给的五十斤金子，替她上奏。弘农太守张匡贪污无数，被朝廷调查，皇帝下诏立即审问，张匡害怕进监狱，派人许给陈汤两百万钱，陈汤就为他辩冤。

陈汤还不注意自己的言行。束莱郡有黑龙在冬天里出现，有人便询问他，陈汤说："这是所谓的玄门开启。皇帝几次便装出行，出入的都不是时候，所以龙也就出现的不是时候。"又说朝廷就要重新进行迁徙了，于是人们相互传言，引起了混乱。

陈汤的这些行为都受到了朝中丞相、御史们的弹劾，认为他惑众无道、犯了大不敬之罪。汉成帝考虑他昔日的功劳，没有处以极刑，而是将他发配到边疆去了。就这样，陈汤一直被弃置边疆，直到汉哀帝的时候才返回都城，孤苦伶仃地死去。

陈汤有勇有智，历来被视为民族英雄，他本来可以建立更大的功勋的，但就是因为不能在小事上修养自己的中庸之德，而屡屡受到打击，最后孤苦地死去。这样的人还有很多，所以说，坚守中庸之德，比坚守那些大的气节更为困难；一个人要想取得更大的成就，就必须在平常的点点滴滴中加强修养，使自己的言行合乎中庸。

中庸之德比才能更加重要

天下国家可以平治，爵禄可以辞去，利刃可以蹈赴，这些事都能做到，为何不能端正心态，踏踏实实地践行中庸之德呢？孔子的话语中还包含着对世人不能践行中庸之德的感慨，对那些才华、勇气出众的人，不恪守中庸之道的惋惜。

历史上不乏才干、有勇气的人，但人们也惊讶地发现很多这样的人都不能得到善终。他们凭借自己的才能、勇力出人头地，取得高功、高位，却因为在处世之中存在各种偏激的性格、行为而给自己带来了祸患。这样的人到底是有智慧还是没智慧呢？说他们没智慧，他们却凭借才干，建立了盖世的功勋；说他们有智慧，他们却不能保全自身。

韩信是"汉初三杰"之一，也是当时最有才华的将领，就是因为行事偏激，不懂得中庸之道而落得被杀的悲惨下场。

韩信生活在秦朝末年，很有军事才华，年少时就很有志向，但不理生计，不重小节，被乡里人所轻视、厌恶。后来投靠了项梁，未受到任用，在部队里默默无闻。项梁战死以后，韩信归属项羽，被任命为郎中，他多次给项羽献计，项羽都不采纳。刘邦入汉中之时，韩信便离开项羽，投奔了刘邦，做了管理仓库的小官。

刘邦也未发现韩信的才能，长久不用他，韩信于是又逃走了。多亏刘邦的丞相萧何了解韩信，知道他有国士之才，便将他追了回来，让刘邦任命他为大将。韩信成为大将以后，将自己东进的策略说与刘邦，刘邦大喜，便让韩信带兵东出，攻略天下。韩信果然不负重望，在刘邦平定天下的过程中起了举足轻重的作用。刘邦成为天子以后，便根据功劳封他为楚王。

韩信成为楚王以后，行事高调，到各县乡邑巡察进出都派军队戒严，这很快就引起了刘邦的戒备。汉六年（前201年），有人告发韩信谋反，刘邦便采用陈平的计谋，说想到楚地的云梦去游玩，召见诸侯，其实是想抓捕韩信。那时，项羽的旧将钟离昧正藏匿在韩信处，他们往日关系很好，刘邦做天子后搜捕钟离昧，钟离昧走投无路便投奔了韩信。韩信畏惧，害怕被抓，为了讨好刘邦便将好友杀死，带着首级去拜见刘邦。可刘邦还是将他抓了起来，但因为韩信功高，赦免了他的死罪，封他为淮阴侯。

韩信被贬为淮阴侯后，心中不满，又恃才傲物，由此日益怨愤，在家闷闷不乐。一次韩信去拜访樊哙，樊哙行跪拜礼恭迎恭送，并说："大王竟肯光临臣下家门，真是臣的荣耀。"韩信出门后，却笑着说："我活着居然要同樊哙这样的人为伍了！"

刘邦和韩信闲聊时曾讨论各将军的才干。刘邦问："像我这样的人能统领多少士兵呢？"韩信说："不过十万。"刘邦问："那你呢？"韩信说："我是越多越好。"刘邦笑着说："你越多越好，为什么还被我抓住？"韩信这才意识到问题的严重性，连忙说："陛下不善于统领士卒而善于领导将领，这就是我被陛下抓住的原因。况且陛下的功绩是上天赐予的，不是人力能做到的。"刘邦虽然表面没说什么，心中还是对韩信多了几分忌惮。

后来，陈豨被派往代地的时候，韩信在送行时，拉着他的手，与他约定将来万一他被迫起兵造反，自己愿意在京城之内做他的内应。

不久陈豨果然起兵造反，刘邦带兵亲征，韩信推托有病不能随行，同时与陈豨勾结准备在京城发动叛乱。但一位家臣得罪了韩信，韩信把他囚禁起来，打算杀掉他。家臣的弟弟便上书告变，向吕后揭发了韩信准备反叛的情况。吕后和萧何订谋，将韩信骗到宫中，把他捆起来，在长乐宫中处死了，又灭了他的三族。

韩信的才能举世皆知，但他行事却完全不符合中庸之道：平常居处，不注重修养，以至于被视为没有节操；得势之后，狂傲自大，不知韬光养晦；为了自保，竟杀死投靠自己的老友；失去权势后，还不知收敛，傲慢无礼；明知道刘邦猜忌自己还夸耀自己的才能；更重要的是不能摆正心态，被君主罢黜以后，便心怀怨恨，图谋造反作乱……以至于最终遭到了杀身之祸。后人常常说刘邦滥杀忠臣，其实说到底韩信悲剧的最大原因还在于他本人的性格，也就是狂傲、极端，不知恪守中庸之德。

像韩信这样，才华卓著却经常行事极端，最后落得悲惨下场的人多得是。比如，鞭楚平王尸的伍子胥，比如在长平活埋四十万降卒的白起；比如自大自傲的项羽……一个人才华越高，能够做的事情也就越大，所处的位置也就越高，若不能以中道处世，行为偏激，不仅会给他人带来危害，还会给自己招来无尽的祸患，难以得到善终。所以，一个人不仅应该拥有才华，更要修养德行，懂得如何以中庸之道处世。

十、问强章

原　文

子路问强。子曰："南方之强与？北方之强与？抑①而②强与？宽柔以教，不报无道，南方之强也，君子居之。衽金革③，死而不厌④，北方之强也，而强者居之。故君子和而不流⑤，强哉矫！中立而不倚⑥，强哉矫！国有道，不变塞⑦焉，强哉矫！国无道，至死不变，强哉矫！"

注　释

①抑：还是。

②而：通"尔"，你的。

③衽金革：衽，铺着，卧着；金，铁制的兵器；革，指皮革制成的甲盾。

④死而不厌：死而后已。

⑤流：随波逐流。

⑥倚：偏颇。

⑦不变塞：不改变自己的志向。

译　文

子路问如何才能称为强。孔子说："是南方的强呢？还是北方的强呢？或者是你自己所谓的强？以宽和包容的精神教导人，别人蛮横无礼也不去报复，这是南方的强，有德君子以此为强。以兵戈甲盾为枕席，直至死亡也不妥协放弃，这是北方的强，勇武好胜之人以此为强。所以君子宽和柔顺而不随波逐流，多么强啊！执中而立不偏不倚，多么强啊！国家有道，不改变未达到

73

的志向，多么强啊！国家无道，至死不放弃平生操守，多么强啊！"

经典解读

　　弟子子路请教什么才是强。孔子给出了两种不同的强：南方的强和北方的强。南方的强是君子的强，北方的强是勇者的强。南方的强宽容而守礼，北方的强刚猛而重气。子路本身就是一个刚勇好气之人，显然孔子更希望他多学一些君子之强，用礼节来规范自己的刚猛，使自己的强符合中庸之道。

　　孔子说过，勇而无礼则乱，真正的勇敢刚强，不是凭着意气同人争长短，不是不辨道义地不怕死，而是在坚守礼节、道义的基础之上，不向强权低头，不与世俗同流合污，不为富贵改变志向。也就是孟子所说的，"富贵不能淫，贫贱不能移，威武不能屈。"

哲理引申

君子之勇不是愚莽

　　在孔子的弟子中，子路以刚强勇敢著称，他也常以此而感到自豪。一次子路在陪侍孔子的时候询问："如果老师将要统率三军，将带着谁一起去呢？"他以为孔子一定会说带着自己去。但孔子却说："暴虎冯河，死也不知悔改的，我不会带着他一起去。一定要带遇事时知道畏惧，善于谋划使事情取得成功的人。"孔子并非故意给爱徒泼冷水，而是借此告诉他，勇不是盲目地逞强，而应知道畏惧，讲求谋略。

　　《吕氏春秋》中说："大勇不斗，大兵不寇。"真正的勇气不是争强好胜，不是用蛮力去压服别人，而是懂得什么时候该有勇气，什么时候该退避。不知退避，一味向前，不知躲避灾祸，一味蛮干，这不是勇，而是愚蠢。割肉相啖的故事中就讲了两个这样的人：

　　齐国有两个自认为勇敢的人，一个住在城东，一个住在城西，他们都以自己勇敢的名声而自豪，都想压倒对方。一天两人在路上忽然碰到了一起。一个说："难得见面，我们不如一起去喝酒吧。"喝了几杯酒以后，其中一个人说："要吃肉吗？"另一个人说："你不就是肉吗？我也是肉。这样的话还要另外找肉干什么？在这里准备点豆豉酱就够了。"于是二人都拿出匕首，互相在对方身上割肉吃，谁也不肯服软。割来割去，终于两人一起倒地死掉了。

　　这两个齐国人的确都不怕死，他们做的事也不是一般人敢做的，但他们这种勇敢完全没有任何意义，只是愚蠢无知罢了，有还不如没有。

　　宋国也有两个"勇敢"的人互不服气。一天下过大雨，河水暴涨，这两个人在河边遇到了，其中一个人说："你常常说自己有多么勇敢，我也觉得我很勇敢，既然如此，我们今日不妨比试一番。"另一个人问："该怎么比试呢？"那人说："我们一起向河中心走去，谁没有胆量一定会先退却，那这个人以后就不要再吹嘘自己的勇敢！"另一个人当场答应。

　　周围的人看到他们走下汹涌的河水中，纷纷赶来劝谏，但这两个人不听，非要显示自己更加勇敢。走了几步，水漫到他们腰间，岸上的人纷纷惊呼，这两人也被冲得摇晃，但看到对方还不退却，都硬着头皮坚持。过了一会儿，水漫到了他们胸间，他们为了较劲还是不回头。又过了一会水漫到了他们脖子处，两人依然不退。就在他们继续较劲时，忽然一个浪头打来，两人这才惊慌地呼喊。原来他们都不会游泳，岸上的人虽然也想救他们，但水流太急了，只能看着他们在水中挣扎着被冲走。

　　这两个人并不是不畏惧死亡，而是因为过于要显示自己的勇猛，而走到了不可挽救的险境之中，从而丢掉了性命。生活中有很多这样自以为勇敢的人，他们为别人认可自己的勇敢而沾沾自喜，其实他们根本不知道真正的勇敢来源于哪里，怎样做才算是真正的勇敢。从而在盲目地追求勇敢之名的过程中，做出了愚蠢的行为，只能为别人留下一点笑料。

　　《孟子》中讲了一个"冯妇搏虎"的故事。晋国有个叫冯妇的人，善于打老虎，后来不打了，成了善人。一次，他到野外去，看到很多人正在追逐一只老虎。那老虎被逼到一个山势险阻的地方抵抗，没人敢去迫近它。人们远远地看到冯妇来了，都跑过去迎接他。冯妇一看，这是人们钦佩自己的勇敢啊，也不观察形势，就将起袖子准备去打老虎。众人都很高兴，但有识的君子却私下嘲笑他。冯妇不看形势，就因为众人的钦佩而莽撞地行事，其结果必然是被老虎吃掉，到时不仅勇敢的名声没了，还会遭受难测的凶险。

　　勇敢并不是什么都不怕，上前鲁莽地行事；更不是弃生死安危于不顾，争强好胜。勇敢的人在做事的时候一定要想到自己为何而勇，自己的勇是否对道德有所增益，自己这样做是否有意义，自己能够承担失败的后果。别人不敢用刀划伤自己，你敢；别人不敢砸人家的玻璃，你敢；别人不敢打架斗殴，你敢，这都不是勇敢。真正值得称赞为勇的行为，不超越礼仪的范围，能够给自己或他人带来好的影响。所以，君子追求勇敢，一定要三思而后行，考虑自己的行为是否恰当，是否合乎礼义，是否会带来什么不好的影响，如果不考虑仔细，便盲目地逞强，那就不能称为勇敢，而是愚蠢莽撞。

强来自于对道义的坚守

每个人都期望自己是个"强"者，勇敢的人期望自己是个刚强的勇士，宽柔的人也期望自己是个坚强的君子。那么该如何修养自己"强"的品德呢？也就是说一个人的"强"来源于哪里？为何有的人能够"衽金革，死而不厌"，有的人却胆小怯懦，临阵脱逃？为何有的人能"和而不流、中立不倚"，有的人却趋炎附势、随波逐流呢？

"强"来源于对道义的坚守，而不是争强好胜。一个人只有内心具有为捍卫道义而牺牲的精神，他的勇敢、坚强才能流露于神色、行动之中。如果内心并不知道自己为何而强，只是因为那种想胜过他人、威吓他人的欲望而表现出刚强，这种刚强也是不稳固的。就如燕太子丹刺杀秦王之时所派出的秦舞阳一样。他年少时即杀死过人，平时用眼睛瞪别人，没有人敢直视他，可一旦到了关键时刻，他立刻露出了外强中干的本色，在秦廷上吓得瑟瑟发抖。而同行的荆轲则不然，他虽然没有像秦舞阳那样杀过人，更是在与他人争斗的时候吓得屡次逃走，此时却显得沉稳冷静，因为他心中想着挟持暴秦，归还侵占的六国土地，同时报答太子的知遇之恩。就是这种内心对道义的坚守，让他变得刚强起来，变得视死如归。

一个人能够将道义放在心中，保持良好的操守，他才能拥有不能被屈折的"强"。相反，如果这个人不知道什么是道义，行事没有操守，即使平时再勇武，到了危急时刻，他的"强"一定会消失殆尽。世上最"强"的人莫过于苏武了。

汉武帝时，汉朝和匈奴不断相互攻伐，期间双方多次互派使节侦察对方虚实。匈奴扣留了汉朝十余批使节，汉朝也扣留了匈奴的使节相抵。后来，两国关系稍稍改善，汉武帝便派苏武以中郎将的身份，持节赠送单于礼物，同时迎回以前被扣留的使节。

苏武等人到了匈奴以后，恰逢虞常等在匈奴准备谋反，他们暗中策划绑架单于的母亲投奔汉朝。虞常同苏武的副手张胜有旧交，便私下见张胜说：
"听说汉朝皇帝十分怨恨降将卫律，我能替汉朝用暗箭杀死他。我的母亲和弟
弟都在汉朝，希望他们能得到赏赐。"张胜答应了他，并给了他很多财物。

　　一个月后，单于外出打猎，只有阏氏和单于子弟在。虞常等人准备起事，
但有人害怕，趁夜逃走告密，计划失败，参与者大多被杀，虞常被活捉。单
于派卫律审理此案。张胜感到害怕，便将和虞常的约定告诉了苏武。苏武说：
"事情已经发生，一定会牵连到我。如果我受了侵害，就对不起国家了。"于
是想自杀。张胜等人阻止了他。虞常果然供出了张胜，单于大怒，想将汉使
全部杀死。左伊秩訾建议说，杀死无益，不如将他们全部招降来羞辱汉朝。
单于同意了，派卫律审讯苏武。苏武知道匈奴的意图，便说："屈节辱命，即
使活着，有什么面目归汉！"说完便拔刀自刺，卫律大惊，抱住苏武，派人骑
快马找医生。医生在地挖上一个坑，在坑中点火，把苏武放在坑上，敲他的
背让瘀血流出，过了半天才有气息。

　　单于很敬佩苏武的气节，更加坚定了要他投降的决心。等苏武伤势好转，
卫律又来劝降苏武。为了恐吓，卫律当着汉使的面亲手用剑斩杀虞常，说：
"汉使参与谋杀单于亲近的大臣，应当是死罪，但是单于招募愿意投降的人，
赦免他的罪过。"举剑要砍杀张胜，张胜请降。卫律来到苏武面前，举剑对着
苏武，苏武不动。卫律又说："苏君，我之前归顺匈奴，有幸受到了单于的恩
宠，赐予了爵位和财富，如今管理数万民众，牛马牲口布满山川。如果你今
日投降，明日也会跟我一样。否则就会白白被杀，充作野草的肥料！"苏武毫
无反应。卫律又劝道："你若投降，我们便可以做兄弟。若不听劝告，以后就
算想再见我也没这么容易了。"苏武骂道："你为人臣子，不顾恩义，背叛君主
和父母，投降蛮夷，我见你做什么?！"

　　卫律无奈，只好如实回报单于。单于越发想迫使苏武投降，就将他囚禁
起来，置于大地窖内，不给他吃喝。苏武卧倒在阴冷的地窖中，嚼雪解渴，
吞毡充饥，几日不死，也不投降。匈奴没办法，就将苏武押至北海，让他
放羊。

　　苏武到了北海，没有粮食，只能掘野鼠所储藏的果实吃。他虽然忍饥挨
饿，身受寒冷，但每天都拄着汉节，从不离手，以致节上饰毛全部脱落。

　　苏武在汉朝时和李陵交好，后来李陵投降匈奴，单于便让他来劝降苏武。

李陵为苏武设酒宴和歌舞，对苏武说："单于听说我和子卿你交情深厚，所以让我来劝说你，他真心希望你能成为匈奴的臣子。你到死也不能归汉，白白在没有人烟的地方让自己受苦，即使坚守信义又有谁能看见呢？你的哥哥苏嘉、弟弟苏贤都因为得罪皇帝而自杀，你的母亲也已不幸去世，你的妻子早已改嫁，你的妹妹、儿女也早已不知生死。人生如朝露一般短，为什么要让自己受这么久的苦呢！"苏武说："我们父子没有什么功劳，因为皇帝的赏识才能位列将帅，获爵封侯，我一直都想肝脑涂地来报答他的恩情。现在能够杀身报恩，即使是上刀山下油锅，也觉得快乐。臣子事奉君主，就如儿子事奉父亲。儿子为父亲而死没有什么遗憾的。希望你不要再说了！"

李陵与苏武共饮数日，又劝苏武投降。苏武说："我早就已经死了！您如果一定要让我投降，我宁愿现在就死在您的面前！"李陵听了以后，喟然长叹："真是义士啊！我和卫律这样的人，正是罪过上通于天！"说着流下眼泪，告辞而去。

苏武就这样一直在苦寒之地牧羊，直到汉昭帝的时候才返回汉朝，此时距他出使已经将近二十年了。

苏武之所以能够如此刚强，对死亡毫不畏惧，对富贵视如粪土，就是因为他心中坚守着道义——对国家的忠诚、对君主的忠诚。所以说，真正"强"的人，不一定多么强壮勇武，而在于他内心是否有道义的存在，在于他是否拥有过人的操守。

三国时的吕布，武艺天下无敌，但没有人称赞他多么刚强，就因为他不重道义，毫无节操，事实也正是如此，他刚刚被曹操俘虏以后，就奴颜婢膝地乞降，还不如高顺、张辽、陈宫等部属。明朝时的方孝孺，不过一介书生，没有多少力气，但没人不称赞他刚强的，就是因为他为了保持臣子的节操，宁死不向篡位的朱棣投降，即使遭受腰斩的酷刑也毫不畏惧。历史上那些视死如归的英雄，他们之所以能够如此，也并不是本身有多么强壮勇猛，而是因为心中追寻着大道，有甘愿为国家、人民牺牲的气节。

所以说，真正的"强"，来源于君子对道义的坚守，来源于志士宁死也不放弃的气节。一个人要想成为令人敬仰的"强"者，不应去追求胜过别人、去争狠斗勇，而是要明白是非、道义，坚守那些做人的气节。

君子之强宽柔以教

什么样的人才能称为刚强勇敢？不是争强斗狠，而是懂得辞让，能以宽容的心去包容他人。争强斗狠、死不退让的匹夫之勇容易得到，宽容柔和、以礼进退的君子之勇难以拥有。可是世人大多只称道匹夫的勇猛，却常常忽略君子的勇敢。

一天，一位学者带着自己的弟子外出。在路上碰到了一个闲汉，也许是因为对读书人的偏见，这个闲汉看学者很不顺眼。故意走到学者前面，挡在路上，很不礼貌地盯着学者。周围的人看到这种状况，以为又要有一场争端将爆发了，便聚集过来，等着看好戏。弟子攥紧拳头，准备应对冲突，没想到，学者仿佛不知道闲汉在找茬，不顾他的脸色，走过去，礼貌地说："先生，请您让一下，我们需要通过。"闲汉愣了，但并没有让开路。弟子刚要开口，学者制止住了他，带着他从路旁的泥地中绕过。

路人看到没有发生预想中的好戏，纷纷失望地散开了，其中还夹杂着对学者的轻蔑和失望。走远以后，弟子很不理解，问："先生您平时不是教导我们要勇敢吗？为何今日表现得这么软弱？我们两个人，难道还怕他找茬吗？"学者摇摇头，对弟子说："我所说的勇敢并不是敢于同人争斗，而是敢于宽容别人，敢于在别人等着你蛮干的时候，选择退让。他触犯我们是因为他不懂得道理，那是他的错；如果我们和他一样，又怎么能称为读书人呢？岂不是辜负了自己所学的知识？"弟子听了点点头，他明白了，有勇气争斗不可贵，有勇气退让才难得。

《菜根谭》中说："必胜非勇，能胜能不胜之谓勇。"能够在和他人的争论中占得上风不是真正的勇敢；可以战胜他人的时候，却从大局出发，选择退让，以宽广的心胸包容他人才是真的勇。战国之时的蔺相如就是真正具有大勇的人。

蔺相如通过"完璧归赵"和渑池之会被赵王赏识，拜为上卿，位居大将军廉颇之上。廉颇十分不悦，说："我作为赵国将军，有攻城野战的大功，而蔺相如只不过凭借口舌之利立了点功劳，竟能位居我之上，况且他本是卑贱之人，我感到耻辱，不能忍受屈于他的下面。"还扬言说，"我若见到蔺相如，一定要羞辱他！"蔺相如听到了廉颇放出的话，就刻意躲避，不肯和廉颇会面。每到上朝的时候，为了避免和廉颇争位次，蔺相如常称病不去。一次，他外出，远远看到了廉颇，连忙引车躲避。

他的门客们十分不满，一起来对蔺相如说："我们之所以离开亲戚来侍奉您，就是因为仰慕您高尚的节义。如今您和廉颇同为上卿，廉颇宣扬恶言而您畏惧躲避他，恐惧得也太过了，连平庸之人尚且会觉得羞耻，更何况身为将相之人呢！臣等不材，请求离开。"蔺相如坚决挽留他们，说："诸位觉得廉将军和秦王相比谁更厉害呢？"门客们说："廉将军自然比不上秦王。"蔺相如说："以秦王的威势，我能当廷叱责他，羞辱他的群臣，我蔺相如虽然无能，难道会畏惧廉将军吗？但我思量，强秦之所以不敢进攻赵国，只是因为有我们二人在啊。倘若两虎相斗，势必难以共存。我之所以这样做，是将国家的急难放在前面，而将自己的私怨放在后面啊！"门客们这才知道蔺相如的心意，于是再也不说离开了。

蔺相如的话传到了廉颇的耳朵中，廉颇十分羞愧，他袒露上身、背着荆条，由宾客引见来到蔺相如门前谢罪。说："我是个鄙陋低贱之人，不知道将军竟然宽容到这种地步！"蔺相如拉起了他，两人最终相互交好，成了同生死、共患难的朋友，一起辅佐赵王使赵国更加强大了。

蔺相如为了维护国家的利益，不畏死亡，敢于当面叱责天下最有威势的秦王，这是勇敢；他为了赵国的利益，不畏惧被众人所误解、耻笑，主动向廉颇示弱，同样是一种勇敢，而且这种勇敢较于前一种更为难得。

君子生于天地之间，最大的刚强莫过于对大道难行的现实不屈折、不放弃；最大的勇敢莫过于担负起治平天下，引导万民的使命。有这种广大的胸襟，崇高的志向，才能具有大的气象，脱离低层次的争强好胜。当面对那些故意找茬、刁难的人时，不去怨恨他们，不与他们针锋相对，而是告诉自己，这些人不知先圣之道，没有被引导到正确的道路上，是因为我的努力还不够啊，我有义务包容他们、教导他们，从而不顾无知者的嘲笑而选择宽容、退让，世上难道还有比这更加刚强勇敢的吗？

十一、素隐章

原 文

子曰："素隐行怪①，后世有述焉，吾弗为之矣。君子遵道而行，半途而废，吾弗能已矣。君子依乎中庸，遁世②不见知而不悔，唯圣者能之。"

注 释

①素隐行怪：据《汉书》，"素"应为"索"，求索之意；隐，隐僻；怪，怪异。求索隐暗的事理，持行怪异的举动。

②遁世：独自隐居，避开俗世。指默默无闻，不被人知。

译 文

孔子说："求索隐暗的事理，持行怪异的举动，后世也有著述这些的，但我不会做这种事情。君子遵从大道而行，但有的人半途而废，我是不会停止前进的。君子依循中庸之道，即使默默无名、不被人知，也不怨悔，只有圣人才能达到这种境界。"

经典解读

中庸就要不偏不倚地坚守正道、大道，行为怪诞、好钻牛角尖、喜欢说些隐暗不实的事，自然不被圣人所认可。

中庸之道需要长期坚守，善始善终，半途而废，不能拳拳服膺，自然是圣人所不欲的。

中庸之道重在自己内心坚定，身体力行，坚持它是为了获得内心的充实，而非沽名钓誉，做入仕的阶梯，所以圣人不在乎被不被世人所了解，即使默默无闻、不被人知也不怨悔。

哲理引申

素隐行怪 君子不为

孔子说："素隐行怪，后世有述焉，吾弗为之矣。"在孔子心目中，坚持中庸之德的君子不应过度追求那些隐晦的事理，不应沉迷于一些诡节奇行。君子所做的事，一定要合乎正道、合乎常情——不偏不倚就叫作正，符合普通的情理便叫作常。

探究事物的本质，思索一些深刻的道理是好事，但如果走入了极端，专门去研究那些任何人都说不清的道理就会让自己陷入迷惑之中，浪费大量精力却没有什么收获。能够想明白各种道理固然很好，可有些道理是无法得到确切答案的。与其将精力花费在它们上面，不如好好珍惜现实生活，做点对现实有意义的事情。对待那些说不清的事，最好的做法就是不说。所以，《论语》中说："子不语怪力乱神。"这并不是孔子逃避它们，而是他知道应思考比这些更为重要的事情，那就是践行仁道，爱护周围的人，造福天下百姓。

有一个读书人，成天喜欢研究一些深刻的人生道理，想不明白却自以为很高深。一天，他在路上看到了一个受伤的人，竟然头也不回地走掉了。事后，人们都指责他没有仁慈之心，不配称为读书人。这个人就辩解道："万事有因必有果，他受伤是上天的安排啊，我路过那里却没有救他同样也是上天的安排，我为何要违背天意呢？老子说，天地不仁，以万物为刍狗，我这样做岂不是很符合天道。"面对这种狡辩，人们都很生气，但也说不服他。

于是这个读书人行为变得越来越怪僻，他告别家人，离群索居，从来不帮助别人，也不接受别人的帮助。有人对他进行劝告，他就会说："我所做的事，其中道理你们这些俗人又怎么能了解呢？"要么就是，"你们让我像你们那样生活，可你们能说得清生命的意义吗？既然说不清，又怎么知道错的是我呢？"

有一天，读书人忽然生病了，倒在床上，没人知晓。当人们发现他的时候，已经饿得奄奄一息了。众人连忙为他找医生、做饭，挽救了他的性命。病好了的时候，这个读书人对众人表示感谢，人们笑着说："为什么要感谢我们呢，你生病、被我们发现、我们又救你，这些难道不都是上天的安排吗？既然不知道人生的意义你又何必乐生畏死呢？"读书人这时才知道自己曾经的错误有多么可笑，羞愧得说不出话来。

生活中很多道理想也想不明白，与其为它们耗费太多精力，令自己陷入迷惘之中，倒不如去做些平平常常的事，看看世上那些令人尊重的先贤是如何活的，以他们为规矩，好好活着，相信那些世人都认可的平常道理。

梁漱溟先生是近代著名的国学大师，他的人生哲学影响了无数的人，但很少有人知道，大师也曾困惑、迷惘过。他年轻时，喜好玄思哲理，纠结于人生苦乐的大问题。这个问题对于一个二十来岁的青年来说几乎是不可能想清楚的，虽然梁漱溟很博学，还是深为所困，痛苦到了不能自持而"两作自杀之谋"。于是他开始醉心于佛教，"谢绝一切，闭门不出，一心归向佛家，终日看佛书"，并且开始茹素，甚至有了出家为僧的念头。

但随着年龄的增长，对社会认识的增加。梁漱溟的出世思想又发生了动摇，他认识到生活中还有很多事值得去做，还有很多感情值得珍惜，人生还需要担负起很多社会、历史责任。于是，他逐渐笃信了孔子的儒家学说，开始为国家探寻出路，立志造福天下人民。正是因为这种改变，使他对社会对人生有了更加深刻的认识，提出了很多对社会有意义的提议；也正是因为这种改变，让他的生命得到了升华，使他能在充实自己生命的同时，也给周围的人带来了积极的影响。

人生是有限的，我们将精力投入到最有意义的事情之上，那就是踏踏实实地活着，造福他人、造福社会。若在一些隐晦深刻的道理上，浪费太多时间，或将生命荒废在一些没有意义的事情上，既是对自己的不负责，也是对社会的不负责。

为道不可欺世盗名

坚守中庸之道，就要端正心态，踏踏实实地沿着正道前进，不应为了默默无闻、没有名声而感到忧虑怨恨，更不能为了获取虚名而沽名钓誉，做一些欺世盗名的行为。有很多先贤，他们坚守着自己的原则，不愿在无道之世求取荣华富贵，不愿趋附权势来求得名声，虽然他们可能不被人知，也得不到世人的称赞，但他们活得一生坦荡，无所愧疚，这便是充实、成功的一生。

而有些人虽然满口仁义道德，做着圣人曾经做过的事，打着弘扬正道的旗号，却心怀不轨，暗藏奸谋，表面上大公无私，其实阴险狡诈，他们通过虚伪的行为，获得世人无数称赞，甚至很多贤人君子都不能看穿他们的虚假。这种人就可以称为世间的奸雄，但他们能瞒过一时，却瞒不过一世；能够瞒得了身边人，却瞒不了后世人；能够取得一时的好名声，却终将被揭穿，受到举世的唾弃。汉朝大奸王莽就是这样的一个人。

王莽出身于外戚之家，他的姑母王政君是汉元帝的皇后，汉成帝的母亲。成帝长期沉湎于酒色之中，朝中大权逐渐被王氏家族所掌握。太后王政君的七个兄弟都被封为侯，尤其是王凤集军政大权于一身，总理朝政。王莽是王凤二弟王曼的次子。但因为父亲和哥哥早亡，所以他并未封侯，和寡母过着十分清寒的生活。但也正是这种早早挑起家中大梁的经历和清贫的生活使得王莽和其他纨绔的王氏后人截然不同。他在家里孝敬寡居的母亲，照顾兄长的遗孀，耐心教育侄子；在外面结交一些有才华的朋友，拜当时著名的学者陈参为师学习《论语》，孜孜不倦地攻读经书，待人接物恭敬有礼，侍奉执掌大权的伯父、叔父们更是小心翼翼。他深受儒家思想熏陶，从不跟堂兄们去寻欢作乐，保持洁身自好、谦恭谨俭、温文尔雅，颇有儒者的风范，几乎都成为了当时的道德楷模。

王凤病倒之时，王莽在床前尽心竭力地侍奉伯父，几个月如一日，衣不解带，最后累得蓬头垢面，疲惫不堪。这让王凤大受感动，临死时拜托皇太后王政君和外甥汉成帝，让他们关照这个长期被自己忽视的侄子。他的另一个叔叔，大司马王商也感到这个侄子不同凡响，向成帝上书愿将自己的封地分一部分给王莽。朝廷大臣对王莽的名声、人品早有耳闻，纷纷向皇帝称赞王莽，王莽立刻名声鹊起。

永始元年（前16年），汉成帝下诏封王莽为新都侯，提升为骑都尉、光禄大夫、侍中。王莽身居高位，却从不以自己为尊，总能礼贤下士、清廉俭朴，常把自己的俸禄分给门客和平民，甚至卖掉马车接济穷人，在民间深受爱戴，朝野的名流也都称赞歌颂王莽。

38岁时王莽出任大司马，成为了朝中执政。执政期间他克己不倦，招纳贤良，所受赏赐和邑钱都用来款待名士，自己生活却十分俭约。有一次，百官公卿来探望他的母亲，见到王莽的夫人穿着十分简陋，还以为是他家的奴仆。

汉哀帝继位后，重用自己的祖母傅太后与丁皇后的外戚，王莽卸职隐居于封邑，遂闭门不出，安分谨慎，期间他的二儿子王获杀死家奴，王莽严厉地责罚他，且逼王获自杀，得到世人"大义灭亲"的好评。哀帝死后，九岁的汉平帝登基，王莽立刻被王太后召回，代理政务，得到朝野的拥戴。

很多人都将王莽看成是周公、霍光一样的人，但事实并非如此。王莽执政时大力培植自己的党羽。他平时表情严肃一本正经，当想要有所获取利益的时候，只须略微示意，他的党羽就会按他的意思纷纷上奏，然后王莽就磕头哭泣，坚决推辞，从而对上以迷惑太后，对下向平民百姓掩盖自己的野心。

王莽为了继续博取仁义之名，不断建言加大对官员百姓的赏赐，使鳏寡孤独都得到好处，他建言太后带头过俭朴的生活，自己又贡献钱百万、田三十顷救济民众，百官群起效仿。每逢遭遇水旱灾害，王莽只吃素食，不用酒肉。大司徒司直陈崇为宣传王莽，于是上表赞颂王莽的功德，说他可与古代的圣人相比。

后来，汉平帝年幼病死，王莽立孺子婴为皇太子，自己代天子朝政，称假皇帝。这时人们才逐渐发现他的真面目，但朝政早就被王莽及其亲信们把持了。安众侯刘崇、严乡侯刘信等起兵讨伐，都因为寡不敌众很快被王莽剿灭。等扫清了这些障碍，王莽便授意亲信们不断劝进。初始元年，他逼迫王政君交出传国玉玺，接受孺子婴禅让后称帝，改国号为"新"。

但王莽的统治并没有持续多久，他不顾社会现实进行改制，既触怒了地主阶级的利益，又伤害了百姓，引起了天下人的反对。也可能是王莽欺世盗名惯了，连自己都欺骗起来，总是采取一些华而不实、追求虚名的举措，给天下带来沉重的灾难。最后反莽活动四起，天下剧烈动荡，王莽束手无策，被攻入长安的绿林军杀死，头颅悬挂市中，尸体被乱军分割。

王莽读圣人之书，口中说着圣人的学说，心中却暗藏奸谋，最后做了谋朝篡位之事。当然他的下场也是十分悲惨的。古人云："人之视己，如见其肺肝然。"内心不正，盗世欺名，无论隐藏得有多深，终将暴露出来。他所骗得的名声、利益，也必将会全部失去。

君子为道 不求富贵

君子行事，完全是为了追随道义，实现自己的崇高理想。当道可行的时候，他们便积极进取，力求有所作为；当道不可行的时候，他们宁可选择隐居，默默无闻也不会违背原则，改变自己的志向。那些为了追求名声富贵而不择手段，有违原则的人，则不能称为真正的君子。

东汉末年的管宁就是一个坚守道义，不求人知的君子。管宁是春秋时齐国名相管仲的后人，他十几岁时父亲就去世了，亲戚们哀悯他贫穷孤苦，都赠予他治丧的费用，面对这些好意，管宁都谢而不收，根据自己的财力将父亲安葬了。

管宁同华歆交好，二人经常在一起读书学习，但他们的志向却截然不同。华歆向慕做官，期望得到富贵，而管宁则谨记先贤"君子固穷"的教诲，从不将富贵功名放在眼中。一天两人在一起翻地，忽然管宁的锄头一顿，一块黄灿灿的金子被翻了出来，虽然生活很贫穷，但面对这块金子，管宁就像没看到一样，将它和其他石头丢在一起。华歆看到了金子，却十分欣喜，连忙将它挑出来。

过了一段时间，两人在一起读书，互相探讨问题。忽然门外传来阵阵吹打之声，原来是同乡在外地做官的，回来探亲了，场面十分喧闹。管宁似乎没有听闻这种声音，继续专心读书，而华歆却坐不住了，他丢下手中的书，跑到窗户跟前，看着楼下的人群感慨道："人生就该如此啊，哪能一辈子守着贫穷呢！"看到华歆的表现，管宁十分生气，认为他根本就没有学到圣人的精神，还是一副崇拜功名利禄的样子。于是，在华歆回来以后，管宁生气地将二人所坐的席子割断，说："道不同，不相为谋。我们从此以后就不是好朋友了！"

几年以后，华歆出仕做了官，并不断高升，从太守，到侍中，到尚书令。而管宁则认为天下大乱，诸侯纷争，此时去做官，必然要迎合诸侯而改变自己的志向，若是再做了对百姓不利的事，那就是助纣为虐了，于是坚决不做官，几次谢绝了老友华歆的推荐。他听说辽东太守公孙度在海外推行教化，就和邴原、王烈等人远赴辽东隐居传道。

拜见公孙度以后，管宁为了表明自己的志向，只谈儒家经典，而不语世事，之后他便住在山谷里隐居起来。当时渡海来到辽东的人大多是为了避难，一有机会便离开，于是多住在交通便利的郡南，而管宁却住在郡北，以表示没有迁徙的意思。他的德行感染了很多人，人们渐渐来跟从他，一个月之间，他所居住的地方便形成了村落。管宁便开始为这些人讲解《诗经》、《书经》，谈祭礼、整治威仪、陈明礼让等教化工作，人们都很乐于接受管宁的教导，整个村落变得人人守礼，井井有条。

后来辽东形势发生变动，管宁担心出现祸乱，便带着家人返回内地。公孙氏先后给他的所有馈赠，管宁都全部收好，在临行时全部退还给了他们。回到中原以后，华歆又向魏文帝曹丕推荐管宁，曹丕想征召管宁为太中大夫，管宁坚辞没有接受。

曹丕驾崩以后，魏明帝曹叡即位，征召管宁为光禄勋，管宁自称草莽之人并上疏辞让。明帝很不理解管宁为何不愿出来做官，便下诏询问青州刺史："管宁究竟是守节自高呢，还是老病萎顿了呢？"青州刺史程喜上报说："管宁有一个族人叫作管贡，为州吏，与管宁是邻居，臣常常让他探听管宁的消息。他说：'管宁常戴着黑色帽子，穿着布衣布裙，随季节不同或单或夹，出入于内室外庭，能凭借手杖走路，不须扶持。一年四季的祭祀，总是自己强力支撑，改换衣服，着粗丝棉巾，穿着过去在辽东时的白布单衣，亲自布置供品，跪拜行礼。管宁幼时就失去了母亲，不记得母亲的样貌，但却时常特意加设酒筋，泪流满面。'臣私下揣测管宁前后推辞谦让的意思，是行事一定要保全自己的志向，不是故意矫情以显示自己的高尚。"魏明帝这才了解管宁的初心，于是不再强求他出来做官。

管宁就过着平常人的生活，默默地隐居在家乡，直到去世。

别人都追求高官厚禄，而管宁却甘愿固守着贫穷，一辈子不改初衷，这便是孔子所说的："天下有道则现，无道则隐。"他拥有"依乎中庸，遁世不见知而不悔"的精神，虽然一生无位，身为平民，谁又能说他不是圣贤呢？

千百年过去，他人所享受到的富贵荣华都如尘土一样消失了，那些叱咤一时的诸侯、大臣也都逐渐被人们所遗忘，而管宁等人那种不变初衷，不废原则的事迹却依然如黑暗中的明星一样，给那个战乱纷争的乱世增添了几缕灿烂的光芒，令后世君子敬仰、向慕。

立志不可半途而废

君子遵从先圣的大道，就要坚持不懈，终身践行，不能见异思迁，半途而废。历史上有很多人，起初都怀着远大的理想，学习圣人学说，立志修行自身，造福人民，但遇到了一些困难，便放弃了原来的理想。这些人在修为上不能善始善终，终究不能取得太大的成就。

孟子小的时候，就差点半途而废。一次，他学了一会儿，便觉得很没意思，于是跑回家中。他的母亲正在织丝，看到他忽然回来，便问道："学业怎么样呢？"孟子漫不经心地回答："就那个样子呗！"孟母看到他对学业如此不在乎，十分生气，随手用剪刀将纺机上的丝全部剪断。孟子不知道母亲的意图，十分害怕。孟母于是说："丝织了一半被剪断，那前面的工作就全部白费了。你的学业也是如此，还没学好就半途而废，人生就毁掉了。有德行的人通过学习才能树立名声，多问才能增长知识。所以平时能够安宁，做起事来也能免除祸患。你现在荒废了学业，长大就不免于做卑贱的劳役，而且还会因不明事理而遭受祸患。女人荒废了生产，男人懈怠了修养和德行，那么一家人不做强盗小偷就只能做奴隶劳役了！"孟子听后深为震撼，意识到了自己的错误，从此谨记母亲教诲，从早到晚勤奋学习，最终成为了天下著名的大贤。

历史上还有个《乐羊子妻》的故事，说明了同样的道理。

乐羊子一天在路上捡了一块金子，拿回家交给妻子。本以为妻子会高兴，没想到她却紧锁眉头对乐羊子说："我听说志士不喝盗泉中的水，廉者不接受嗟来之食，捡到他人遗失的金子获得利益，沾沾自喜，这不是有辱自己的节操吗？"乐羊子听了十分惭愧，于是将金子丢到原来的地方，离开家里外出求学。

一年以后，乐羊子归来，妻子跪着询问他缘由，乐羊子说："出去久了，便思念家里，于是便回来了。"他的妻子便拿着刀来到织机跟前，对他说："这些丝从蚕茧中抽出，在织机上纺织。从一根到一寸，从一寸到一匹，一点点积累才能得到最终的布匹。如果现在从中间割断了，前面的努力就全都白费了，也永远不可能织成完整的布了。您出去治学也是如此，日积月累才能在学问、德行上有所成就，如果中途而废，那和割断织机上的丝又有什么区别呢？"乐羊子被妻子的言论而感动，回去继续为学，七年后学有所成，成了当时著名的学者。

其实，做任何事情都是这样的，只要树立了远大的志向，就应该踏踏实实地努力，为了实现它而不断拼搏、奋斗。成功之路上最大的阻碍不是事情有多难，而是自己意志不坚定，中途放弃。

日本有一个老人，在退休以后并未选择平静地安享晚年，而是决定用以后的时间去攀爬世界上那些最著名的山峰。他六十三岁开始制订自己的环球攀山计划，到了七十岁的时候已经爬过了十多座世界上最难爬的高山，包括珠穆朗玛峰、麦金利山、勃朗峰等在内。很多人都将他视为一个奇迹，认为他在晚年做了很多年轻人做不到的事。

在一次接受采访时，被询问到是什么让他有勇气去完成这么多难以想象的事。老人笑着摇摇头，说："攀爬这些高山，是我从小就怀有的愿望，当我年轻的时候，也像别人那样，觉得这些想法是不可能完成的，于是将它们遗忘了。成为了一个普普通通的面包师。可当我退休以后，我忽然觉得也许自己还有机会去实现昔日的理想，于是我制订了自己的爬山计划。困难的确多得难以想象，自己身体的不适、与不同语言的人交往上的麻烦、攀山技能的不足、各种险恶的地形、多变的天气……几乎每一件都让人想要放弃。我曾无数次在困难到来的时候想，如果自己老老实实地待在家乡，就不会有这么多困难了，为何要忍受这些折磨呢？可并没有放弃，因为我告诉自己，一旦退却就再也不能实现自己的理想了，那生活又会回到老样子。现在看来，我的坚持是完全正确的，我的邻居每天在院子中度过，从来没有遇到过山路上的凶险，但他的记忆里也少了很多值得回味的乐趣……"

最后，老人告诉大家，其实他有点后悔，并不是后悔攀山，而是后悔没有早点明白立志不可半途而废的道理。他说："我小的时候，希望成为一个科学家，后来觉得不现实放弃了；年轻的时候，我曾追求过一个女孩，但被拒绝两三次后，就放弃了；三十来岁时，我想开一个自己的连锁店，但后来因为害怕麻烦放弃了。要是那些时候我都能坚持下去，也许我的人生要比现在精彩得多。"

每个人年轻时都有很多高远的志向，但大多数人并未实现它们，其中最关键的原因就是不能坚持下去，半途而废了。人生很短暂，但现实中的诱惑却多得数不清，众人被这些诱惑所吸引，常常见异思迁，志向改了又改，越改越低，最终沦为平庸之辈。而那些成功者，却时刻铭记着最初的理想，无论面对什么样的境况，他们都告诉自己绝不可半途而废，绝不可轻言失败，所以他们坚持了下去，取得了让他人艳羡的成就。

坚持不一定就能成功，但半途而废注定不能成功。人生过去就不可能重来，既然立下了志向，就应该好好为它拼搏一番，绝不可半途而废，到自己年老的时候才哀叹当初没有尽力，导致一生碌碌无为。

十二、费隐章

原 文

君子之道费而隐①。夫妇②之愚，可以与知焉；及其至也，虽圣人亦有所不知焉。夫妇之不肖，可以能行焉；及其至也，虽圣人亦有所不能焉。

天地之大也，人犹有所憾。故君子语大，天下莫能载焉；语小，天下莫能破③焉。

《诗》云："鸢飞戾天，鱼跃于渊。"言其上下察也。君子之道，造端④乎夫妇，及其至也，察乎天地。

注 释

①费而隐：费，广大；隐，幽微。

②夫妇：匹夫匹妇，指普通的男女。

③破：分开。

④造端：发端于。

译 文

君子所循守的中庸之道广大而又幽微。匹夫匹妇虽愚庸，也可以对其有所了解；但其最高深的境界，即使圣人也有弄不清楚之处。匹夫匹妇虽不贤，也可以对其稍加践行；但其最高深的境界，即使圣人也有做不到的地方。

天地如此之广大，人们依然有不满足的地方。所以君子所说的中庸之道，以大而言，天下没有能够承载它的；以小而言，天下没有能剖析它的。

《诗经·大雅·旱麓》中说："鸢鸟翔于高天，游鱼跃于深渊。"就是说的大道流行，上下昭著的情景。君子所循守的中庸之道，发端于匹夫匹妇的所知所行，但其最高深的境界，显明昭著于天地之间，无所不在。

经典解读

中庸之道具有普遍的适用性，天地万物都应遵循着它而运作，无论是博学多识的君子，还是见识浅薄的普通男女，都应该具有中庸之德。

中庸之道既有浅显通俗的一面，又有高深玄妙的一面。浅显之处人人都可以理解，人人都能践行；高深之处，连最具智慧的人也不能完全讲清楚，只能不断求索，可它却永无止境。

之所以如此描述中庸之道，还是告诉人们它"不可须臾离也"，无论见识如何、身份如何，都应该切实践行它，不能妄自菲薄，亦不能骄傲自满。

哲理引申

为道无须畏难

孔子的弟子冉求，曾经对孔子说："老师啊，不是我不喜欢您的道理，只是我能力不够啊！"孔子听了很不高兴，批评他说："能力不够的人，做到一半坚持不下去时才放弃不做，而你一开始就给自己画了一条线，停止前进。"

很多人知道圣贤之道的好处，却不去施行，其中一个重要的原因就是他们认为太难了，自己不可能做到。孔子对这个问题有过多次论述，他曾说："仁远乎哉，我欲仁，斯仁至矣！"也就是说：仁道很遥远吗？并非如此。只要自己立志于仁道，仁道就在脚下。还有一次，孔子听到"棠棣之华，偏其反而。岂不尔思，室是远而。"这几句诗，便感慨着评论道："还是不想啊，如果真的思念，又怎么会畏惧遥远呢？"暗指那些说大道遥远的人，求道之心还是不够坚定，如果真的立志于大道，怎么会畏惧它遥远呢？

先贤之道，高深之处玄妙难解，但它们都有浅显的一面，是普通人都可以理解的，只要不畏惧困难，不好高骛远，时时践行它，就一定能够取得一定成就，成为一个让人尊敬的人。

晋朝有个叫周处的人，父亲是东吴名臣，但他从小就疏于教导，纵情肆欲，没有学过圣贤的大道。年轻时，周处力气过人，好在乡里为所欲为，到处骑马田猎，惹是生非，乡里人都十分讨厌他，私下将其称为"祸害"。年纪渐长，周处也了解了自己受人讨厌，有了改过自新的念头。一次他看到乡中父老在一起窃窃私语，露出忧愁的神态，便走上前去，问："如今时政和谐、年成丰收，你们何苦不快乐呢？"父老叹息说："三害还没有除去，有什么可乐的。"周处问："三害是什么？"父老说："南山有白额猛虎，长桥下有蛟龙，再加上你就是三害了！"周处说："像这样的祸患，我能除掉它们！"于是，上山打死了白额猛虎，又下水同蛟龙搏斗，一连在水中漂浮了三天三夜，终于杀死了蛟龙。人们以为他死了，都彼此庆贺。

周处回来以后，发现人们不仅不感激自己，反而为自己死亡而庆祝，才知道自己从前是多么的招人厌恶。于是便立志改过，当时陆机、陆云兄弟有贤名，周处便前去拜见。陆机不在，周处见到了陆云。他对陆云说："我想修养操行，可自己年纪又很大了；想要学习圣贤大道，又怕自己鄙陋不能达到。"陆云听了，安慰他说："古代的人看重朝闻道晚上就改正过失。人追求圣贤之道所要担心的只有志向不能确立罢了，而不是能力不足。"于是周处便磨砺意志，努力学习，变得既有文采，又有德行。乡人也都逐渐认可了他，他的贤名远扬，朝廷也征召他为官，东吴末年，他一直做到无难都督。

到了晋朝以后，周处更加注重自己的修养，在担任新平太守时，他对戎狄安抚讲和，使叛乱的羌人归附，当地人都赞美此事。在担任广汉太守时，郡内有很多久而未决的案件，有的经历了几十年还未判决，周处评考曲直，很快就将它们妥善处置完毕。每到一个地方做官，他就用圣贤治国的大义敦促百姓为善，实施宽容爱民的措施，获得无数赞誉。

后来，朝廷征召他担任御史中丞。周处秉公论事，无论是宠臣还是贵戚，只要有过错，他便刚直地纠察弹劾。梁王司马肜违法，周处严格按法律条文作结论，惹恼了权贵，但他从不畏惧。后来，氐人齐万年发动叛乱，朝廷大臣因讨厌周处的刚直，都说："周处是吴国名将的儿子，忠烈果敢刚毅。"便让他隶属于夏侯骏西征。不久梁王司马肜做了征西大将军，都督关中各路军事。司马肜怨恨周处昔日弹劾自己，便逼迫他带着五千士兵，攻打数万敌军，周处虽然知道必败，为了尽忠报国，毅然率兵出战。周处指挥军队与敌人作战，从早晨到日暮，杀敌万余，弓箭用尽，却等不来援军。手下劝他撤退，周处按剑说道："这是我报效臣节献出生命的时刻，为何要撤退？以身殉国，不也是可以的吗？"于是全力作战而死。

周处年轻时不闻圣贤之道，行事放荡恣肆，被乡里人视为祸害，但他能改过自新，又听从了陆云的教诲，没有因困难而畏缩不前，所以终究成为了一个受人尊敬的君子，并殉国而死，留名青史。很多人畏惧为道的困难，认为自己没有从小学习，基础不好，不能追随圣人的足迹，难道他的基础还不如周处吗？一个被视为祸害的人都能够毅然改过自新，从而成为一个忠臣君子，我们没有那么多恶行的人又何必畏惧道远，担忧困难呢？

戒自满

孔子曾提到过，大道之所以不能盛行，就是因为有人认识过了头，自以为很聪明，认为中庸之道不值得去施行。在这里子思指出中庸之道自有广大、高深之处，就连圣人也很难全部弄明白，这正和前面相互呼应，告诉人们中庸之道并不浅显，只要潜心探求，它是永远没有止境的，可以让人践行终身。

顾炎武曾经说过："人之为学，不可自小，又不可自大。"在立志为学，修习圣贤之道的过程中，既不能妄自菲薄，认为自己能力不行而止步，也不可骄傲自大，学了一点毛皮就认为自己学识已足而止步不前。自满是人们在为学修道的过程中，常犯的错误，很多人了解道的好处，也能立志学习，但就是没有认清学是没有止境的，道是永远不能穷尽的。当他们学得了一点知识，便开始骄傲起来，认为周围的人都不如自己，自己已经学得可以了。于是，便丢掉了昔日进取之心，变得骄傲起来，放纵起来，沉溺于成功的自喜之中，丧失了在修行上更进一步的机会。所以，《礼记》中告诫人们说："敖不可长，欲不可从，志不可满，乐不可极。"

战国时有个叫纪昌的人，善于射箭，以此自喜。一天，有人对他说："邯郸有个神射手叫飞卫，箭术举世无双！"纪昌听了很不服气，心想：我的箭术如此高超，都没人称赞我是天下无双，那飞卫又能如何呢？我一定要去找他比试一下！

于是纪昌来到了邯郸，找到飞卫。飞卫正在教授徒弟，纪昌走上前去，拿起弓箭，一连射了十几箭，全部命中靶心，然后傲慢地对飞卫说："听说您的射箭术天下无双，今日能让我开开眼界吗？"飞卫一言不发，接过弓箭也射了十几箭，他的箭连续而发，前面的射中靶心，后面的跟上将前一支穿透，支支如此。纪昌见到这种闻所未闻的箭术，才知道人家比自己高明了不知多少倍，羞愧难当。于是，跪了下来，请求飞卫收他为徒。飞卫见他诚心要学箭术，也就答应了。

纪昌请教射箭的道理，飞卫只是对他说："你先要学会盯住一个目标不眨眼，然后才谈得上学射箭。"纪昌回到家里，便躺在妻子的织布机下面，用眼睛盯着翻动的锥刺。这样坚持了两年，就算锥子碰到了睫毛，他也能保持眼睛不眨一下。于是，纪昌又去找飞卫，说："我终于将眼睛练好了，您可以教我射箭了！"飞卫摇摇头，说："现在还不够。你还要学会看东西的技巧。要练到能把小的东西看成大的东西，能把细微的东西看得清清楚楚，然后再来找我。"纪昌回去后，就在家中窗子上用马尾毛拴了一只虱子，每天都盯着它看，随着时间的推移，他眼中的虱子慢慢变得大了起来。过了三年，那虱子在纪昌的眼中已经大得像个车轮了，于是他拿起箭向那只虱子射去，箭尖刚好穿过虱子的中心，而拴着它的马尾毛却没有断开。纪昌便又来到邯郸，找到飞卫讲述了自己的进步。飞卫听后高兴地跳了起来，拍着纪昌的肩膀对他说："你已经将我射箭的功夫学会了！"

纪昌把飞卫的功夫全部学到手以后，觉得全天下只有飞卫才能和自己匹敌，于是产生了除掉飞卫的想法。有一天两个人在野外相遇。纪昌和飞卫都互相向对方射箭，两个人射出的箭正好在空中相撞，全部都掉在地上。最后飞卫的箭射完了，而纪昌还有一支，他射了出去，飞卫却举起身边的一根棘刺向飞来的箭头戳去，把箭分毫不差地挡了下来。这时，纪昌心中也知道了学箭之道是没有止境的，自己想要射杀老师而成为天下第一的想法是根本错误的。于是，他扔下弓箭，和老师相拥而泣，彼此拜在路上，认为父子。

纪昌自以为箭术无双，见到了飞卫才知道自己差得远了；学了一项技能便认为自己学成了，却不晓得学习是没有止境的。其实世上任何事情都是如此，在自己封闭的小世界中以为自己是最优秀的，殊不知"人外有人，天外有天"，和真正的能者相比，自己还远远不足；即便有一天，你通过努力，达到了那些能者的水平，依然不可有丝毫的骄傲，因为"道"是永远没有止境的。

骄傲自满是为学修道路上最大的障碍，一个人如果有了自满的情绪就不愿再向贤者学习，他的进步也就会越来越慢；一个人如果骄傲自满，就不能听取他人好的建议，行为不当也不知及时改正，那就十分危险了。《孔子家语》中就曾说："夏桀、昆吾自满而极，亢意而不节，斩刈黎民如草芥焉。"正是骄傲自满让这些君主走上了邪僻的道路，最终失去了天下。毛主席也曾经说过："学习的敌人是自己的满足，要认真学习一点东西，必须从不自满开始。"所以，一个人要想在为学修道上取得一定成就，在任何领域有所作为，就必须保持谦虚之心，提防骄傲自满的情绪。

做事应当精益求精

中庸之道，浅显之处连普通男女也能了解、施行；但其高深玄妙之处连圣人也难以说得清。很多人连《中庸》的文章都没有听说过，但提到"中庸"两个字却大言不惭地称自己知道，而且还常带有很不屑的神色，说："中庸嘛？谁不知道。就是告诉人们不要做出头鸟，装糊涂呗！"或者说："中庸就是让人适可而止，没有什么高深的东西……"对于中庸之道，他们的理解十分浅薄，只知一点毛皮，就不愿意去深入了解了，认为这套理论不值得推崇，所以他们永远不能了解圣人的大道，永远只能停留在平庸的匹夫匹妇的水平上。

其实，不仅仅中庸之道如此，世界上任何事都是这样的。浅显之处，人人都可以做，但真正能够做好的却少之又少。比如，下棋几乎人人都会，但能够下到聂卫平那样的，世上没有几个；游泳很多人都可以扑腾两下，但游到宋泽涛那样的就屈指可数了；唱歌谁都可以来几曲，但真正可以达到歌唱家水平的却很少；学习知识，每个人从小就开始，但能将知识学好，成为著名学者的就不多了……

很多人对事物一知半解，窥见一丝毛皮就认为自己很了解它了，认为它就那样，不值得去深入研究了。就是这种不求进取的轻狂心态，让他们做什么事都不能更进一步，在什么事情上都是平庸的。正因为如此，所以别人能够在自己的领域中取得一定成就，而他们却不能。他们哀叹自己天赋不足、机会不够好，其实真的是这样吗，只是自己还不够努力，没有在事情上精益求精罢了。卡尔·威特曾针对这种现象发表看法："不管是学习，还是其他爱好，都要做到'精'，并且能认真地将事情做得尽善尽美。无论什么事情只要做得完美，那么这件事就做得很有价值了。"

一个学习企业管理的年轻人，毕业后如愿进入了一家大公司就职。但令他失望的是，自己并没有被安排到管理的岗位上，而是被派到公司下属的一间零售店接受锻炼。这让他很失望，认为公司这是在大材小用，浪费自己的才华。于是，每天没精打采地立在零售店中熬日子，等待着公司的调岗命令。

三个月过去了，和他一起进入这个公司的同学都调到了新的岗位上，而他还被遗忘在那家零售店中。年轻人再也忍受不住了，于是找到人事主管，诉说了自己的不满。听完他满腹的抱怨以后，人事主管平静地对他说："公司不会遗忘任何一个员工，其实你的条件很好，专业适合公司的需要，成绩也不错，我们早就想将你调到新的岗位去了，只不过你现在还没有调整好心态。"年轻人听了以后，忙说："我已经在这儿待得够久了，没有任何提高的余地了，早就准备好去新的岗位了！"

主管笑着摇摇头，带着年轻人回到店里，说："你负责的这个零售店是我看到最差的一个了！你看，墙角还有灰尘，架子上的货物也没有摆放整齐……"年轻人嘟囔着说："这都是一些小事，随手就可以解决的。"主管对他说："你真的觉得这件工作很简单吗？其实，管理好一个小店，正是管理一个大部门、大企业的开始。你在这里工作了这么久，知道顾客一进门都习惯将目光望向哪里吗？知道他们如何形成对一个店铺的印象吗？了解不同顾客的消费习惯吗？总结过最近各种货物销售量的变化趋势吗……"年轻人听愣了，他本以为管理一个小店，就是每天买卖货物，整理一下销售数据而已，没想到还有这么多事情可做。

主管看到年轻人有点领悟了，便说："任何事情看起来都很容易，谁都可以将它们维持下去，但真要将它们做好，精益求精，却不是什么人都可以做到的。你现在所缺的便是这种精益求精的态度。"年轻人听后点点头，他知道自己以后应该如何工作了，也知道如何让自己成为一个出色的人了。

世事都是如此，做起来不难，但精益求精将它做好不易。成功者和平庸者最大的区别就是，平庸者做什么事合格了就满足了，而成功者却有更高层次的追求，能将看起来很平凡的事情做好。麻辣酱几乎每个家庭都会做，但陶华碧却能将这件普通的事发扬光大，创建了"老干妈"这一畅销全国的品牌，这就是精益求精；推车销售饮料的人不计其数，但宗庆后却能从这里起步，创建一个巨大的饮料王国"娃哈哈"，这就是精益求精……

没有最好，只有更好。如果在每件事情，都能精益求精，更进一步，那你很快就会发现自己逐渐变得与众不同了，距离成功更加近了。精益求精是开启成功之门的钥匙，它让你在芸芸众生中脱颖而出。

十三、不远章

原　文

子曰："道不远人，人之为道而远人，不可以为道。《诗》云：'伐柯①伐柯，其则不远。'执柯以伐柯，睨②而视之，犹以为远。故君子以人治人，改而止。忠恕违道不远，施诸己而不愿，亦勿施于人。君子之道四，丘未能一焉，所求乎子，以事父，未能也；所求乎臣，以事君，未能也；所求乎弟，以事兄，未能也；所求乎朋友先施之，未能也。庸③德之行，庸言之谨；有所不足，不敢不勉，有余不敢尽；言顾行，行顾言，君子胡不慥慥④尔！"

注　释

①柯：斧柄。

②睨：斜视打量。

③庸：平常。

④慥慥：忠厚笃实。

译　文

孔子说："道离人们并不遥远，修道而远离人，那就称不上是修道了。《诗经·豳风·伐柯》中说：'砍树来做斧柄，标准就在眼前。'握着斧柄砍取斧柄，应该不会有什么差别，但斜眼端详下，还是会觉得差别很大。所以，君子根据各人的不同情况加以诱导、教化，使他改正错误，回归正道就可以了。能够做到忠恕，离正道就不远了，不愿施加在自己身上的，也不要去施加给他人。君子之道有四种，我连一种都未能做好：所要求儿子用以侍奉父亲的，我还未能做好；所要求臣子用以侍奉君主的，我还未能做好；所要求弟弟用以侍奉兄长的，我还未能做好；所要求朋友自己应首先具备的，我还未能做好。平常的德行努力去践行，平常的言辞谨慎对待。德行存在不足的地方，不敢不勤勉进取，言辞上却不敢放肆而毫无顾忌；言辞合乎德行，德行合乎言辞，君子怎么会做不到忠厚诚实呢！"

经典解读

　　圣贤之道之所以称为"大道"，就是因为它普遍、广泛，具有包容性，适合所有的人学习、践行。如果一个人的"道"只是自己能够施行，觉得别人都达不到它的要求，那么这种"道"，就算不得是真正的道了。

　　君子弘扬大道，要从实际情况出发，不可好高骛远，脱离群众。对那些基础薄弱、达不到自己要求的人，要谆谆诱导，耐心教化，而不是抛弃他们，厌恶他们。

　　君子为道要恪守忠恕之道，严于律己，宽以待人。对自己要严格要求，不要过于苛求他人；对他人的要求，首先自己要先做到。忠恕之道说起来容易，做起来难，很多人都知道要为他人着想，考虑他人感受的大道理，但到了现实生活中真正能够做到这点是十分困难的，圣德如孔子犹批评自己做得不足，更何况我们普通人呢？所以说，修养德行之路是没有止境的，任何人都不可不勤勉进取；每个人无论做到什么样，都还可以继续精益求精，又如何能够骄傲自满，无所忌惮呢？

哲理引申

为人不可好高骛远

　　"道不远人，人之为道而远人，不可以为道。"孔子之所以说这句话，就是告诉人们，道离生活并不遥远，为道治学就要从身边的普通小事做起，如果每天总是想着做什么高远的大事，不注重普通生活中的修养，那永远也不可能在修为上有什么成果。

　　很多人读了先贤的著作，知道它很有道理，于是立下了崇高的志向，整天想着得到治国、平天下的机会，但等到白头还是碌碌无为，毫无成就。这就是因为他们对"道"的理解有问题。为道最大的忌讳便是眼高手低，好高骛远，脱离实际生活。

古时，有两个学生一起向老师学习，在学业完成之后，老师问他们将来如何弘扬大道呢？其中一个人说回到家乡去过普通人的生活，不断践行老师教的知识，将大道发扬光大。另一个学生听了他的话后哈哈大笑，嘲讽说，老师教给我们如此高深的大道，难道是让我们还像普通人那样生活吗？如果还像从前那样每天种田和乡里人打交道，又怎么能够治国平天下呢！他对老师说，自己要外出游说诸侯，说服他们施行老师的"道"。

一转眼，五年过去了。回家乡的学生有了一个幸福的家庭，在他的教导下妻子贤惠、孝顺，儿子懂事、好学。而那个立志游说诸侯的学生却屡屡碰壁，经常因为没有名气被人拒之门外。

很快十年过去了。回家乡的学生在邻里传播大道，而受到乡人的尊重，整个乡里都因为他的引导而崇尚礼义，得到了治理。当地的郡守了解到他的贤能，便上书推荐他，让他做了一个小官。而那个游说诸侯的学生，还在到处漂泊，屡屡碰壁。

二十年过去了。昔日回家乡的那个学生，已经从一个小官，逐渐升为了一国重臣，国人都很崇敬他，国君也常向他请教，他的贤名传遍天下。而那个立志游说诸侯的学生却还是没有得到他的机会，反而因言论触怒权贵遭受了几次牢狱之灾。

晚年，两人聚在了一起，谈起这几十年来的经历，游说诸侯的那个人感慨不已，他说："我觉得发扬老师的大道，就要做大事，去治理天下国家。可是我抱着这样的想法，游说了无数的君主，却没有得到一次机会。而你却做到了，上天真是不公平啊！"另一个人说道："其实，并不是上天不公平，老师当年不是教导我们什么事都要踏踏实实地做吗？你总是想着一开始就做大事，可是你既没有经验，又没有名声，哪个国君敢将国家托付给你呢？我当年何尝不想得到治理天下的机会啊，只是我知道，要想做大事，就应该从小事开始。你不引领好自己的家人，谁能相信你可以引领他人？你不管好自己的家乡，谁能相信你可以管理国家呢？踏踏实实地做好小事，是一种积累，也是在向别人证明自己可以做大事，是在为自己赢得做大事的机会啊！"

人们常常感慨，自己没有得到展示才华的机会，无法让他人了解自己是块金子。其实，并非没有机会，只是我们自己好高骛远罢了。身边的每一件小事都是一个机会，我们是否有能力，是否具备成功的素质，都在这些事情上显示得一清二楚。你能将这些小事做好，他人自然会认可你，你自己也会得到锻炼，积累经验。如果你认为这些都不值得去做，那么你的时间就会在抱怨和等待中白白流逝，而你的才能就会永远被埋没起来，不被人知。

曾经有个青年，很有理想，也很有能力，但做起事来常常漫不经心，不能将事情完美地做好。领导批评他的时候，他就会说："这些小事，随便做做就可以了，将来遇到了大事时，你就会发现我的才能。"可是，他一直都没有得到做大事的机会，身边的人都开始嘲笑他。于是他去找领导，要求自己承担一些重要的任务。

领导看着这个满怀大志的青年，说："事情重不重要，完全在于你自己的态度。你将它们当成一件大事，就可以把它们做得让人重视；你自己如果不把它们当回事，谁还会在意你的工作呢？对于一个年轻人来说，最重要的，就是不要去憧憬远方够不着的机会，而是要做手边最具体的事情。"

青年恍然大悟，是啊，无论多么远大的理想，都需要一步步去实现啊！不论多么重要的机会，都要通过自己平时的努力去争取啊！

于是，他明白了当前自己应该怎么做。他把自己每日那些平凡的工作全都重新做了规划，争取将它们做得更加完美；同时他也规划了自己的生活，把一切昔日白白浪费的时间都用在了深入学习上。

一年以后，他就成为了部门最出色的员工，受到了上级领导的重视。又过了半年，他得到了一个十分重要的机会，成功地策划了一个项目，成为公司最受关注的人。五年以后，他成了整个集团的总经理。每当人们问起成功的秘诀时，这位年轻的总经理就告诉大家：把握任何机会，从身边的小事做起。

一个人应该树立远大的理想，否则就会在人生之路上迷失。但需要认识到，实现这个理想一定要踏踏实实，一步一个脚印地积累。绝不能好高骛远，每日空想着高远的理想，让时间白白流逝，害得自己到头来一事无成。为人不脚踏实地，往往会适得其反，得不偿失，好高骛远是最要不得的事！

君子以人治人 改而止

"执柯以伐柯，睨而视之，犹以为远。故君子以人治人，改而止。"伐木做斧柄，新斧柄和旧斧柄形状相同，粗细、长短都类似，可如果用眼睛仔细观察，还是会发现很多不同之处，它们的木质不同、纹理各异，或许长短、粗细上也有微小的差别。但这些不同，并不会影响斧柄的使用，把它安在斧头上，用起来和旧的并没有什么不同。孔子之所以引用这个比喻，就是告诉人们治学为道之时不可过于死板。修道重要的是那种向善之心、爱人之心，能够拥有这种心境，表现不必完全和圣人相同。

以圣人为规矩，学习的是他们善良的品质、博爱的心灵，而不是他们的外表、着装。生活在蛮夷之地的人，如果有向善、爱人之心，即使风俗装扮与圣人完全不同，也是值得赞许的；生活在中原地区的人，即使一言一行都酷肖圣人，若内心不良善，行事不端正，那也没有丝毫可称赞的。

君子在弘扬大道，教化别人的时候，也要审察他们的内心，如果他们心中向善，那么即使因为教育程度、日常习惯等原因，表现得和圣贤不太一致，也没有什么可苛求的。所以，要根据不同人的资质、基础，对他们进行诱导、教化，使他们能够改正自己的缺点就可以了，不必求全责备。孔子弟子无数，有的显得迂腐，有的不拘小节，有的好勇冒进，有的退缩保守，有的聪明高傲，有的端庄愚鲁，孔子在教育他们的时候都是因材施教，让他们注意自己的缺点加以改正，并未要求他们非得变成什么固定的样子，这才是圣人教化人的高明之处。

一位贤者对自己的弟子要求十分严格，常常督促弟子们遵守礼仪、培养爱心。一次，镇子里的屠户登门拜访，称自己每日杀生，觉得心中愧疚，想向贤人学些道理，以得到少许心安。贤人的弟子们对这个屠户都很厌恶，认为我们老师一直以仁爱为立学之本，怎么会收下这种双手沾满鲜血的人呢！没想到贤人听了屠户的叙述后，很痛快地答应了他的请求，并告诉他，每天晚上有时间时便可以前来听课。

屠户走后，学生们都很疑惑，问老师："先生平日里教我们不可没有仁慈之心，没有仁慈之心就连禽兽都不如。可这个屠户每日不知要杀多少生灵，您为何还要接受他，难道这种人还能教育好，让他放弃杀戮吗？"

贤者说："是啊，人的确应该具有仁慈之心，这也是我对你们一贯的要求。可是他不一样，他本来就是个屠户，每天杀生也是为了养家。他来向我请教，说明他还有向善之心，我们为何要将其拒之于门外呢？我们虽然不能让他立刻放弃杀生的职业，但能够引导他的善良之心不断增长。以前他杀生时不知敬畏，我将教育他敬畏生命，尽量减少被杀动物的痛苦，这难道不是一种进步吗？以前他杀生时不知避讳，我将教育他多怀恻隐之心，不当着小兽的面杀母兽，这难道不是一种进步吗？以前他每天杀戮不停，我将教育他能够维持生活就可以了，尽量减少杀戮，这难道不是一种进步吗？"

看到弟子们若有所思，贤者继续说："他以屠宰为生，我不可能要求他像你们一样，完全放弃杀生；同时，你们也不能降低对自己的要求，认为做得已经够了。每个人的基础不同，但只要怀着向善之心，不断进步就是值得赞扬的。如果你们觉得自己做得不错了，便降低要求，今日学习不努力，明日行为发生放荡，后日做些自私自利的事，长此以往，谁能保证你们不会变得比每日杀生的屠夫更坏呢？如果那个屠户不断增长良善之心，今日少杀一头牛，明日饶恕一只羊，长此以往，谁能说他不会放弃杀生的职业，变成一个善良的君子呢？对于那些修为还不足的人，为何要一下子提出太高的要求，将他们拒之于修德向善的大门之外呢？只要逐渐改正他们的过错就可以了，对于任何人都不要因为现在的不足而轻视、拒绝他们。"

果然如贤者所说，那位屠户通过学习之后，善良之心越发扩大，虽然没有放弃屠宰的本业，但在屠宰之余，做了很多慈善之事，资助穷人上学、帮助镇里修桥、翻修养老院……虽然他是个屠户，却被乡里人称赞为善人，受到所有人的尊重。

一个双手沾满鲜血的屠户对于推崇仁爱的君子来说，标准可能相差很远，但贤者并没有放弃他，而是一点点诱导他向善，最终将其教育成了一个善人。世上大多数人都是存在各种缺点的，如果我们总是以自己的高标准要求别人，别人做不到便将其拒之门外，那我们永远不能将道发扬光大了，也永远不能引导这个社会变得更好了。

中庸之德虽然要求人们不断提升、精益求精，但并非让人高傲冷漠，脱离群众。每个人都有不同的现状，在教育、治理他们的时候，要立足于实际，逐渐改正，不可苛求过度，使他们对"道"产生畏惧之心，更不能自以为是地抛弃他们。

己所不欲 勿施于人

孔子说："忠恕违道不远，施诸己而不愿，亦勿施于人。"就是告诉人们如果觉得"道"很难理解掌握，不知道在现实中该如何做，那就好好恪守"忠恕"这两个字，即"己所不欲，勿施于人"，能够做到这一点，离"道"也就不远了。

"忠恕"是孔子待人的基本原则，是他学说的精华。孔子曾经对身旁侍坐的曾子说："参啊，我的学说中都贯穿着一条主线！"曾子说："是。"曾子出去以后，其他的弟子都不理解，问："夫子说这话是什么意思？"曾子回答："践行夫子的道，只要做到'忠恕'两个字就足够了。"

所谓"忠"就是严格要求自己，做到诚信、诚心；所谓"恕"就是宽容地对待他人，能够为他人着想。朱子说："推己谓之恕。"即在遇事之时能够推己及人：自己想要的事，想到他人也想要；自己不想承受的事，想到他人也不想承受。《论语·卫灵公》中记载，子贡曾经问孔子："有没有一个字，值得终身践行的呢？"孔子说："那大概就是'恕'了吧，己所不欲，勿施于人！"不愿别人强加给自己的东西，也不要强加给别人，这既是一种宽容的美德，也是一种智慧的处世原则。

人与人是平等的，每个人生活在世上除了关注自身之外，还得关注他人的存在，在相互交往之中能够遵守"己所不欲，勿施于人"的原则，才是对他人的尊重，是有德的表现。相反如果在生活中，从不顾及他人的想法，不惜为了维护自己的利益而损害他人的正当权益，那就是"缺德"、自私。

战国时，有个叫白圭的人，在魏惠王属下为大臣，很擅长修筑堤坝、治理水患。一次，他向孟子夸耀说："我白圭治水的才能比大禹还要厉害呢！"孟子听了，很不以为然，对他说："你怎么能拿自己和大禹相比呢！大禹治水时，是通过疏通的办法将洪水导入大海之中，所以天下人都因为他治水而获益，后世百姓无不称颂他的德行。而你呢，治水时只知道筑坝拦截，洪水不能正常泄出，只能流到别的国家去。大禹是以四海为沟壑，而你却把邻国当作沟壑。你自称善于治水，可邻国的百姓都在诅咒你呢！"白圭听了，羞愧难当，从此再也不敢妄称自己善于治水了。

有道德的人在做事的时候，绝不会只想着自己的利益，而忽略他人的诉求；相反，他们会时刻把别人的诉求放在心上，甚至考虑的比别人还周全。其实这种为别人考虑的做法，不仅不会为自己带来多少麻烦，还能获得很多意想不到的好处。那些乐于助人，乐于为别人分忧的君子，当他们需要帮助的时候，人人都愿意帮助他们；当他们遭遇困境的时候，人人都愿意出手相助，这难道不是"忠恕"给自己带来的巨大收获吗？而那些自私自利，只知道追求自己利益，不断伤害别人的人，在获得利益的时候却失去了所有人的认可，也失去了获得他人帮助的机会，这才是生活中最大的愚蠢。

一位衣着华丽的商人乘船去外地谈生意，在路过一个码头的时候，一个卖杂货的小姑娘拦住了他。"先生，买点东西吧！母亲生病了，等着用钱，你看需要什么，就算做点善事……"小姑娘用期盼的眼光看着他。

"滚开，滚开。老子忙着去谈生意，哪有时间理会你们这些小骗子！"商人不耐烦地说道。

"先生，我真的不是骗子，您就买点东西，全当做善事吧！"

"我哪来那么多时间做善事，谁都要我帮，我的钱难道都是大风刮来的！"说着，商人将小姑娘推到了一边，小姑娘没站稳倒在地上，眼中含着泪水。周围的人都对商人的做法不满，进行指责。

商人却头也不回地跳上船，说："自己找的，能怪谁！"

到了河心，忽然刮来一阵风，船上一阵晃动，商人夹着的皮包忽然落到了水中。眼看装着谈生意重要文件的包被水冲远，商人十分着急，连忙请求会水的船员帮他打捞。但他刚才对待小姑娘的一幕，被众人看在了眼中，没有一个人帮助他，反而讥讽道："自己的事，何必求别人，别人的时间难道不值钱吗！"

商人最终只能看着包越漂越远，生意没有谈成，损失了一大笔钱。

幸好落在水中的只是一个包，而不是商人自己，那样这个教训的代价就太大了。人生活在世间不能只顾自己，要有宽广的心胸去包容他人。你怎样对待别人，别人也会怎样对待你；你为别人着想，别人自然也会为你着想；你若自私自利以恶劣的态度对待他人，就应该想到别人也会不考虑你的感受以同样的态度对待你。

所以待人处事时一定要做到"己所不欲，勿施于人"，倘若自己所不欲的，硬推给他人，不仅会破坏与他人的关系，也会让自己变成没人待见的孤家寡人，遇到事情没有一个人帮忙，什么也做不成。

言顾行 行顾言

在本章的结尾，孔子告诉人们要想做一个忠厚的君子，除了"平常的德行努力践行，平常的言论谨慎对待，有不足的地方勉励自己，言辞上不要肆无忌惮"这些要求外，还要言行一致。

言行一致，首先是"言顾行"，即言辞要合乎行动，自己有多少就说多少，不可虚荣夸诞，不可故意讲大话、假话欺骗他人；也不可违心地阿谀奉承讨好别人。言辞超出实际，自古就是君子所不齿的。

唐代有个读书人很有才，但一直没有得到做官的机会。于是他费尽心思，求人将自己的一篇文章呈送给当朝大臣宋璟，希冀获得提携。

那人将他写好的文章转交给了宋璟，并说："这人文章写得很好，是个可用之材。"宋璟是个爱才之人，听说作者很有才，便立刻拿起文章读了起来。开始的时候，他的确被文章显露的才气吸引了，一边读一边称赞："好文章，好文章!"

可是，读着读着，宋璟的眉头就皱了起来，原来作者为了巴结宋璟，在文章中对他大加吹捧，很多恭维的话远远超出了实际。宋璟十分生气，将文章丢到了一边。

过了几天，那个读书人没有听到回音，便又央求送文章的人来宋璟这里探探口风。宋璟生气地对那人说："这个人的文章的确不错，但他文中写了很多超出实际的恭维话，这说明他品行不正，想通过巴结得到重任，这种人若得势一定会损害国家、百姓的!"于是就没有推荐那个读书人，也断绝了和他的任何来往。

读书人想通过巴结刚直不阿的宋璟获得做官的机会，却不知道他这种阿谀过度的行为是君子最为不齿的。一个人能通过超出实际的言辞去获得他人的好感，将来也一定会通过虚假的言辞欺骗国家、欺骗百姓，这样的人若做了官，对百姓才是真的祸害。宋璟没有推荐他是恰当的。

言行一致，还包括"行顾言"，也就是说过的话，努力去实现；信守对他人的承诺，说到做到，表里如一。古人最看重的就是诚信，将其视为做人的根本。历史上有无数信守承诺而被后人传诵的故事：西周之时，成王守诺，桐叶封弟；春秋之时，程婴言行一致，舍子救主；东汉之时，范式不辞辛苦，千里赴约……可见，古往今来，凡品德高尚、受人尊敬的人，都能身体力行地做到言行一致。

曾子就将"言必信"，作为一生恪守的重要原则。

一次，曾子的妻子要到集市上去，他的儿子哭喊着也要去。妻子为了安抚儿子，就诓他说："你不要跟着娘，在家好好待着，等我回来给你杀猪吃。"儿子一听，十分高兴，就不再缠着母亲去集市了。曾子的妻子回来以后，就看到曾子在捉猪去杀，连忙劝阻说："这猪还很小，我只不过是和儿子开玩笑罢了，你又何必认真呢！"曾子郑重地说："这可不能开玩笑啊，答应了别人的事就要去做。更何况小孩子还没有判断力，要像父母学习，听从父母的正确教导。现在你欺骗了他，将来他也会去欺骗别人！母亲欺骗了孩子，孩子就不会相信母亲了，这不是正确的教育方法啊！"于是，将猪杀掉，兑现了妻子对儿子的诺言。曾子的儿子后来果然也成为一个信守承诺的君子。

像曾子这样以诚信立身，信守诺言的君子自然能够治理好家庭，受到他人的敬仰。相反，倘若一个人言而无信，那他在世上就无法立身，也难以成事。

春秋时，齐国君主齐襄公就是一个言而无信的人。齐襄公派大夫连称、管至父去守卫葵丘。葵丘位于边境，多战事，条件又不好，人人都不愿意去。连称、管至父接到命令以后很不情愿，便问齐襄公："我们去了，什么时候能回来呢？"齐襄公正在吃西瓜，随口答道："等明年瓜熟了就找别人替换你们。"

一年之后，齐襄公迟迟不派人来，连称、管至父很着急，就派人送回一瓜，并提出按时替换的要求。齐襄公见居然有臣子敢向自己提要求，让自己兑现诺言，这不是笑话嘛！于是，不仅没有答应他们的要求，还将来者臭骂了一顿，说："告诉连称、管至父，要想回来，就等我开心了！"

连称、管至父见齐襄公如此不讲道理，不守承诺，十分怨怒。不久齐襄公外出游猎，恰好接近两人的守地，二人索性发动叛乱，将齐襄公杀死了。

言行一致、信守承诺是人立身于世的根本，能够做到"言顾行，行顾言"才能成为忠厚君子，就会得到他人的尊敬；若不能"言顾行，行顾言"，喜欢说不符实际的话，说了话不去做，给人承诺不去践行，那么就一定会失去他人的信任，招来别人的鄙视、甚至怨恨。所以，为人处世，一定要表里如一，言行一致，说到做到，这才不失君子本色。

十四、素位章

君子素其位①而行，不愿乎其外②。素富贵，行乎富贵；素贫贱，行乎贫贱；素夷狄，行乎夷狄；素患难，行乎患难，君子无入③而不自得焉。

在上位不陵④下，在下位不援⑤上，正己而不求于人，则无怨。上不怨天，下不尤人。故君子居易以俟命，小人行险以徼⑥幸。子曰："射有似乎君子，失诸正鹄，反求诸其身。"

注　释

①素其位：安于原本所处的位置。

②不愿乎其外：不对外界存非分之想。

③无入：无论处于什么境况之中。

④陵：欺辱。

⑤援：阿附。

⑥徼：希求。

译　文

君子安于其本来所处的位置，做应做的事，不对外界存有非分的奢求。原本富贵，便做富贵者该做的事；原本贫贱，便做贫贱者该做的事；原本处于夷狄之地，便做夷狄该做的事；原本遭受患难，便做患难中该做的事；君子无论处于什么境况之中，都能够安然自得。

居于上位，不欺凌下属；居于下位，不阿附上司；端正自己而不责求别人，便没有怨恨了。上不怨苍天，下不怨他人。所以君子安守现状以等待天命；小人铤而走险以妄求侥幸。孔子说："射礼和君子修身有相似之处，没有射中目标也不去怨恨，反过来端正自身就行了。"

经典解读

君子能够安分守己，无论处于什么样的境况中都能恪守正道，而不生非分之想。他们享有富贵的时候，能遵守礼节，惠济他人；他们身陷贫穷之时，也能坚守本分，不丧失气节；即使遭受患难的时候，他们依然不会放弃原则，能继续做自己应该做的事。

君子遭受困厄，大道不行，就会在自己身上找原因，反思自己是否做得还不够好，心还不够诚，而不去迁怒他人。无论穷达、贫富，君子都能淡然处之，遵道而行。小人则不然，他们贫穷就怨天尤人，富贵就骄奢淫逸；困厄就丢弃气节、低声下气地讨好别人，得势就专横跋扈，盛气凌人地欺辱别人。

君子的快乐，来源于内心的安分；小人的忧愁，则往往产生于无尽的奢求。所以君子安守本分，不去强求什么，却能长久地享受快乐、满足；而小人虽然不断地追求，不断地争抢，却时时处于担忧、恐惧之中。

子思说这段话，就是告诫人们要做"乐天知命而无忧"的君子；而不要去做奢求不断、整日戚戚的小人。

哲理引申

素位而行

君子素位而行就是无论处于什么样的位置之上，都能安守本分，知道自己该做什么，不存非分的想法。如果自己本来是个贫穷的人，就应该做贫穷人该做的事，不要整日奢求富贵，为了得到富贵为非作歹；如果自己本来是个富贵的人，就应该做富贵人该做的事，不要把自己打扮得像个叫花子，故意装穷，吝啬刻薄；如果做了高官手握权势，就要担负起应承担的义务，对国家、百姓负责任，而不是尸位素餐、滥用权势；如果失去了权力地位，也要坦然面对现实，放平心态做一个普通人，而不是怨天尤人，觉得失落了，活不下去了。

古代的贤人君子，一心想着为国为民，他们人生的目的就是造福他人。所以，当他们贫穷的时候，能够独善其身；当他们富贵的时候，就兼济他人。他们不追求吃穿上的享乐，不在乎住所的简陋，所以贫穷的时候继续追求道义，也能感觉"乐在其中"；他们得到了富贵不刻意享受，得到了权势不刻意炫耀，所以他们不会觉得这有什么值得骄傲的，也不会感到特别的欣喜。

舜就是一个能够素位而行的人。他年幼丧母，父亲、后母、弟弟都十分讨厌他，他却从来没有任何怨言，依然孝顺父母、爱护弟弟。他贫穷之时，做过很多事，种过田，打过鱼，做过陶器，当过小贩，在做这些卑微的事情时，他从来没有过怨言，都能将事情做好，而且无论他到了哪里，都能用自己的德行感化周围的人，使他们接近善道。后来，他得到了尧帝的赏识，尧任命他做大官，把自己的两个女儿嫁给他，舜没有生出一丝骄傲之心，也没有在得势以后对多次陷害自己的父母、弟弟进行报复。相反，他带着尧的女儿回到老家，让她们谨守为妇之道，恭敬地对待自己的亲人。直到做了天子，舜依然保持着昔日亲民的作风，没有一点骄傲的神色，并能够完美地履行天子的职责，把天下治理得井井有条。所以，孟子对舜极为推崇，说："舜啃干粮吃野草的时候，好像一生都会这样过下去；及其做了天子，披着带有文图的衣服鼓琴，受到尧的两个女儿服侍，仿佛本来就有一样。"

春秋时，楚国令尹孙叔敖也是一个能素位而行的人。孙叔敖少年贫穷，但十分好学，且怀有仁慈之心。后来得到楚庄王的赏识，做了楚国令尹，他辅佐庄王施教导民，宽刑缓政，发展经济，政绩赫然，使楚国强盛一时。他为官的时候，清正廉洁，虽然位居一人之下，万人之上，待人却从无傲慢之色，他出入轻车简从，吃穿简朴，妻儿不衣帛，连马都不食粟。他在任令尹期间，曾三上三下，失去权势时不悔恨不叹息，因为他平时恪守本分，知道不是自己的过错；升迁和恢复职位时也不沾沾自喜，因为他知道自己任重而道远。

历史上，像舜帝、孙叔敖这样素位而行的君子很多，比如春秋时齐国贤相晏子，不愿改变志向追求富贵的庄子，"不以物喜，不以己悲"的范仲淹，以及孔子本人都是如此，当然他们也都因为高尚的品德受到后人的赞赏钦佩。但也有很多不能安于现状，在贫穷时就汲汲于富贵，在富贵时就放纵恣肆的人，比如说"诟莫大于卑贱，而悲莫甚于穷困"的李斯，为了享受富贵而不惜陷害忠臣的秦桧、严嵩……最典型的例子，莫过于汉武帝时的主父偃了。

主父偃是汉武帝时的大臣，他出身贫寒，早年学习纵横之术，一直得不到赏识。后来，听说汉武帝推崇儒术，便改学《周易》、《春秋》等儒家经典。但他学习这些，并非是喜好圣贤之道，只是将其当作获取富贵的工具。因此，齐鲁等地的儒生都十分厌恶他，不愿和他交往。因为名声不好，他北游燕、赵、中山等诸侯王国，但都不受礼遇。于是，远赴长安，直接到汉朝中央求取富贵。

最初主父偃希望通过卫青的推荐见到汉武帝，但卫青屡次引荐他，都没有结果。在长安待久了，主父偃贫穷困顿，到了无法生存的地步。于是，铤而走险，直接上书汉武帝。没想到这次上书，竟然使他得到了武帝的赏识，汉武帝亲自召见了他。通过汉武帝的言谈，主父偃揣测出汉武帝的心思，于是经常顺着武帝的心意上书，汉武帝十分高兴，每看到一次他的上书，就提拔他一次，很快他就飞黄腾达，成了汉武帝身边的大红人。

成了皇帝身边的红人以后，大臣们对其一改往日的轻视，纷纷前来巴结贿赂他。对于贿赂，主父偃概收不误，有人劝告他："不要太过分了，适可而止吧！"主父偃回答："当年我不得志的时候，父母兄弟都厌恶我，这些大臣们都瞧不起我，我困厄得太久了！大丈夫生时不能用大鼎吃肉，死了也要被大鼎烹煮。我年纪已老，离家乡也很远，所以我要倒行暴施，来报复他们！"

于是，他的行为越加恣肆，以往得罪过他的人，都加以罪名，纷纷收监治罪。哪怕只是从前对他态度冷淡的人，他也不肯放过，极尽报复，不惜置人于死地。对于普通人如此，对于那些昔日轻视他的藩王主父偃也要报复。燕王行为不法，受到告发，主父偃便主动请缨，前去审理此事。结果他假公济私，在调查出的结果上添油加醋，编派了燕王很多其他罪行。燕王自知难以辩解，便自杀身亡了。

主父偃得势以后，曾经想把自己的女儿嫁给齐王，遭到了齐王的拒绝，他便怀恨在心。于是，对武帝进言说："齐国物产丰饶，人口众多，民多富有，这样的大国如此重要，陛下应该交由最亲信的人掌管，才可免除后患。"汉武帝觉得很有道理，便任命主父偃为齐国丞相，监视齐王的举动。主父偃上任以后，便捏造罪名，对齐王严刑逼供，肆意陷害，齐王在惊吓之下自杀身亡。

主父偃的行为，引起了汉武帝哥哥赵王的恐惧，他唯恐主父偃也来陷害自己，便抢先派人上书，告发主父偃收受诸侯们财物，并公报私仇导致燕王、齐王自杀等事。皇帝大怒，派人调查，查到主父偃收受诸侯重金之事，但导致齐王自杀并没有实据。皇帝还不想杀他，但丞相公孙弘说："齐王自杀绝了后嗣，封国被废，成为郡县收归朝廷，主父偃是这件事的首恶，不杀主父偃无以向天下之人交代。"汉武帝不得已，处死了主父偃。

主父偃虽然也学习儒家学说，却没有学到圣人思想的精髓，他为了博取富贵、发泄旧怨无所不为，既害了他人，也给自己带来了杀身之祸。所以说，做人一定要安守本分，无论什么时候都要恪守正道，贫穷时不丢弃原则，富贵时不放纵恣肆，这样才能成为一个受人尊重的君子，才能保全自身，不招祸患。

不因环境改变原则

君子素位而行，不仅要安于现状，不去贪求富贵、权势，更要恪守原则，无论什么时候都要知道自己该做什么、不该做什么。有的人贫穷的时候，很有操守，可一旦获得富贵，便忘了曾经的原则，开始收受贿赂，玩弄权势，为所欲为；有的人富贵的时候，并没有做什么，可一旦陷入贫穷，便为了摆脱这种处境，去做很多不正当的事；还有的人当周围的环境好时，尚能够保持一定的原则，可一旦被小人所环绕，他就会"入乡随俗"，丢弃了自己应当恪守的原则，同周围的人同流合污。这些行为都是君子所不认可的，都是在实际生活中应当竭力避免的。

孟子曾经和学生万章谈起过"乡愿"，说孔子最厌恶的就是乡愿。万章不明白，孟子便告诉他，乡愿就是那些八面玲珑、惯于讨好他人、没有自己处世原则的人。他们见到了君子，会称赞君子做得不错，很好很好，就像他们也是君子一样。可他们见到了不正当的事，依然会说"很好很好"，从而助长别人的恶行。孟子认为这种什么都很好很好的"好好先生"是最危害德行的，他们"同乎流俗，合乎污世"，骨子里很坏，君子都不愿接近他们。所以说，素位而行并不是让人不求进取，随波逐流，放弃原则，而是不妄求，穷且益坚，无论面对什么境况都不放弃原则。

随波逐流的人，看似在哪里都"吃得开、混得过去"，不会像刚毅的君子那样屡屡碰壁。但君子碰壁是因为恪守正道，坚持原则，虽然屡屡受挫，在内可获得心中的安宁，在外也不会有无妄的灾祸；而"乡愿"们则不然，什么时候都没有原则，看似无患，实则身如浮萍，没有立身之本，一旦遭受祸患，就是灭顶之灾。

西汉大臣龚遂就是因为能够坚持原则，而避免了灾祸的。龚遂，字少卿，是山阳郡南平阳县人。他因为通晓经学而被举荐为官，担任昌邑国郎中令，侍奉昌邑王刘贺。刘贺是汉武帝的孙子，一个不折不扣的纨绔子弟，从小受到各种宠爱，养了一身坏习惯，行为十分不端正。龚遂做官以后，看到昌邑王经常沉溺于酒色，嬉戏无度，便耐心地规劝他，给他讲先贤是如何为官治理百姓的。但刘贺根本听不进去，每次看到龚遂要劝谏，就掩着耳朵跑开了，并对人说："郎中令最善于羞辱人了。"

昌邑王属下其他的官员，见到刘贺这样，大多不去劝谏，反而阿谀奉承，刻意讨好，以获得刘贺的好感。刘贺不辨忠奸，于是身边很快聚集了一群阿谀谄媚之辈，他们沆瀣一气，行为越来越放纵。龚遂看在眼里，心中十分忧虑，虽然知道自己无法改变现状，还是不断地对刘贺进行规劝，以尽自己的本职，当然他所得到的回报就是被刘贺和他身边的人视为迂腐、不识时务，受到嘲笑。

后来，汉昭帝去世了，没有子嗣，刘贺是汉武帝的孙子，和昭帝血缘最近，于是朝中大臣便商议拟立刘贺为帝。这个消息让刘贺身边的小人们兴奋异常，都认为自己出人头地的机会到来了，变本加厉地阿谀谄媚，讨好未来的皇帝。得到征召以后，几百人就簇拥着刘贺离开封国，准备到京城即位。

在路上，刘贺的荒淫无耻暴露无遗，车队到处大肆扰民，毁坏农田，惊扰官府，甚至当众强抢妇女。龚遂和中尉王阳既忧又恐，屡次劝谏刘贺要谨慎、谦虚，表现出对昭帝去世的悲伤。但刘贺被谄媚的小人所环绕，根本听不进这些道理，该怎样还怎样。

到了京城，即位以后，刘贺对那些京中大臣十分轻慢，他身边的那些昌邑旧臣则鸡犬升天，不断得到刘贺的封赏、升职。这些人忘乎所以，整日簇拥着刘贺外出游乐，将整个长安城搞得乌烟瘴气。龚遂虽然多次劝谏，但刘贺等人志得意满，根本不将他的话放在心上。

刘贺和昌邑旧臣的行为，引起了原来朝中大臣的不满，于是大将军霍光等人发动政变，趁刘贺外出游猎时将他废黜。与刘贺同来的昌邑属臣几百人，刚刚升职，屁股还没坐热，就全部遭到了诛杀。只有多次劝谏刘贺的龚遂和王阳因为能够恪守为臣之道，而保住了性命。

刘贺身边的人都投其所好，讨好他而受到宠幸，但龚遂看到他们的行为不符合正道，于是屡屡劝谏，尽了一个臣子应尽的职责，正是这种不随波逐流，坚持原则的行为，让他免除了后来的杀身之祸，最终得到汉宣帝的赏识，成为一代名臣。那些阿谀奉承、随波逐流的小人，虽然得到一时荣宠，其富贵却像昙花一样转瞬即谢，不仅富贵权势没有长保，自己的脑袋都丢掉了。

君子处世不随意改变原则，既是一种美德，也是高明的处世智慧。古人云："天道无亲，常与善人。"恪守正道，坚持原则的人，无论到什么时候，命运都不会亏待他；而那些随波逐流，丧失节操的人，无论得到多少富贵、多高权势，总有失去的时候。

君子乐天知命

君子处于富贵之中，就能享受富贵，处于贫贱之中，也能安守贫贱；小人处于富贵之中，就担心失去富贵，处于贫贱之中，就焦心于如何摆脱贫穷。所以，君子拥有随遇而安的心境，而小人则没有；君子无论什么时候都能保持积极乐观的心态，而小人则常处于忧患之中。古人把君子这种淡然、乐观的心态，叫作"乐天知命"，即乐从天道的安排，安守命运的分限。这是一种大修养、大境界，是看穿纷繁世事，经历命运沉浮而总结出的人生哲学。

众人都认为贫穷难以忍受，而孔子却说："饭疏食饮水，曲肱而枕，乐亦在其中矣。不义而富且贵，于我如浮云。"众人都追求富贵，而颜渊却能："一箪食、一豆羹，在陋巷，人不堪其忧，回也不改其乐。"他们为何能够坦然地面对贫困的境地，就是因为他们内心充实，他们知道自己一直坚持正道行事，从不荒废懈怠，所以，能够得到富贵，是上天的恩赐，是一种幸运；而不能得到富贵，同样是命运的安排，自己已经尽力了，没有什么可悔疚的地方，为何还要忧愁呢？

《孔子家语·在厄》一文，就记载了孔子乐天知命的大智慧。

孔子周游郑、卫等诸侯，未受到重用，但"克己复礼"的理想，弘扬大道的志向，却从来没有动摇过。这时，南方的楚王听说孔子贤能，便派使者邀请孔子入楚。孔子于是带领弟子们前去拜见楚王。途中经过陈国、蔡国。陈国、蔡国的大夫，一起谋划说："孔子是个贤人，他所批评讽刺的都切中诸侯要害，他在中原时我们没有聘用他，如果到了楚国，一定会威胁到我们。"于是派兵阻拦孔子，将孔子一行围困起来。

孔子不能前进，无法和外界取得联系，粮食断绝七日，弟子们都饿得病倒了。这时孔子还在坚持讲授周礼，弹琴唱歌。他人都不理解。

于是，孔子将子路叫了进来，问道："《诗》中说：'不是野牛不是老虎，却都来到旷野之上。'我的道难道有什么不对吗？为何竟到了这种地步呢？"

子路一脸怨气，不高兴地回答："君子是不会被困扰的。想来我们的仁德还不够吧，所以人们不信任我们；我们的智慧还不够吧，人们不愿推行我们的主张。我以前听夫子讲过：'做善事的人，天将降福于他；做恶事的人，天将降祸于他。'如今夫子积累德行，心怀仁义，推行您的主张已经很长时间了，怎么落到这样的困境之中呢？"

孔子说："子路啊，你还未通大道！我来告诉你。有仁德的人就一定被相信吗？那么伯夷、叔齐就不会饿死了；有智慧的人就一定被相信吗？那么王子比干就不会被剖心了；有忠心的人就一定会得到好报吗？那么关龙逢就不会被杀死了；忠言劝谏就一定会被采纳吗？那伍子胥就不会被迫自杀了；遇不遇到明主，那要看时运；贤还是不贤，那要看才能。君子博学远虑而时运不济的人多了，何止是我们！芝兰生于深山，不因没有被人欣赏而不芳香；君子修身养德不因穷困而改变节操。生死都是天命，而如何做却在于自身。晋国重耳称霸之心，产生于在曹卫受辱之时；越国勾践称霸之心，产生于在会稽山兵败之时。所以说，居于下位而无所忧虑的人，是思虑不远；安身处世而总想安逸的人是志向不大，这样的人怎能知道他的始终呢？"

子路出去后，孔子又叫来子贡，问了同样的问题。子贡说："夫子的道实在博大，因此天下容不下您，您何不把您的道降低一些呢？"

孔子说："子贡啊，好的农夫会种庄稼，不一定得到收获；好的工匠能做精巧的东西，不一定能顺遂每个人的意愿；君子能培养他的道德学问，抓住关键创立政治主张，别人不一定能采纳。现在不修养自己的道德学问而要求别人能采纳，子贡啊，这说明你的志向还不远大，思想还不深远啊！"

子贡出去以后，颜回进来了，孔子又问了同样的问题。颜回说："老师的道太广大了，天下也容不下。虽然如此，您还是竭力推行。世人不用，那是当权者的耻辱，您何必为此忧虑呢？不被采纳才看出您是君子。"

孔子听了高兴地感叹说："你说得真对呀！假如你有很多钱，我愿意给你当管家。"

孔子之所以在困窘之时，还能保持那种淡然的心态，正如颜渊所说，他知道自己的道是没有错的，自己推行道也从未懈怠，至于大道能否施行，那是天命，不是自己所能决定的。既然能够无愧于心，无愧于天地，还有什么值得担忧、怨恨的呢？

俗话说：为人不做亏心事，半夜敲门心不惊。真正的君子，行走天地间，心胸坦荡，无忧无虑。他们相信命系于天，从不为得失而担忧，既不奢望什么，也不遗憾什么。他们知道自己唯一需要做的就是恪守原则，践行道义，至于自己会得到什么，他人如何看待自己，那都不是值得忧心的。他们明晰宇宙的真理，看淡生死，超脱世俗，即便是遭受死亡也无所畏惧。一个人只有做到如此，才能获得真正的超脱，才能算是"乐天知命"，也就没有什么值得忧患、畏惧的了。

正己而不求于人

孔子说："射礼和君子修身有相似之处，没有射中目标也不去怨恨，反过来端正自身就行了。"孟子也说："仁者修行就如射箭一样：射箭的人端正自己身子然后发射，射不中也不怨恨胜过自己的人，反过来找自己的原因就行了。"先贤们之所以将修行同射箭相比，就是告诉人们遇事要多从自己身上找原因，确定自身是否端正，而不是去苛求他人，抱怨他人。

《论语》中说："君子求诸己，小人求诸人。"一个有德行的君子在遇到困难，遭受挫折的时候，最先考虑的就应该是自己是否做得不够好，自己是否哪里出了毛病。这样才能发现自己的不足，然后进行调整、改正，不断提高。而小人遇到了事情，最先想到的却是苛责他人，推脱责任，认为别人这里做得不对，那里没有符合自己的要求，他们从来不会好好反省自己的不足，所以永远也不会提高。

三国时，马谡自大导致街亭失守，回来以后，诸葛亮依法将其处斩。马谡被带下去以后，诸葛亮痛哭流涕，诸将都劝解道："马谡自大短视，导致街亭失守，被斩首是咎由自取，丞相没有什么过错，也不用为他伤心。"诸葛亮说："我并不是痛惜马谡，而是因为自己的过错而悔恨啊！昔日先主临终的时候，对我说马谡言过其实，不可重用，我没有听取，所以才导致了今日的失败。这都是我的过错啊！"于是，退兵以后，上表后主，坦承自己的过错，并自贬三级。

同样是三国的时候，曹操亲率大军与刘备争夺汉中，结果交战失利，陷入进退两难的境地中。在传军令的时候，随口说了句"鸡肋"，主簿杨修猜透了他的心意，告诉属下曹操有退兵之意。曹操知道以后，立刻将受困的愤怒转移到杨修的身上，称他扰乱军心，下令将其处死。处死杨修后，曹操率军强行出战，结果遭受大败。

诸葛亮在面对失败的时候，能够坦承自己的错误，上表自责，这便是令人尊敬的君子；而曹操却将失利的怨恨发泄到猜透军令的杨修身上，这就很难符合君子的标准了。诸葛亮虽然自责，却依然受到后主的信任和将领们的尊敬，而曹操却为自己推脱错误，不顾实际强行出战，付出了惨重的代价。现实生活中也一样，能够坦然承认错误，反思自己的人，往往可以避免更多的失误，及时挽回损失；而拒绝承认错误，推脱责任的人，则会遭受更大、更多的损失。

一个年轻人跑到贤者面前诉苦，他说自己因为受到了朋友们的背叛十分苦恼。贤者连忙询问缘由。年轻人说，自己平时喜欢交朋友，乐于助人，朋友们有了困难他都冲在最前面，可是前些天自己遇到了一些难处，那些朋友全都躲得远远的，没有一个人伸出援手。讲完年轻人还忍不住抱怨："社会上的人怎么都是这样！全是忘恩负义的家伙！以后再也不帮助别人了！"

看到年轻人这样激愤，智者给他倒了一杯水，往杯子中放了几片茶叶，年轻人连忙接过杯子。可还没等他将杯子放下，智者又从旁边花坛里抓了一把碎叶放入了他的杯子中。年轻人看着漂浮碎叶的杯子，很是疑惑，问："先生您这是什么意思？"

智者问："水还能喝吗？"年轻人摇摇头。智者接着说："杯子是好的，茶叶是好的，水也没问题。那是谁把这杯水毁掉的呢？"年轻人没好气地说："当然是你了。"

智者笑道："那交朋友是好的，助人为乐也是好的，是谁将它们变成坏事的呢?"年轻人沉默一会儿,慢慢地问道:"难道也是我自己吗?"

智者对他说:"当然是你。交朋友一定要选择有德行的君子,而你开始就缺乏识人之明,让自己交了一群没有感恩之心的人;其次,帮助别人本就不应怀有任何目的,而你却埋怨自己帮了别人,别人没回报自己,难道朋友间相互帮助是一桩交易吗?第三,你从来就没有反思过为何自己帮了别人却得不到感激,为何自己当成朋友的人却在关键时刻抛弃自己。是不是你在和别人交往的时候喜欢盛气凌人,是否你从前因为帮了别人而自大伤害了别人的自尊……"

年轻人听后,沉默了好久。起身回答道:"是啊,这都是我自己的错误!我知道以后该如何改正了,谢谢先生的教诲。"然后,转身离开了。

年轻人及时反思,便能找到问题的所在,相信他很快就会消除心结,改正在与人交往中存在的错误。相反,若是他不知道反思,依然怨天尤人,认为别人都是忘恩负义的家伙,那他肯定会变得孤僻、极端,成为一个没有朋友,不相信他人的孤家寡人。

生活中,很多人每天都在抱怨,抱怨上天不公平,没有给自己和别人同样的机会;抱怨上级不了解自己,埋没了自己的才干;抱怨身边的人不考虑自己的感受;抱怨他人不理解自己的苦衷;甚至遇到不好的天气、遇到公交车堵车都要在心里大骂一通,认为这是命运对自己的折磨……只要静下心来好好想一想,自己真的那样不顺吗?自己不痛快的现状真的怨上天、怨社会、怨他人吗?其实,很多问题都出在自己身上,很多不满意的现状都是自己的一些缺点、错误造成的。

与其生活在不断地抱怨之中,不如反身自省,找出自己的问题,将它们一点点改正。如果每天都能保持这种心态,很快你就会发现生活变得越来越美好了,自己也越来越成功了。

安守正道 不求侥幸

"君子居易以俟命;小人行险以徼幸。""俟命"并非常说的听天由命,毫不作为,而是视时而动,伺机而动,谋定而后动,最关键的是要遵道而动。也就是说,君子安守常道以等待命运的降临,他们不会为了改变命运,而去做一些违背道德、不合原则的事。小人则不然,他们喜欢"徼幸",即心存侥幸，好通过一些不符合正道的手段求取利益，同时希求他们的"无道"能够瞒过别人，瞒过天地。

君子对于利益，能够以正道得到才去求取，如果非得违背道义才得到，他们是不会去追求的。小人则不然，他们看到利益就想尽一切办法取得，即使违背道义，冒着凶险也心怀侥幸地追求。君子面对不利的环境，能够素位而行，淡然处之。小人对于不利的环境，则会想尽一切办法逃避，哪怕那办法有违道义，暗藏极大的凶险。所以，君子生在世间是以道义立身，而小人生在世间则是暂时侥幸免于祸患。正如孔子所说的："人之生也直，罔之生也幸而免。"

春秋时的楚穆王就是一个"行险以徼幸"的险恶小人。

楚穆王，名商臣，是楚成王的长子。当初，楚成王打算立商臣为太子，征求大臣们的意见，令尹子上表示反对。他说："君王的年纪还不算大，而且有很多宠爱的姬妾，如果现在立了商臣，将来后悔，想要另立太子，必定会出乱子。楚国立太子，常常选择年轻的。而且商臣这个人，长着胡蜂一般的眼睛，有豺狼一般的声音，残忍好杀，没有仁德，不能立为太子。"楚成王没有听从，还是将商臣立为太子。

商臣听闻了子上对自己的评价，十分怨恨，时刻想着报复。一次，子上带兵和晋军在泜水相逢，但两军没有交战就各自撤退了。商臣便诬告子上畏惧晋军，出卖国家利益，使楚国蒙羞。楚成王一怒之下，将子上错杀。

不久，楚成王意识到了自己的过错，也了解了商臣的为人，便想着罢废他，另立王子职为太子。商臣听闻了一丝风声，十分恐惧，他担心一旦被废去太子之位，就只有死路一条。于是，便和老师潘崇商讨对策。潘崇问："这消息确切吗？"商臣不能确定。于是，潘崇告诉他，设宴款待成王的妹妹江芈，然后故意不尊敬激怒她。商臣照着做了，江芈果然很生气，对商臣说："哎呀！你这卑贱之人，难怪大王要废除你而立职为太子呢！"商臣回来告诉潘崇说："消息确切了！"

潘崇问："你能去侍奉王子职吗？"商臣回答："不能！"

潘崇问："你能出国逃亡吗？"商臣回答："不能！"

潘崇问："你能举大事吗？"商臣回答："能！"

于是，当年冬天，商臣发动他宫中的甲兵包围了楚成王。楚成王明白了他的意图，但还想拖延时间，请求吃一只熊掌再死。商臣不同意。楚成王无奈，只好自缢而死。商臣夺得王位，也就是楚穆王。

商臣为了一点私怨，陷害国家栋梁大臣，又为了自保，不惜冒着死亡的危险，竟杀君弑父。虽然他侥幸成功了，夺得王位，但后世之人无不将其视为残忍不孝的典型，把他同夏桀商纣放在一起批判唾骂。

历史上像楚穆王那样"行险以徼幸"的小人很多，但能够像他那样得到侥幸，免于灾祸的却很少。秦朝时谋朝篡位的赵高，西汉时连兵造反的吴楚等诸侯，东汉末年想做天子的董卓、袁术，南北朝时到处作乱的侯景、唐朝时的安禄山……这些人都想采取不正当的手段夺得天下，冒着极大的危险却希求侥幸成功，可最终的结果都是事败身死，让世人唾骂。

其实，这些冒险的小人是最可笑、最可悲的。他们不仅在做事时冒着极大的危险，即便是侥幸成功了也会时刻担惊受怕。因为他们所得的利益来路不正，在享用时也会时刻担心以不正当的途径失去，或是曾经的不道之事被人发现、提起。就像有本武侠小说中讲到的，一个人杀了自己的朋友，夺得本不属于自己的权势地位，因为害怕事情暴露，害怕失去这些，每日提心吊胆，看到陌生人就以为是来寻仇的，所以变得敏感、暴躁，到处滥杀无辜、到处树敌，最后自己将自己逼上了绝路，到死也没有享受过权力、地位带来的一点点快乐。

当今现实生活中也有很多这样的人、这样的事。有人出了交通事故，害怕承担责任便肇事逃逸，希冀侥幸逃过惩罚，却不知道逃走之后，每时每刻都要承受内心的煎熬，而且事情总有水落石出的时候，那时就要承受更严厉的处罚了。有人为了实现自己的目的，不惜造谣诽谤，诬告他人，纵然他们实现了目的，良心也是不安宁的，而且不实的诬告总有被暴露出来的时候，苦果还是要自己品尝。有人收受贿赂，贪污公款，认为这些可以侥幸不被发现，直到冰冷的手铐戴在手上才知道后悔。有人在路上将车牌挡起来，认为自己的违规行为可以侥幸不受到责罚，等到警察找上门来，才知道自己有多么可笑……

所以说，在处世的时候，一定要守道义、守原则，不要为了达到一些目的，采取不正当的手段，心怀侥幸。安守正道才是立世之本，邪僻不法，一定会为自己的行为付出代价。

十五、行远章

原　文

君子之道，辟如行远必自①迩，辟如登高必自卑②。《诗》曰③："妻子好合，如鼓瑟琴。兄弟既翕，和乐且耽。宜尔室家，乐尔妻帑。"子曰："父母其顺矣乎！"

注　释

①自：从、由。

②卑：低矮。

③《诗》曰：出自《诗经·小雅·棠棣》。翕，和睦，融洽；耽，《诗经》原作"湛"，安乐；帑，通"孥"，子孙。

译　文

君子修道，譬如远行，必定要从近处开始，譬如登高，必定要从低处出发。《诗经·小雅棠棣》中说："妻子儿女相友爱，如鼓琴瑟音声和。哥哥弟弟情欢好，和顺相安多快乐。祝你家庭常幸福，祝你妻儿常美满。"孔子说："做到这样，父母也就称心如意了啊！"

经典解读

君子之道，大可以治理国家、平定天下，然而为道之路，必从修养自身开始。没有自身不修而可以教化他人、治理国家的。想要成就任何大事业，都必须从身边的小事做起，"一屋不扫，何以扫天下"。踏踏实实，一步一个脚印地积累才能取得最后的成功，好高骛远最终获得的只有失败和悔恨。

　　荀子说："不积跬步，无以至千里；不积小流，无以成江海。"君子德行广大，但一定要从最基础的孝顺父母、友爱兄弟开始；君子功绩崇高，但一定要从最基础的治理家庭，和睦亲人开始。从自己开始，从身边的事做起，循序渐进，厚积薄发，一定能成为一个合格的君子。

哲理引申

身不修 不可为政

　　儒家的最终理想是"治国、平天下"，但任何一部经典中，无不将修身放在最前面，就是因为先贤们明白，做大事一定要从基础开始。修养自身，便是人做一切事的根本。自身修养好了，才可以去治理家庭，家庭治理好了才可以引领乡里，乡里引领好了，才能治理好整个国家、天下。"修身、齐家、治国、平天下"，是有严格的先后顺序的，从小到大、从低到高，没有小事做不好而可以做大事的，没有基础打不实而可以追求高远的。

　　不仅儒家这样讲，其他任何学派的认识都是如此，不打好基础而建立空中楼阁，是违背逻辑关系的。告子曾经对墨子说："我能治理国家，处理政事。"墨子说："为政，口里说了，自身必定施行。现在你的学说，说在口中却不能自身实行，这是你自身混乱啊！你连自身都治理不好，怎么能治国理政呢。"

　　夏朝末年，夏桀无道，商汤在贤臣伊尹的辅佐下，起兵讨伐，灭掉了夏朝。商汤病逝以后，伊尹又辅佐他的两个儿子，可汤的两个儿子都很早就去世了，伊尹便立汤的孙子太甲为帝。然而太甲为王之后，不修德政，昏庸残暴，随意破坏商汤的法制。伊尹多次进行规劝，但太甲根本听不进去，依然我行我素。

　　伊尹看着太甲每日不理朝政，四处游猎，沉迷于酒色之中，轻视残暴地对待百姓，心中焦虑万分。他知道，如果再放任太甲这样下去，商汤建立的基业就要毁在他手中了。于是，和王族大臣们商讨以后，断然采取措施，将太甲流放。他们在商汤坟墓所在地桐建了一座宫殿，称为桐宫，把太甲送入桐宫让他反省。

　　桐宫就在商汤陵墓的边上，里面清清冷冷，充满着庄严肃穆的氛围，太甲到了这里以后，开始时还对伊尹等人充满怨恨，怀念昔日那种成天享乐游

121

玩的日子。但时间一久，他的心便逐渐安宁下来，看着祖父的陵墓，想到昔日先祖们艰难创业、替天行道的伟绩，又想到自己因为胡作非为而被流放，心中既后悔又羞愧。这时，伊尹让人将专门为他写的一些训诫拿来，里面有告诫他怎样修身、怎样为政、怎样爱护百姓的戒条，也有昔日商朝先王们创建基业的经历，还有商汤制定的法律规章。太甲一边阅读这些训诫，一边反思自己的过错，逐渐从迷途之中醒悟过来。

日久天长，太甲不断学习、不断改过，逐渐变成了另外一个人：言行谨慎、谦恭好礼、沉稳明理、勤劳不息。太甲被流放后，伊尹代替他处理政事，但伊尹并非贪恋权位，他只是一心为国，想好好维护商汤的基业，以报答他对自己的知遇之恩。当他听到汇报说太甲已经改正了昔日的错误，欣喜万分。于是，立刻亲自前往桐宫，对太甲进行了一番考察。当他确认太甲的确已经不同于昔日之时，便立刻将太甲迎了回来，重新立为天子，把国政交还给他。

重新登上帝位的太甲修习善政，爱护百姓，以礼对待大臣，诚信对待诸侯。四方的诸侯，看到这种情况，纷纷前来归顺商朝，天下百姓都得到了安宁。

伊尹深刻明白修身为治理天下之基础，身不修不可以为政，于是当他看到太甲失德之时，果断采取措施，将太甲送到桐宫修身自省，既给了太甲改过的机会，也令天下百姓免受更多的殃害。然而，并不是所有的国君身边都有一个像伊尹一样既有权、又德才兼备的大臣；很多国君即使道德败坏也没人能够管制，他们自己又不知道过错，不懂得反省，所以错误越来越大，对百姓的残害越来越深，最后只能走向灭亡。

南朝时，齐明帝萧鸾篡位登基，之后便大开杀戒，将对自己有威胁的宗室、兄弟全部杀死。可他还是放心不下，觉得自己虽然没什么威胁了，但自己死后难保有人不反对自己的儿子。于是，便刻意将自己那些阴谋手段都传授给太子萧宝卷，在临死的时候还不忘叮嘱儿子将来要果断诛杀，不可有妇人之仁。

果然，萧宝卷深得其父之道，他奢侈腐糜，自大刻薄，荒唐淫暴，没有一点治国的才能，但就是敢于诛杀大臣。顾命大臣江佑、徐孝嗣、萧坦之等人，对其进行了一点点劝谏，他立刻觉得这些人对自己不满，心怀异志，将他们全部杀死。尚书仆射萧懿平定叛乱有功，萧宝卷觉得他对自己有威胁，也立刻派人将他毒杀。

萧宝卷的残暴无道，逼得朝中文官告退，武将造反，天下人人自危。最后，萧鸾的弟弟萧衍发兵进攻建康，萧宝卷昏庸到不知抵抗，都城被一举攻下，萧宝卷也被太监杀死。萧衍掌权后，废除了他的帝号，不久南齐也被萧衍建立的南梁代替。

齐明帝萧鸾通过阴险的手段而篡夺了天下，以为治理天下还要靠阴谋诡计、滥杀无辜，不教儿子修身养德，却教他杀人的阴谋手段，真是短视又愚蠢啊！一个没有德行、只知道滥杀无辜的人做了皇帝，谁能够忍受呢？

孔子说："政者，正也。子帅以正，孰敢不正？"为政，就是要以正道率领天下人。为政者要想治理好国家，首先应确保自身端正，自身正，才能正他人。自身不正，不好好修养，凭借玩弄权术，在高位上滥施为，只能给自己带来祸患。所以说，治国者，一定要先修身；身不修不可以为政。

千里之行 始于足下

修习君子之道需要一点点积累，从低处出发，即"行远必自迩，登高必自卑"。其实，在世上做任何事都应如此。老子说："合抱之木，生于毫末；九层之台，起于垒土；千里之行，始于足下。"那些合抱粗的大树，都是从细小的幼苗长起来的；那些高耸的楼台，都是由一块块的土石垒起来的；千里远的路途，也都是一步步积累出来的。大多数人只看到别人成功之后的喜悦，却看不到他人努力之时流下的汗水；大多数人都渴望着能一下子拥抱成功，却不愿面对前进道路上的坎坷和荆棘。殊不知，如果不能踏踏实实地从小事做起，再美好的理想也都是空谈；如果不能耐心克服眼前的困难，梦想中的成功就永远不会到来。

从前有一个富人，走在街上看到别人家新盖了一幢小楼，小楼十分漂亮，尤其是第三层，构思精巧，装饰优雅，富人十分喜爱。便将盖这幢小楼的工匠请到自己的家中来，说自己也想要盖一幢。工匠很痛快地答应了下来。到了盖楼的日子，工匠们来到富人家中，开始挖土打地基，富人看到连忙制止了他们。工匠们很疑惑，问："您不是要盖一幢小楼吗？"富人回答："是啊，我是想盖一幢小楼，可我只想要第三层以上的部分，你们在下面挖什么啊！"

工匠们自然不能满足富人荒唐的要求，所以小楼到最后也没能盖起来。

在这个故事中，人们都能清晰地认识到富人的错误、觉得他十分愚蠢、可笑。可在现实生活当中，人们却经常会犯与富人相同的错误，而自己却毫不察觉。

不少刚刚毕业的年轻人，走出校门以后就奢望立刻能找到一份既轻松又高薪的理想工作。他们看到那些能做的工作，不是觉得薪水不高，就是觉得发挥不出自己的才能，不愿意接受历练。结果找来找去，耽误了很多时间，也没有找到真正合心的工作。等他们工作以后，又开始奢望一下子就能得到上级的赏识，担任重要的职位，却不知道任何工作都需要慢慢积累经验。于是，还没干多长时间，他们就觉得工作已经不能发挥自己的才干，已经不能提高自己了，于是选择了辞职，去另一个地方找机会。其实，这种好高骛远的心态就是不断耽误自己的时间，让自己错过了很多机会。

还有的人，看到别人成功了，自己急得不得了，时时梦想着机会降临到自己的身上。但他们却不愿付出别人那样的努力，于是专走一些邪僻之路，送礼、行贿、溜须奉承，或是拉帮结派、造谣诽谤，妄图不经过奋斗就取得收获。这种异想天开、不守正道的人，到头来只能自食恶果。

一个学习新闻专业的学生，毕业之后如愿进入了一家报社成为一名记者。以前上学的时候，她就十分崇拜这里的一位老记者，觉得他的文笔太厉害了，每次发文都能引起不小的轰动，在圈子里受到他人的敬仰。于是，这个年轻人向那位老前辈请教经验，前辈指了指脸上的皱纹和疤痕对她说："我们这一行除了天赋以外，成功的唯一关键就是努力了。你如果真的想成功就只能默默地付出汗水，看我沧桑的脸，上面都是这些年冒着烈日、寒风采访所留下的痕迹；看我这条伤疤，是在暴风雨中采访被吹落的树枝砸伤的；这条伤疤是采访黑网吧时被人打伤的……"

年轻人听了，心里有些失落。前辈看出她的变化，对她说："平时别人看到我们，都是镜头前神采奕奕的，或是领奖台上风光无限的，却不知道我们平时工作有多么辛苦，不仅要四处奔波，还要加班赶稿子，有时为了采访还可能遇到各种危险。不过，这也正是这种工作的乐趣所在……"

开始的时候，年轻人还能向前辈学习，努力工作，四处奔波采访。但过了一段日子，她就产生了不平之心：当初找别的工作的同学，看起来都很成功，都很满足，而我却要过这样辛苦的日子。我为何不走些近路，更快地获得名声、利益呢……

于是，她不再像以前那样努力工作。为了引起轰动，经常在自己的报道中加入夸张、不实的成分。这让她很快就获得了别人努力很多年才能得到的名声、地位。此后，她更加大胆，为了得到一些不法企业许诺的好处，不惜做些虚假报道欺骗读者。这些行为给她带来了很多实惠，她觉得自己十分聪明、十分成功。可惜好景不长，她的虚假报道误导读者，给人们带来很大损失，有人将报社告到了法院。经过调查，她收取企业钱财，进行虚假报道的事都暴露了出来。不仅被报社开除，她还被依法逮捕，受到了法律的制裁。

任何成功都需要通过一点点地积累而获得，想要不付出努力，就收获成果是不可能的；想要不通过正道，采取邪僻的手段取得成功，更是会自食恶果。人一定要丢掉好高骛远，好逸恶劳之心，踏踏实实地走好脚下的每一步。

告别安逸和奢望，默默前行，扬帆奋进。无论路途多么艰难，都要告诉自己，成功就在前方；无论多么想要放弃，都要相信只有今天的付出，才能换来明日的成功。千里之行，始于足下，未来所有的荣耀和光辉，都是由现在平凡的每一步换来的。

不骄不躁 不断进取

路从眼前一步步开始走起，坚持不懈，便可远至千里；山从脚下一阶阶攀起，坚持不懈，便可登至绝顶；君子为道从身边一点一滴做起，坚持不懈，便能有所成就。然而，很多人修习圣人之道，并未取得理想中的成就，并不是道有多高、有多难，而是修习的人没有始终保持谦恭、谨慎之心。这些人稍有所得，便骄傲自满，认为自己已经了不起了，比任何人都博学了，昔日的那种进取之心完全消失，也就永远难以取得大的成就了。

治学为道之途是没有止境的，只有时刻认识到圣人之道的高远，了解自己所学的浅薄，永远保持谦虚谨慎的治学态度，才能不断进取，永不懈怠。孟子说过："孔子昔日登上东山，就觉得鲁国很小；等他登上泰山，就觉得整个天下都小了。所以，看过大海的人便难以被其他的水吸引了；在圣人门下学习过的人，便难以被其他的言论所吸引了。观看水有一定的方法，一定要观看它壮阔的波澜。太阳月亮有光辉，不放过每条小缝隙；流水有规律，不把坑坑洼洼填满不向前流；君子立志于道，不到一定的程度不能通达。"要想使自己的学问修养如同太阳、月亮一样光辉照人，就要努力积累，不放过每一条细小的缝隙；要想使自己的知识、道德如大海般汪洋磅礴，就要勤勤恳恳，填满每一道坑洼。

成功等于百分之九十九的汗水，加上百分之一的灵感。一个人无论多么有天赋，如果不去努力，不踏踏实实地积累，那他只不过是拥有了成功的百分之一而已。他所能创造的成就，也会远远落后于那些愿意付出汗水的普通人。

肖邦是 19 世纪波兰最著名的作曲家、钢琴家。世人都将他视为音乐天才，但只有了解他的人才知道，他的"天才"也都是通过不断努力、不断积累而得来的。肖邦年幼时开始练钢琴，七岁就能登台演奏，并获得了巨大的成功，被人们称为"音乐神童"。一时间，各地邀请肖邦演奏的请柬像雪片一样飞来，很多邀请者都是有名望的大贵族。但面对这些邀请，肖邦并没有被荣耀冲昏头脑，他告诉父亲："如果演奏太多，练琴的时间就会少了，我认为这样不好！"父亲也教导他："不要迷失在眼前的这点儿虚荣之中，一定要更加努力，将来成为一个真正的音乐家。"肖邦时刻牢记着自己还有很长的路要走，和真正的音乐家比起来自己还差得很远，于是，更加刻苦勤奋。在不断努力之下，肖邦成为了一个真正伟大的音乐家，他为后人创作了大量优秀的钢琴曲，最终登上了万众瞩目的艺术巅峰。

肖邦的成功，天赋不是关键，而是他不骄不躁，始终严格要求自己的进取态度。试想，有多少人在面对诱惑时能毫不动心？又有多少人在成名之后，还能严格要求自己努力向上攀登？每个人都取得过或大或小的成就，但取得成就以后就沾沾自喜、自以为是、骄傲自满、不思进取！结果不是陶醉在别人的掌声中停滞不前，就是很快被别人赶超！王安石所写的《伤仲永》的故事就是如此：

方仲永是个农家的孩子，世代从事农业生产。他到五岁的时候，不曾认识写字的工具。忽然一天大哭着要纸笔，他父亲十分奇怪，就借来给他。没想到他立刻写了四句诗，并在后面署上了自己的名字。乡里的读书人看到这首诗以后，都交口称赞。从此，人们指定物品让他写诗，仲永无不挥笔即成，诗中文采和道理都有值得欣赏之处。同乡人对此感到非常惊奇，渐渐用宾客的礼节款待他的父亲；还有人用钱财求取仲永的诗作。仲永的父亲觉得这样很有利，便每天强要仲永到处拜访乡人，不让他继续学习。

几年以后，仲永虽然还能写诗，但诗中才气已经大不如从前的水平了。又过了几年，他已经完全和众人一个样子，没有任何特异之处了。

方仲永从小通达聪慧，天赋比一般有才的人要优秀得多，但他的父亲却满足现状，利用他的才气来赚取钱财，不让他继续学习，最终导致仲永沦为一个平庸的人。现实生活中，从小聪慧有才，长大平庸无能的人比比皆是。并不是因为他们长大就变得愚笨了，而是他们自己满足于已有的成就，不求更进一步，最终丧失了大好的资质和机会。

取得一点成就便骄傲自满，停步不前；有一点才能，便迫不及待地利用它去换取利益，这让很多本可以大有作为的人最终沦为平庸之人。一个人如果想要真正有一番作为，就必须时刻保持不骄不躁的进取态度，踏踏实实地积累下去，让自己成为一个令人尊敬的肖邦，而不是让人感慨、惋惜的仲永。

十六、鬼神章

子曰："鬼神之为德，其盛矣乎?! 视之而弗见，听之而弗闻，体物而不可遗①，使天下之人齐明盛服②，以承祭祀。洋洋乎! 如在其上，如在其左右。《诗》曰：'神之格思，不可度思! 矧可射③思!'夫微之显，诚之不可掩，如此夫。"

注　释

①不可遗：不可或缺。

②齐明盛服："齐"，通"斋"。祭祀之前的斋戒沐浴，静心洁身。

③射（yì）：厌怠不敬。

译　文

孔子说："鬼神的德行，难道真的如此盛大吗?! 看它看不到，听它听不见，化育万物，不可或缺，使天下人都斋戒沐浴，静心洁身来祭祀它。浩浩荡荡，无所不在! 仿佛就在上面，又仿佛充斥在左右。《诗经·大雅·抑》中说：'神的降临，不可揣测! 怎么能够厌怠而不敬呢!'鬼神之德微隐而又显著，真实而不可掩饰，确实如此啊!"

经典解读

程颐注解："鬼神，天地之功用，而造化之迹也。"孔子所说的鬼神，就是主宰万物的自然规律，也就是道，即人们平常所说的"天道"、"天命"。"道"的功用看不到、听不见，但却是真实存在的，而且无处不在，天下之人都能感受得到它的存在，所以才对它恭敬地进行祭祀，这也正对应了开篇所说的"道也者，不可须臾离也"。

那么，天道是什么样的呢？孔子曾经说过："唯天为大，唯尧则之。"也就是说，古代的那些圣贤尧舜等，都是遵照天道而行事的。天道也就是圣贤之道。要想合乎天道，就应该以圣贤为规矩，按照自然规律行事。

祭祀天地鬼神，最重要的是心诚；修习圣人之道，最重要的同样是心诚。要想在为道上有所成就，就应该像虔诚地礼拜鬼神一样，没有一点杂念。

哲理引申

人应有敬畏之心

孔子盛赞鬼神的德行，其实就是为了告诉人们，鬼神，也就是"道"是无处不在的，人们应该存有敬畏之心。一个人有了敬畏之心，才能看重道义，对违背道义的行为戒惧而不敢胡为，更加保持内心的虔诚。如果没有敬畏之心，就不知道什么事应该恭恭敬敬地处理，什么事是绝对不能触及的，那他就会只盯着利益从而出些伤天害理的事，也就损害了自己的德行。

君子和小人的一大区别就是君子懂得敬畏，而小人无所畏忌。君子懂得敬畏并非是因为胆小，而是对道义的看重，对自然规律的尊重；而小人的无所畏忌则是"无知者无畏"，缺乏对道德的坚持。孔子说过："君子有三种敬畏的事。敬畏天命，敬畏大人，敬畏圣人的言论；小人不知道天命而不知敬畏，狎侮大人，侮辱圣人的言论。"

天命是"道"，是万事万物均须遵循的自然、社会规律，是人生的最终决定者，是世间的终极主宰，不懂得敬畏道，就会受到自然、社会的惩罚。比如，人类那些违背生态规律、破坏生态平衡的做法，带来严重的环境污染问题，人类本身的生命健康受到极大威胁，便是不知敬畏自然之道的灾害。还有那些残暴的君主，不懂得敬畏人民，最后被人民抛弃，统治被推翻，这就是不懂得敬畏社会之道的灾祸。

敬畏大人，就是敬畏那些有地位、受人尊重的人。他们之所有拥有地位，自然在道德、见识上有超人之处，尊重他们也是对道德、知识的尊重。且这些人掌握着权力、是法律的制定者，对他们敬畏，也是对社会秩序、对法律的尊重。藐视大人，也就是藐视社会秩序，是和自己性命过不去，能有什么好处呢?

敬畏圣人的言论,是对道理、知识、道德的尊敬。圣人之所以为圣人,就是因为他们对世界有超出常人的洞察,他们的言论是值得让众人去遵循、追随的。不懂得敬畏圣人的教诲,就会自大妄为,自取灭亡。

三国时的祢衡,就是个不懂得敬畏的人。

祢衡年少时就很有文采和辩才,但性格十分高傲,喜欢指摘时事、口出狂言。他到许昌游学,得不到赏识,有人便问他为什么不去投奔陈群、司马朗。祢衡高傲地回答:"我怎么能和杀猪卖肉的人结交呢!"有人又问他:"荀文若(荀彧)、赵稚长(赵融)怎么样?"祢衡回答:"荀文若可以去吊丧,赵稚长可以去管理伙食。"

孔融很赏识祢衡的才华,多次向曹操称赞他。曹操听闻祢衡有才,也想见他,但祢衡一向看不起、厌恶曹操,就自称狂病,不肯前往,而且对曹操多有不敬之辞。曹操因此怀恨,但因为祢衡的才气和名声,又不想杀他。

曹操听说祢衡擅长击鼓,就招他为鼓史,于是大宴宾客,让祢衡击鼓。鼓史击鼓时需要脱掉原来的衣服,换上专门服装。祢衡却径直走进大厅,官吏呵斥他。祢衡便索性当众脱掉所有的衣服,赤身露体地站立在大厅前,然后慢慢换上鼓史专用衣服,击鼓而去,没有一点愧色。众人大哗,曹操也只能苦笑说:"本想捉弄祢衡,没想到却被祢衡捉弄了。"

孔融也觉得祢衡做得过火了,回来后便数落他,希望他能去给曹操赔罪。祢衡答应了。孔融便再次拜访曹操,说祢衡得了狂病,已经知错,请求亲自前来谢罪。曹操大喜,命令门人随时通报,但祢衡却迟迟不来。直到很晚,祢衡才穿着普通衣帽前来,手中拿着三尺长的木杖,坐在营门口,用木杖捶着地数落曹操。曹操生气,对孔融说:"祢衡这小子,我杀他就像杀死鸟雀、老鼠罢了。但这个人一向有虚名,远近的人会认为我不能容他,现在把他送给刘表吧!"于是派人马把祢衡送到了荆州牧刘表那里。

刘表和荆州的士大夫,先前也很佩服祢衡的才气、名声,祢衡来后十分尊重他,写文章、发表言论,都要恭敬地征求祢衡的意见。但过了不久,祢衡就故态复萌,开始轻慢起周围的人,对刘表以及他手下的大臣十分轻慢。刘表觉得耻辱,不能容忍,便将祢衡送到了江夏太守黄祖那里。

黄祖最初也善待祢衡。祢衡替黄祖做文书方面的事,孰轻孰重、孰疏孰亲，都处理得很恰当。黄祖拉着祢衡的手说："先生，这正合我意，和我心中要说的话一样啊。"黄祖的长子黄射，和祢衡尤其友善。后来，黄祖宴请宾客，但祢衡出言不逊，令黄祖很是难堪，便斥责祢衡。祢衡不知收敛，盯着黄祖说："死老头！"黄祖非常生气，想要打他。祢衡便破口大骂，黄祖没有曹操、刘表那种修养，也顾不上什么名声了，立刻下令将祢衡处死。黄射得知消息后光着脚来救，但没赶上。祢衡死时年仅二十六岁。

不知敬畏是人最容易犯的错误，尤其是年轻人，年轻气盛，有了点成就便目中无人，甚至连天地鬼神也不放在眼中。喜欢意气用事，觉得别人不能将自己怎样，天地能奈自己何？以为不守常道做事，不会有什么害处；以为不听先贤的言论，不会吃亏；以为对别人不尊敬，不会招来祸患……其实，这些轻狂不敬的举动，无不是灾祸产生的根源。

越是博学的人越懂得敬畏。朱熹是我国古代最为博学的人之一，他在注解《中庸》时说道："君子之心，常存敬畏。"德国著名哲学家康德也曾对人说："我一生中敬畏两件事：一是浩瀚的星空，二是内心中的道德。"学贯中西的近代学者胡适先生也很懂得敬畏。他成名很早，在成名之后，无论做什么事情，都格外小心谨慎。尤其是待人接物上，十分恭敬，唯恐自己一时不慎冒犯了他人。这些先贤之所以时刻保持敬畏之心，就是因为他们洞悉世事，了解敬畏是一种美德，是为人的大智慧。

常怀敬畏心，敬畏天命，敬畏大人，敬畏圣人之言，敬畏身边的每一个人、每一件事，这样才能常守善道，避免无妄的灾祸。

敬畏天命 才能积累福泽

一个人如果对天命懂得敬畏，那他做事的时候就不会违背道义，不会违背自己的良心，他在任何时候都能够得到内心的安宁。内心安宁，精神平和，身体上才能保持健康，做事也就更有精力，更有效率，那这个人从内到外，都透着一股活力，他的事业想要不成功，生活想要不幸福也难了。

相反，一个人如果不懂得敬畏天命，经常做一些为非做歹的事，那他良心上就会时时受到谴责，内心不能安宁，吃不好、睡不好，精神、身体迟早都会出问题。他的事业、生活，无一不会受到严重影响，这样的人想要拥有幸福的生活是不可能的。

《三国演义》中，曹操就是个不太敬畏天命的人，他做事都是以自己利益为出发点，曾说出"宁教我负天下人，休教天下人负我"的狂言。他为了自保，杀死厚待自己的吕伯奢；又为了权势，逼死皇后、贵妃，杀死皇子；还经常用些阴谋诡计滥杀无辜。也正是因为如此，他时刻担惊受怕，唯恐遭到他人暗害，唯恐遭到报复，以至于后来害了头风病，最终因该病而去世。

宋朝有个叫王韶的将领，他很有才干。年轻的时候科举不中，便游历西北诸地，对当地风土人情十分熟悉。后来，西北边疆动乱，王韶便上奏朝廷要求带兵去拓展疆土，到甘肃一带攻城略地。

在开拓疆土的过程中，王韶采取招抚、征讨、屯田相结合的战略方针，取得了重大胜利，迁升为安抚使。但他所任用的人多是残忍好杀之辈，这些人都依附他求取仕途。为了获取军功，王韶手下的将士常常残杀已经臣服的羌人中的老人弱者，将他们的首级献上以邀功。王韶虽然知道，也不怎么制止，还暗中纵容。

虽然当时没有什么，可事后做了高官的王韶，想起往事总是内心不安，认为自己的仕途是用无辜者的鲜血换来的。一日他到甘露寺闲游，遇到了高人习景纯，问道："奉朝廷王法之命杀人，可有罪过？"习景纯知道他滥杀的往事，便说："先不要问有无罪，只要问你自己打心里面过不过得去。"王韶硬着头皮回答："过得去。"习景纯说："若过得去便不必来问我了，想必还是心里过不去吧！"

此后，王韶总是想起那些无辜的死者，心中没有一时安宁，经常做恶梦、吃不下饭，终于得了病。发病时他便惊恐地用双手紧捂双眼，家人叫他张开眼服药或吃饭，他便说："开不得的，眼前有无数没头没脚的人站在我面前呢！"这些都是被他下令无辜滥杀的"冤鬼"。王韶病情不断恶化，言语失常，像得了癫狂病，身上也生起毒疮，腐烂溃败，臭不可闻，最后在痛苦中死去。

王韶滥杀无辜以获取功名，以为心中可以过得去，殊不知良心是不可欺的，"鬼神"是不可欺的。一个人违背天命，他伤害的不仅仅是他人的利益，更是自己的良心，自己今后的福泽。《玉历宝钞》中有一段话，令人深思："心即神，神即心。无愧于心，即是无愧于神；若是有愧于良心，便是欺骗藐视天地鬼神。"无愧于良心，便是敬畏鬼神，敬畏天命，便能够得到上天的"佑护"，获取福泽。

台湾有一位善士，长寿近百岁。可他年轻的时候却经常闹毛病，身体十分单薄，有医生预言他不会长寿。晚年，当人们询问他为何能够改变命运，享受福泽时，他回答："享福在于积德，长寿在于敬天。多做积德行善的事，心中时刻都是快乐的，人一快乐，自然什么病都没了。知道敬畏天命，不敢做违背良心的事，自然没有忧虑，心中没有忧虑，病患又从何而起呢?"

敬畏天命，就是敬畏良心，敬畏道义，也是在生命中为自己积累福泽。

十七、大孝章

子曰："舜其大孝也与！德为圣人，尊为天子，富有四海之内。宗庙飨^①之，子孙保^②之。故大德必得其位，必得其禄，必得其名，必得其寿。故天之生物，必因其材而笃^③焉。故栽者培之，倾者覆之。《诗》曰：'嘉乐君子，宪宪令德。宜民宜人，受禄于天。保佑命之，自天申之。'故大德者必受命。"

注　释

①飨：祭祀先王的仪式。

②保：继承。

③笃：厚待。

译　文

孔子说："舜大概可以称为最孝顺了吧！以德行而言是圣人，以尊贵而言为天子，富有整个天下。在宗庙里接受祭祀，子子孙孙传承功业。所以，有大德之人，必定会得到应有的地位，必定会得到应有的俸禄，必定会得到应有的名声，必定会得到应有的寿命。所以，天生万物，必然会根据它们的资质而诚笃地对待它们。所以能够栽种的就培养它，倾斜不正的就摧毁它。《诗经·大雅·假乐》中说：'美好君子，德行盛明。安民重贤，受命于天。天将佑之，天将诚之。'所以，有大德之人，必将承受天命。"

经典解读

舜为何能够以一介布衣，而受到尧帝的赏识，最后富有四海呢？在孔子看来最根本的原因就是他拥有厚德。舜出身微贱，父亲、后母都不喜欢他，但他依然能够竭尽孝道；他虽然没有官位，却无论从事什么职业、在什么地方都能引领周围人向善。就是这种厚德，让人们称赞他，也让尧帝了解了他。

一个人只要能不断修身养德，"居易以俟命"，上天是不会让他埋没的，一定会授予他与德行相符合的地位。所以，君子值得担忧的只有自己德行不够完善，德行有了，地位会有的，名声也会有的，寿命同样会有的。

哲理引申

德是万事之本

舜之所以能够从一个一无所有的平民，变成富有天下的帝王，关键就在于他的厚德。历史上很多人的事迹都证明了德行是为人的根本，是天下一切事物的根本。有德行才配居于高位，统领他人，管理百姓；没有德行，即使暂时得到高位也必然会因为"德薄"而失去。所以孔子说："大德必得其位，必得其禄，必得其名，必得其寿。"

一个人知道修养自己的德行，将其作为立世基础，这便是知本，忽视德行，而追求不合道义的权势、富贵，那便是忘本。知本则可以身安，事业也可以有成；忘本则身不能安，事业也会成为无本之木。

一个人所具有的德行决定着他能站在多高的颁奖台上；一个人所具有的德行决定着他的事业能走多远、飞多高。只有有德的人，才能充分发挥他的才能；只有有德的人，才能成为组织中的正能量；只有有德的人，才能与他人和谐相处，成功地融入集体之中。小德小得，大德大得。如果说人生就是一幢大楼的话，那么德行便是这大楼的地基，德行是否牢固决定大楼能够建到多高。如果德行不稳，而盲目地追求高度，只能导致大楼的早早崩塌。

春秋末年，晋国智宣子与族人、大臣们商讨选择一个继承人。其实，他的心中早就有了人选，那就是他的儿子智瑶。当他提出来时，众人都附和，认为智瑶才华出众，人又长得十分俊伟，是最恰当不过的人选，但族人智果却表示反对。

智果说："智瑶不如智宵！"

智宣子说："智宵这孩子长得面相凶狠，恐怕以后不能安抚众人。"

智果解释道："智宵的恶在表面，而智瑶却是恶在内心。智瑶有五大优

135

点：须髯飘逸，身材高大；擅长弓箭，力能驾车；技能出众，才艺超群；能言善辩，文辞流畅；坚强果断，恒毅勇敢；他的这五种长处远远超过其他兄弟，但唯独没有仁德之心。如果不能用仁德去施政，而用这些才能强行统治，谁会拥护他呢？倘若立智瑶为继承人，将来智氏宗族必定会毁灭在他的手中！"

智宣子不听，依然固执己见，立智瑶为家族继承人。智果感到智氏危亡的来临，为了自保，便带着自己的一小部分族人来到晋国太史那里注册，改氏为辅氏，表示脱离智氏，另立宗庙。

智宣子去世后，智瑶成了智氏家族首领，被称为智伯。他初时的确发挥才能，在各方面取得了不小的作为。但他德行上的缺陷也暴露无遗，无论在国内还是国外，他都恃才傲物，觉得别人都不如自己，经常欺凌他人。

赵氏世子赵毋恤曾和智伯一起带兵攻打郑国，智伯让赵毋恤带兵先上，赵毋恤拒绝出兵，称主帅应该在前。智伯大怒，随口骂道："你这家伙，招人讨厌又没胆量，赵简子怎么立你为嗣？"战后，又在酒宴上顺势将酒罐子砸向赵无恤。赵氏的家臣们群情激愤，要找智伯拼命，被赵无恤拦住，但两人就此结下难解的怨恨。

智伯又常常凭借自家强大的势力，故意侮辱其他卿士。一次在饮酒中就故意捉弄了韩康子和他的谋士段规。事后，智果劝谏智伯，随意侮辱他人，一定会招来祸患。智伯却不以为意地称："要发难也是由我开始。我不发难，谁敢对我发难？"智果说："不是这样的。《夏书》上说：'一个人经常犯错误，怨恨岂在明处，要在灾祸没到来之前就防止它。'君子在小处不懈怠，才没有大的灾祸。您一次宴会就得罪了人家的君主和谋士，又不防备，说人家不敢发难，这如何可以呢！"智伯不听。

后来，智伯贪图其他三家的土地，便向韩氏讨要一个万户人家的封邑，韩康子畏惧智伯的势力，便交了出来。智伯又向魏氏讨要土地，魏氏也给了。接着智伯狮子大开口，向老早就看不上的赵毋恤讨要两座城池，赵毋恤当即拒绝。智伯于是发动智、韩、魏三家兵力攻打赵氏，将赵毋恤围困在晋阳三年。三年之后，晋阳即将陷落之际，赵毋恤派谋臣张孟谈游说韩、魏两家，说以唇亡齿寒之理。于是，韩、魏临阵倒戈，反攻智氏，虽然事前智氏谋臣有所察觉，但智伯刚愎自用，不听劝谏，未采取防备，导致全军覆没，他自已被杀，智氏宗族全部覆没。

司马光在《资治通鉴》中总结智伯覆亡的原因就是才高、位高，而德行浅薄。他说："才者，德之资也；德者，才之帅也。云梦之竹，天下之劲也，然而不矫揉，不羽括，则不能以入坚；棠溪之金，天下之利也，然而不熔范，不砥砺，则不能以击强。"一个人是否可用、是否能够取得一番作为的根本就在于他是否有德，而不是才智有多高，能力有多强。一个没有道德的人，越是有才，对社会所造成的危害就越大；越是位高，对自己来说就越危险。希特勒的演讲才能，政治、军事洞察力都是一流的，然而他却是个自大、狂妄的恶魔，纳粹德国在他的带领下发动了第二次世界大战，数千万人死亡，上亿人流离失所。我国古代的奸臣秦桧、蔡京都很有才能，但因为没有德行、缺少气节，他们给国家、人民造成的损害也是难以言说的。

人们常说，如果把学生看成是产品的话：有德有才的是正品，有德无才的是次品，有才无德的是危险品，无德无才的是废品。一个人要想取得成功，要想被社会所认可，要想建立一番功业，一定要记得将德行作为万事的根本，作为立身于世的基础。

大德必得其位

孔子说："大德必得其位，必得其禄，必得其名，必得其寿。"一个拥有厚德的人，一定会得到他应有的位置，一定会得到他应有的俸禄，一定会得到他应有的名声，也一定会享有他应有的寿命。曾子在《大学》中也说："君子先慎乎德。有德，此有人；有人，此有土；有土，此有财；有财，此有用。"有德行，便能得到他人的认可、拥护，得到他人的认可拥护才能拥有土地，拥有了土地便会得到财富，有了财富便能供给使用。以德行为基础，进而获得地位、财富，这样的人才是真正富有的人。若是单单占有地位、财富，却没有德行，那地位便不能安稳，财富也终将失去。

孔子所列举的舜，便是以大德而获得地位、财富，成为天子，安享天下的人。

舜的父亲瞽叟是个盲人，舜的母亲去世后，瞽叟又娶了后妻子生下了象，象骄奢放纵。瞽叟喜爱后妻生的儿子，常想将舜杀掉。每当父亲想杀舜时，舜就逃避开；但如果因小错而受罚，舜就会承受下来。虽然父亲、后母都讨厌自己，舜还是很恭顺地侍奉他们，日日以笃诚谨慎自守，从来没有懈怠过。

舜年轻时为了生计四处奔波。他在历山耕田，在雷泽打鱼，在黄河之畔做陶器，在寿丘做过各种日常器物，还在负夏经过商。他在历山耕作时，历山的人受到他的影响，在划分田界上都懂得谦让；他在雷泽捕鱼时，雷泽的人受到他的影响，在选择居所上也都懂得辞让；他在黄河岸边制作陶器时，那里的人受到他的感染就没人以次充好了。只要是他居住的地方，人们就争相前来归附，一年就会成为一个村落，两年就会成为一个小镇，三年就会变成都市了。

舜二十岁时，就以孝顺而闻名。他三十岁时，尧帝问谁可以起用，四岳全都推荐舜，说他可以。于是尧把自己的两个女儿嫁给了舜来观察他在家的德行，又让九个儿子和舜共处来观察他在外面的处事。舜定居于妫水之滨，在家做事更加谨慎。尧的两个女儿也不敢因为出身高贵就傲慢地对待舜的亲戚，很守妇道。尧的九个儿子因为和舜交往也变得更加笃诚厚道。尧于是赐给舜葛布衣服，给他一张琴，为他建造了仓库，还赐给他牛羊。

瞽叟还想杀掉舜，他让舜登高去修补谷仓，然后又从下面放火。舜拿着两个斗笠像长了翅膀一样跳下来，逃离了火海，才得以不死。后来，瞽叟又让舜挖井，舜挖井的时候，在旁壁上凿了一条暗道通向外边。舜挖到深处时，瞽叟和象便向下倒土填埋水井，舜从旁壁的暗道出去，又逃开了。尽管父亲和弟弟这样迫害自己，舜还像以前一样侍奉父母，友爱兄弟，而且更加恭谨了。

于是，尧才试用舜去理顺五典、参与百官之事，这些都得到了治理。尧年纪大了，又让舜代替自己处理政事，舜启用贤能，罢黜昏庸，将天下治理得井井有条。尧帝很欣慰，最终将天子之位禅让给了他。

舜遭遇昏聩的父亲、不敬的弟弟，却能时刻诚心对待他们，不记恨他们对自己的迫害；无论处于何地，他都能将自己的美德发扬光大，让周围的人也学会谦让、诚信、宽容；在得到尧帝的任用时，他不骄傲、不自满，恭谨地治理天下，爱护百姓。正是这些美德，让他最终赢得了尧帝的认可，登上了天子的高位。

综观历史，那些拥有厚德的人大多能取得自己应有的位置，即便他们淡泊名利，不求为官，后人也一定会给他们足够的尊崇，让其名留青史。

商朝的开国之君汤就是一个拥有厚德的人。一次，汤外出，路过一个茂盛的林子，看到一个农夫正在张挂捕捉飞鸟的网，东西南北四面都挂着。挂好网后，农夫对着天拜了几拜，然后跪在地上祈祷说："愿天上飞的，地下跑的，从四面而来的鸟兽都进入我的网中来。"汤听见后，感慨地说道："只有夏桀才会这样安排网，将四方的鸟兽都一网打尽！这太自私，太残忍了！"于是，他叫人将张挂的网去掉三面，只留下一面。然后跪在地上，对着上天祈祷说："天上飞的，地下跑的，想往左跑的就往左跑，想往右飞的就往右飞，不听话的才会钻入网中。"起身后，他对张网的农夫和从人们说："上天有好生之德，即使是在捕猎时也不能抛弃仁德之心，不能捕尽捉绝，不听天命的鸟兽，还是少数，我们要捕捉的就是那些不听天命的。"诸侯听说这件事以后，都称颂说："汤真是一个有德之君！"张网捕猎的农夫也深受感动，此后便都按照汤的做法，收去三面的网，只留下一面。

商汤对鸟兽有仁德，对天下百姓更是仁慈，国中有孤寡茕独的民众，他就亲自前去慰问，让官吏妥善安排他们的生活。邻国的百姓有了困难，他也积极救助。与商相邻的是葛国，国君葛伯十分无道，不进行祭祀，汤便询问缘由。葛伯称没有祭品，汤便派人送去了酒肉和粮食，可葛伯却将这些全部自己吃掉。后来，葛国饥荒，百姓穷困，商汤责问葛伯为何不好好安抚百姓，安排他们生产。葛伯说自己国力有限，没能力种地。商汤便派自己国家的青壮年前去帮助葛国百姓耕种，同时安排老幼妇孺为他们运送餐饭。葛伯不仅不感激，反而带人攻击商国送饭的人，抢夺了他们的食物，杀死了一个童子。汤这才觉得葛伯已经不可救药了，便起兵讨伐葛伯。

当时，夏桀无道，像葛伯一样的诸侯遍地都是，商汤哀怜百姓受到戕害，便起兵四处讨伐无道的诸侯。当时百姓都将汤视为大救星，就像久旱的禾苗期盼甘霖一样期盼商国的军队到来。汤先征伐南面，北方的百姓就抱怨；汤先征伐北面，南方的百姓就抱怨。最终天下归心，汤驱逐了夏桀，登上天子之位，建立了商王朝。

舜和汤之所以能够拥有天下，就是因为他们拥有厚德，受到世人的拥护。孟子说过："得道者多助，失道者寡助。"那些遵守道义，拥有厚德的人，天下人都会支持他、帮助他，他们若不能得到高位，谁还能呢？而那些违背道义，德行浅薄的人，天下人都会反对他，他即使身处高位，早晚也会失去。

秦朝末年的刘邦和项羽，刘邦论勇力、才干，都远远不如项羽，但他却能爱护百姓，宽容别人，而项羽则残忍好杀，竟然一次坑杀降卒二十万人，所以最后刘邦成了天子，而项羽只能在乌江边黯然自刎。

一个人可以凭借才能、运气等因素暂时得到高位，但如果没有足够的德行，他便不配在这个位置之上，不仅会失去，还可能为自己带来意想不到的祸患。同样，一个人可能因为运气、机会等原因暂时居于低位，但只要他拥有崇高深厚的德行，那他注定不会永远默默无闻，有大德者，必得其位。

君子不忧无位

本节中孔子所说的"大德必得其位"、"大德者必受命"，和前文所讲的"君子素位而行"、"反求其身"等正相呼应。这告诉人们，当自己处于贫贱、卑下的地位时，不要担忧，更不要采取违背道德的手段去谋取地位，而是要反躬自省，不断修养自己的德行。只要德行充实，修为够深，就一定能够受到天命的眷顾，得到自己应有的地位。

有的人一旦失去地位、陷入困顿，就会怨天尤人，唉声叹气，其实这些就是对"天命"认识不足。"天道无亲，常与善人"，上天不会亏待有德行的人，君子处于贫困之中，所要做的就是修身以待天命。孟子曾经说过："君子有终身之忧，无一朝之患。"也就是说君子所该感到忧虑的是自己德行修养不足，自己学识不如他人等立身处世的大事，而不是一时一事的得失，不该目光短浅、斤斤计较眼前利益。孔子也说："不患无位，患所以立；不患莫己知，求为可知也。"不要去担忧没有地位，而是担忧自己是否有立身的德行和才学；不要害怕没有人了解自己，而是去培养自己具有值得让人了解的东西。你如果真正有德行、有才学，到哪里不能取得应有的地位，获得应有的名声呢？

楚国贤相孙叔敖年幼的时候，同家人居住在城郊。一天，他外出游玩，回家的路上看到一条长着两个脑袋的蛇，盘在路上。孙叔敖非常害怕，因为当地有个传言，说看到双头蛇是很不祥的预兆，看到的人会被诅咒死掉。孙叔敖连忙离开，可走了几步忽然想到：如今我看到了双头蛇，已经十分不幸了，如果蛇继续盘在路上，肯定还会让别人看到的，那别人也遭受诅咒了。于是，他转头回去，将蛇杀死，并埋到了路旁。

回家以后，孙叔敖十分害怕，哭了起来。母亲忙询问缘由，孙叔敖说："我听说见到两头蛇的人一定会死，刚才我见到了它，害怕离开母亲死去。"母亲问："那蛇现在在哪里呢？"孙叔敖回答："我害怕别人又见到这条蛇，已经把它杀死并埋了。"母亲听后，对他说："不用担心，你在那个时候还能为别人着想，这是拥有厚德啊，上天会佑护你的。"

孙叔敖在以后的日子中不断发扬自己的美德，楚国人听闻他种种善行，都称赞他有德行。楚庄王即位后，听说了孙叔敖的贤德，便任命他为令尹，将国政交给他。孙叔敖在做令尹时，勤政爱民，经常劝谏楚庄王施行一些爱民利民的政策，很快使楚国强大起来。孙叔敖也成了历史上有名的贤相。

有德者必得其位，一个人如果有足够的德行，连生死的不必畏惧，又何必为了地位、名声而感到忧心呢？唐代学者罗隐在其著作《两同书》中写道："不患无位，而患德之不修也；不忧其贱，而忧道之不笃也。"一个人是否配居于高位，并不取决于他的出身和力量，而是取决于他是否具有仁德。夏桀、殷纣贵为天子，不修德便失去了尊贵的地位，连性命都不能保全；伯夷饿死于首阳山，颜渊居住在陋巷，吃粗疏的食物，但他们因为拥有厚德，活着的时候受人尊重，被帝王视为老师，死了以后受人缅怀，被世人称为圣贤。因为，世人所尊崇的是道义和美德，而非权力与富贵。若一个人自称君子，却妄自菲薄，忽视自己的德行才学，而羡慕别人的富贵权力，那他的修养也只能说是不到家。

西汉时，有个叫王章的读书人到长安求学，学习成绩十分优秀，但家里很是贫穷。每到天冷，他就只能和妻子躺在盖牛用的草帘下御寒。一次他生病了，担心自己会死，便哭泣着对妻子说："我的病很重，我们就此诀别吧！"又叹息道，"没想到我一生为学，竟然如此困苦，连盖的被子都没有！"他的妻子听了，很生气地斥责他说："仲卿！你倒是说说，朝中那些权贵哪个德行、学问赶得上你？现在你贫病交迫，不自己发奋，振作精神，却妄自菲薄，哭泣起来，这多没出息啊！"王章听后，想到先贤的那些教导，顿时觉得十分惭愧。于是振作精神，病愈后，发奋读书，终于成了有用之才，做到了京兆尹的高位。

不要担忧自己没有地位，只要你拥有足够的德行、学识，地位也就会水到渠成地自动到来；不要担心自己没有名声，只要你德行完备、学识渊博，自然会受到人们的尊重。

大德者得其寿

长寿安康是每个人的愿望，那么如何才能得到长寿呢？孔子指出大德者必得其寿。《论语》中也记载了孔子所说的"仁者寿"的言论。也就是说要想获得长寿，那就修养自己的德行，使自己成为厚德之人。

古人相信"善有善报"、"天佑有德者"，虽然其中有宿命论的成分，但它们也并非全无道理。试想如果一个人拥有厚德，那就说明他大公无私，乐于助人，受到人们的尊重，所以无论何时他的心胸都是坦荡的，他的精神都会处于饱满、放松的状态中，而这种健康的精神状态，正是身体健康的基础。相反，那些没有德行的人，必然会经常算计别人，经常担忧别人报复，经常为了谋取权位、财富而殚精竭虑，那他们的精神则时刻被私欲所困扰，经常悲戚忧愁，具有这种心理状态，想要得到健康是不可能的。所以人们常说"心胸坦荡，百病不来；心胸狭隘，百病缠身"。

巴西有一位名叫阿尼塞托的医生，曾进行过长达十几年的调查研究，他发现那些平时乐于为善的人相比于玩世不恭、行为不端的人更倾向于健康和长寿。如果一个官员卷入了腐败行为，那他得癌症、心肌梗死、过敏症、脑溢血和其他心脏病的风险将大大增加。

他对500多名被控有各种贪污受贿罪行的官员和另外500多名廉洁的官员进行了一个长期的比较。发现不廉洁的官员中有60%在十年之内相继生病和死亡，其中100余名死亡者中癌症占60%，心脏病占20%多，而这两种疾病都和心理状态有极大相关；在得病的200余人中，这两种疾病同样占到了70%以上。相反，在保持廉洁的几百名官员中，十年间只有不到20%的人生病或死亡。

中国古代的"药王"孙思邈，也将"修德养身"作为身体调养的第一要旨。他时常参详思考天地与人的同一性，他指出："天有盈虚，人有屯危，不自慎，不能济也。故养性，必先知'自慎'也。"也就是说：做人，要恪守天道，修德积善，才能从根本上减少病患。广积善德、心地善良，福泽自然长久，必然身心健康、长寿；心性若是为善的、纯净的，那么，内外百病都不生了；反之，如果心性、行为、语言不善，即使吃灵丹妙药、调养锻炼，也不能得健康、长寿；如果违背天理行事，什么药也无济于事。

孙思邈幼年之时身体非常虚弱，经常生病。家里为了给他治病花光了所

有的积蓄，但他身体依然不见起色，很多医生看了以后都说这孩子恐怕不能长寿，他的父母很着急，却无可奈何。

虽然身体孱弱，但孙思邈聪明过人，年纪不大就"通百家之说"，尤其崇尚老庄学说，还兼通佛典。他看到父母为自己身体忧心，一方面安慰父母顺从天命，一方面自己暗自学习养生知识，立志学医。二十岁的时候，他已经对古典医术颇为精通，可以为乡邻治病了。

孙思邈治病和别的医生不同，别的医生大多照着古方给病人开药，孙思邈则常从病人的病根上下手。有病人胃部疼痛，孙思邈开了药后，了解到他的病源于经常赌博，不能按时吃饭，就告诫病人要想治好病，吃药不是关键，最根本的是要远离赌场，把精力放在正经事上；有个财主心口疼痛，孙思邈诊视过后，开了些救急的药，告诫他汤药只能救一时之急，要想除去病根，就应该心胸开阔，多做善事，保持内心坦荡。这个财主照着做了，成为当地有名的善人，身体果然好了起来。

孙思邈本人医德高尚，他认为，医生须以解除病人痛苦为唯一职责，其他则"无欲无求"，对病人一视同仁"皆如至尊"，"华夷愚智，普同一等"。他一生行医，不慕名利，不贪钱财，朝廷曾多次征召他为官，他都推辞了。隋文帝时，征召他为国子博士，唐太宗欲授予爵位，唐高宗欲拜为谏议大夫，他都固辞不受，一心致力于医学。

孙思邈在救治他人的时候，也为自己积累了德行，幼时的宿疾都在行医为善的过程中逐渐痊愈了，他生于公元581年，直到公元682年才去世，享年102岁。

孙思邈一生恪守"修德养身"的行医理念，不仅救治了别人，同时也为自己积累了广厚的福泽。修养德行之人，尽管原先身体孱弱，也往往能够得到长寿。这是因为，一个人活在世上，如果多做好事，多为别人着想，积善修德，其身心就处于一种和谐的境地，良心安宁，泰然自若，就会感到越活越有意思，越活越有精神，越活越长寿。而那些为非作恶者，他们心理状态不佳，有一颗不健康的"心"，做了亏心事，终日惶惶不安，精神长期处于不正常状态，因而引起体内代谢紊乱，机体功能失调，诱发各种疾病。

所以说，要想延年益寿，就得把品德修养放在首位，多做善事，保持心地坦然，情绪乐观。正如古人所说："始知行义修仁者，便是延年益寿人"。

十八、无忧章

原　文

子曰："无忧者，其惟文王乎！以王季为父，以武王为子，父作之，子述①之。武王缵②大王、王季、文王之绪，壹戎衣而有天下。身不失天下之显名，尊为天子，富有四海之内。宗庙飨之，子孙保之。武王末③受命，周公成文、武之德，追王大王、王季，上祀先公以天子之礼。斯礼也，达乎诸侯大夫，及士庶人。父为大夫，子为士，葬以大夫，祭以士。父为士，子为大夫，葬以士，祭以大夫。期之丧，达乎大夫。三年之丧，达乎天子。父母之丧，无贵贱，一也。"

注　释

①述：传承。

②缵：继承。

③末：晚年。

译　文

孔子说："能够做到无忧无憾的，也就只有文王了吧！有王季这样的父亲，有武王这样的儿子，父亲开创基业，儿子传承下去。武王继承太王、王季、文王的事业，一穿上甲衣便诛灭纣王取得了天下。没有失去天下称颂的显名，登上天子的尊位，富有整个天下。在宗庙里接受祭祀，子子孙孙传承功业。武王晚年承受天命，周公具备了文王、武王的德行，追述太王、王季遗留的美德，用天子之礼祭祀周室先祖。这种礼制通行于诸侯、大夫，普及于士人、平民。父亲为大夫，儿子为士，便以大夫之礼下葬，以士之礼祭祀。父亲为士，儿子为大夫，便以士之礼下葬，以大夫之礼祭祀。大夫以下，实行一年之丧；大夫以上至天子，实行三年之丧。为父母服丧，无论贵贱，都是一样的。"

经典解读

在孔子的眼中，历代帝王只有周文王是无忧无憾的，他本身做的是"积功累仁之事"（朱子语），他的祖父太王、父亲王季都是有德行的贤明君主；他的儿子武王、周公，都是后世有为、有德的圣贤。可以说，他的无忧无憾在于能够继承先人的美德、事业，并将其发扬光大，成功地传给了下一代。能继承先人德行、事业，便是孝；能将这些发扬光大便是仁；能将其传承到下一代便是智、慈。一个人拥有这么多美德，并将其做得尽善尽美，还有什么可以忧虑遗憾的呢？

之后孔子又赞扬了武王。武王继承曾祖、祖父、父亲的德行和事业，用武力讨伐残暴的纣王，虽然是以下伐上，但孔子却认为他"没有失去天下称颂的显名，登上天子的尊位，富有整个天下"是恰当的。这是因为武王能够以天下百姓的利益为判断是非的准则。可见在孔子眼中能够符合天下最广大人民利益的"道"才是真正的中庸之道。为百姓伸张正义，便能符合天意，代表天命，配得上天子的大位。

武王之后是周公，周公相比于父兄更加了不起，他不仅继承了先人的德行、事业，还将其以礼的形式固定下来，制定了一套完整的周礼，供后人遵循。周公制定的这套礼仪，以仁德为基础，将孝、慈、信、义等道德方面都囊括在内，天子遵守它可以安邦治国，百姓遵守它可以修德保身。正是因为周朝历代君民遵循周礼，江山社稷才能传承八百余年，而且周礼流行的时候，天下就安定有序，周礼崩坏的时候，天下也就混乱了。孔子一生，都将周公视为楷模，以"克己复礼"为自己的政治口号，希望天下所有人都能遵循周礼行事，以周礼为基础来修养自己的德行。

哲理引申

仁者无忧

孔子说，世上能够无忧无憾的，大概就只有周文王了。那周文王是事事得意，一帆风顺吗？显然不是，周文王的时候，周国已经开始强大了，是西方的诸侯之长，商天子对这个逐渐强大起来的诸侯很是疑忌。文王的父亲王季就因为势权重受到猜忌，被商王文丁，也就是纣王的祖父杀死。周文王的时候，商纣王更是无道，对文王也怀有更多疑心。纣王残忍地杀死另外两位方伯鬼侯、鄂侯的时候，文王表示出了一点反对意见，话传到纣王耳中，立刻将文王拘禁在羑里，险些杀害，多亏周人进献了很多美女、宝物，纣王才放回了周文王。

很多小说中更是记载了纣王为了考验周文王，将其长子杀死，做成肉饼，送给文王吃的故事。虽然，此事史书中没有正式记载，但有关文王在被囚禁的时候，遭受的屈辱折磨是很不少的，在这样的环境中岂能没有忧惧？孟子说得很好："君子有终身之忧，无一朝之患。"文王自然有忧虑，但他所忧虑的是道义不行，自己不能救世人于水火之中，而不是常人在困境中所担忧的性命不能保全，财富不能继续占有，不能获得身体的自由，等等。孔子所指的无忧也是如此，是指君子乐于顺应自然、懂得天命的运行规律，所以就没有普通人常感受的忧愁。

每个人都期望自己的人生是完美的，也就是达到周文王那种无忧无憾的境界，如何做才能"无忧"呢？孔子给出了答案：仁者无忧。只有做一个内心充满仁德的君子，才能告别忧憾，得到最完美的人生。

仁者道德完备，从不违背良心，忧愁也就无法进入他的生活。孔子的弟子司马牛曾向孔子请教如何能够成为一个君子，孔子告诉他："君子不忧愁，也不恐惧。"司马牛不明白，继续问道："不忧愁、不恐惧，这样就可以成为一个君子了吗？"孔子回答说："内省不疚，夫何忧何惧？"也就是说，如果自己问心无愧，那还有什么值得忧愁和恐惧的呢？

仁者安贫乐道，不奢求过度的欲望，所以不会被忧愁困扰。晋代乐陵有个叫王欢的读书人，很有才学，却不求为官，也不谋求扩充家业，只知道安于贫困的现状，以坚守自己的信念为快乐。他精神专一地沉迷于学业之中，有时家中粮食匮乏，没有一斗的储蓄了，也毫不忧愁。他的妻子为此担忧，时常想要焚烧他的书籍，并威胁要改嫁，王欢却笑着说："你没听说过朱买臣的妻子吗？"当时的人听了这话都嘲笑他。王欢却更加坚定志向，在读书修身中寻求内心的安适愉快。后来，他终于成为了一个博学的人，受到了世人的敬仰。

仁者拥有爱人之心，爱护别人，别人自然也反过来敬爱他，不侵害他。人人都爱，不受侵害，还有什么可以担心的呢？即使遇上困窘，他们平日积累的仁德，也足以使他们逢凶化吉了。

春秋时期的秦穆公十分爱马，一次他得到了一匹千里马，便将之视为掌上明珠，派遣专门官员看护它。然而，马还是走失了，秦穆公很着急，连忙命人搜寻。最后，发现千里马被岐山之下的农民抓住，并杀死吃肉了。负责调查的官吏很害怕，认为秦穆公一定会大发雷霆，惩处所有相关的人，便将所有抓马、杀马的农夫都抓了起来，整整三百多人。

秦穆公得知千里马已经死了的消息，也十分心痛，但当官吏向他请示是否惩处那些农夫时，他拒绝了。秦穆公说："这些农民杀马时并不知道这是我的爱马，况且因为马的缘故而惩罚人，是不够仁德啊！放了他们吧！"放掉这些农民以后，秦穆公又吩咐官员说："我听说吃了马肉而不喝酒会对身体有害，给那些吃马肉的人赏赐一些酒吧。"农夫们不仅没有受到惩罚，还得到了国君赏赐的美酒，对秦穆公十分感激，致谢之后便离开了。

几年以后，秦国和晋国爆发了战争，秦穆公亲自率领军队对抗晋惠公。晋军人多势众，很快占了上风。秦穆公乘坐的车子在行进的时候，又不小心陷入了泥潭之中，晋军见状纷纷拥来，情势万分危急。这时，战场中忽然冲来一支几百人的队伍，他们个个拼死作战，很快就将晋军击退了，还帮助秦军活捉了晋惠公。这几百人，就是当年吃了秦穆公千里马而受到宽容的农民。

秦穆公之所以能够摆脱危难，免除被俘虏的厄运，就是因为他在对待那些犯错的农民时，怀着仁慈之心。一次仁慈尚且能够在关键时刻挽救性命，更何况时时以仁德自守，日日修习德行的人呢？

仁者无忧还在于仁者大多存有济世救民之心，他们无私无我，生死皆可置之度外。周文王、孔子就都是怀有济世救民之志的人，所以他们在自身受到困厄的时候，不会为自己的不幸而悲伤，不会因为个人的命运、前途而感到忧虑。其实，一个人无须非得有济世、平天下的大志向，只要有助人之心，有无私的精神，那他的生活中忧愁就会减少很多，快乐和幸福就会常常到来。我们看到雷锋的照片上大多都充盈着一种乐观向上的精神面貌，就是因为他心中无私、坦荡。他曾经写下："把别人的困难当成自己的困难，把同志的愉快看成是自己的幸福"、"对待同志要像春天般的温暖，对待工作要像夏天一样火热"。心中如果经常充满幸福、火热，那忧愁又从何而生呢？

人们常常感慨生活中愁事太多，需要忧心的太多，所以不幸福，都梦想着每天无忧无虑，一生无忧无悔。其实，做到这点并不难，那就是了解"仁者无忧"的深刻意义，在平时努力修养自己的仁德。快乐和幸福都来源于完善的道德修养，做一个仁德的君子，生命才能变得更加美好。

不忘先人之志

周文王成功的基础在于他能够继承太王、王季的美德和志向，并将其发扬光大；武王、周公也是如此，他们之所以能够创建一番伟业，基础就是继承先辈的美德和志向。文王、武王虽然不像舜那样，从一介平民凭借德行而成为天子，但他们所创立的基业却更为源远流长。从周太王古公亶父到周王朝结束，周能够拥有这么强大的生命力——这在中国历史上是绝无仅有的，就在于不忘先人之志，将历代祖先的美好德行传承发展下来。《诗经·周颂》部分记载了周王祭祀时的祷词，其中就有很多缅怀并继承先王美德之句，如"济济多士，秉文之德"、"骏惠我文王，曾孙笃之"、"於乎前王不忘！"等等。

美德是不断积累的，在一个家族之中积累德行很难，而失去却非常容易。历史上像舜那样父亲愚昧不贤，而自己却具有厚德的人并不多；但先人拥有厚德，子孙不肖的却举不胜举。一个人作为自己家族不断传承中的一环，最基本的要求就是做到能够不忘先人的志向，在德行上不比自己的长辈、父亲差，若是能够有所提高当然更好。如果一个人，连自己长辈、父亲的那些德行都没有继承下来，那就是不肖子孙了，在整个家族的传承中他便没有尽到自己应尽的义务，是整个家族的罪人。

中国人最重视的就是祖先，最引以自豪的就是家族荣耀，每个人最期望的也是能光宗耀祖，给后世子孙留下一份美好的基业。没有人期望子孙在祭祀先祖的时候，对自己羞于言谈，引以为耻。倘若整个家族因为自己德行的缺失而祭祀断绝，无法传承下去，那自己就真的是千古罪人了，是祖祖辈辈的耻辱了。要想避免这种耻辱，就要谨慎地修善德行，恪守正道，不要忘了先人明德守正的志向。

武王之后的周成王就是个能够继承先人之志的有为之君。

周武王克商之后两年便去世了，太子姬诵被立为王，也就是周成王。因为成王年幼，天下初定，他的叔父周公便暂行摄政治理天下。周公摄政引起了很多人不满，成王的其他几个叔叔管叔、蔡叔等便联合纣王的儿子武庚发动了叛乱。周公亲自带兵平定叛乱，在平叛的过程中，成王虽然年少，却明辨是非，对周公十分信任。晋唐叔得到一株二苗同穗的禾谷，献给成王，成王想到周公的功德，便派使者把它赠给远在军营中的周公，以示嘉奖。

平定"三监之乱"后，周成王开始继承武王的遗愿，在"有夏之居"的"土中"建造新的都城，用以管理东方广阔的领土。新都造好后，成王迁居这里，接受周公、召公的训诫，表示继承先王遗志，将周朝的德行发扬光大。周公摄政七年以后，还政于成王，周成王开始亲自治理国家。他谨记周公的教导，勤政爱民，宽厚地对待诸侯，亲近召公、毕公等贤臣，巩固了在东方的统治。后世出土的西周史墙盘、徕盘中，都称赞成王是一个能够统御四方，能够刚柔并举的"宪圣"明君。

成王的继承者周康王同样时刻铭记着先人的训诫。

周成王临终前，担心太子姬钊不能胜任君位，就命令召公奭和毕公高率领诸侯辅佐太子姬钊登基。周成王去世后，召公和毕公便率领诸侯，引导太子姬钊拜谒先王庙，反复告诫他周文王、周武王能够成就王业的原因和当今基业的来之不易，教他节俭，去除贪欲，以专志诚信来统治天下。周康王将这些都牢记于心。

即位以后，周康王遍告诸侯，向他们宣告周文王、周武王的事业，以申诫诸侯。他继承了父亲勤政爱民的美德，在位期间继续推行周成王所实行的国策，使天下经济得到更大的发展，国库丰裕，百姓安居乐业，社会安定团结，到处呈现一派升平盛世的景象。据《史记·周本纪》中说周成王和周康王统治期间，天下安宁，百姓道德淳厚，路不拾遗，以至于四十多年没有使用刑罚，史称"成康之治"。

可是到了西周末年，周厉王、周幽王的时候，他们就忘记了先祖的美德和志向，导致王朝逐渐衰落。

周厉王继位以后，任用贪得无厌的荣夷公，以国家的名义垄断山林川泽的利益，不准国人依靠山泽而谋生。人民对他的统治有了不满，他便派人监视国人，发现有少许微词的人就抓住杀死，导致人们在路上都不敢相互交谈，只能用眼睛示意。大夫芮良夫、召公等多次劝谏他，他都不听，最后国人忍无可忍发动暴乱，攻打周厉王，他只好逃跑，流亡到了彘地。

周厉王的孙子周幽王比他的祖父更为昏庸。幽王贪婪腐败，不问政事，亲信奸佞谄媚的小人虢石父，任命其为卿士，执掌政事。虢石父毫无才能，除了奉承谄媚之外，就知道贪图财物，想尽各种办法剥削百姓。国人都十分不满，周幽王却对他无比信任。当时，各种社会矛盾急剧尖锐化，政局不稳，周幽王却视而不见，整日沉迷于酒色之中。后来，他得到了美女褒姒，便每日和她饮酒作乐，之后更是废除无过的王后和太子，立褒姒生的儿子为太子。这引起了诸侯，尤其是王后父亲申侯的强烈不满。周幽王为了讨好褒姒，还导演出了烽火戏诸侯的闹剧，失去了天下诸侯的信任。所以当申国联合犬戎等攻打周幽王时，周幽王点燃烽火召集诸侯援救，诸侯却没有前来援救，传续了数百年的西周也就此灭亡。

周成王、周康王能够继承先人的志向，弘扬先人的美德，便将天下治理得井然有序，实现了"成康之治"；而周厉王、周幽王忘记前人的训诫，行政无道，便导致了国家的灭亡。这深刻地说明了继承先人美德、志向的重要性。先辈所留传下来的美德、训诫，都是他们历经沧桑总结出来，留给后人最宝贵的财富。能够将这些美德修习在自己的身上，将先人的志向发扬光大，既做到了孝顺，也是自己成功、幸福的保障。

有人说自己的前辈并没有给自己留下什么美德，没什么可学的，那就大错特错了。从小的方面说，一个人跟随自己的父母、祖父母、外祖父母长大，就应该发现他们身上的那些美德，如果他们具有，自己却不具有，就应该感到羞耻，反省自己做的不足之处；同样，如果你发现自己身上具有缺陷，而前辈们并没有，也应该反省自己没有像他们一样修身养德，同样应觉得羞耻，如果能够明白这一点，那即使不去远方向圣贤求教，德行也不会差到哪里去。从大的方面说，每个中国人都是炎黄子孙，整个中华民族历史上有大德的圣贤之士层出不穷，作为他们的后人，你没有继承这些先贤的美德、没有学习他们的优点，就应该感到羞耻。先贤宁死都不放弃的东西，你放弃了；先贤宁死都不愿去做的事，你做了；先贤宁死都不违背的原则，你违背了，那你就该反省为何自己如此不肖，不能继承先贤之志了。

任何一个人，都不应该忘记自己祖先的道德传统和伟大的志向，它们能告诉我们应该如何做人，也能不断激励一个人提高进取。它们是一个家族乃至全民族不断发展的精神纽带，每一个人都有义务将其传承下去，并发扬光大。

德行是最好的财富

文王、武王、周公共同的特点，也是他们受到后世不断敬仰的原因，就在于他们都能继承前人的美德，并将其传给后人。尤其是周公，以仁德为基础，制定了完善的周礼，规范后世上千年，甚至那时形成的礼仪至今还影响着每一个中国人。孔子在这里对这些先圣进行总结赞扬，就是让人们学习他们所留传下来的美德和礼仪，而不是让人们去羡慕他们的家世与地位。

无论对于一个民族、一个家族，还是某个个人来说，德行都是最宝贵的财富，是最值得珍惜，最值得留给后人的。文王、武王拥有美德，所以将先人事业发扬光大，他们的后人能够继承这些美德，就能继续享有天下，当丢弃这些美德的时候，也就被天下百姓所抛弃了。之后的历朝历代无不如此，先祖艰难地创立基业，有的子孙继承了他们的美德，便能保持基业，保全自身；有的子孙则荒淫懈怠，只继承了先祖的事业，却抛弃了他们维持基业的德行，那等待他们的就只有灭亡了。

秦始皇扫平四海，统一天下，创立前无古人的伟业；他的儿子胡亥继位之时，有了皇帝的地位，却没有为君的德行，亲信奸佞、滥杀无辜、残虐百姓，最后导致王朝轰然崩溃。汉高祖以布衣崛起，得到天下，之后的文帝、武帝都励精图治，很有作为，但到了汉成帝、汉哀帝的时候，皇帝沉湎于酒色之中，荒废朝政，亲信外戚，最终导致了王莽篡位。明太祖朱元璋创立基业之后勤俭节约，爱护百姓，并为子孙订立了严格的训诫，可到了万历、天启之时，皇帝、贵戚们早就将先祖的训诫抛到了脑后，丢掉勤俭、爱民的美德，反而以奢华、享乐为荣，最终王朝在内忧外患之中灭亡……那些亡国之君，从前人那里继承了整个天下，却终究难免败亡的命运，最后连个平民百姓都没得做了，就是因为他们在得到基业的时候，没有同时继承前人的德行。由此也可以看出，德行才是最宝贵的财富，对于一个人来说能够得到前人的美德，要比得到整个天下更重要。

春秋时，韩宣子韩起是晋国的正卿，叔向是晋国的大夫。一天，韩起对前来拜访的叔向抱怨道："我空有正卿之名，却没有正卿该有的财富，穷得连和别的卿大夫应酬的费用都没有了。"叔向听完以后，立刻对韩起拱手相贺。

韩起十分不解，问叔向："我在抱怨自己如此困窘，您不但不同情，反而恭贺我，这是为什么呢？"

叔向没有直接回答韩起的疑惑，反而向他讲述了栾书和郤至的事。他说："当年栾武子栾书是晋国上卿，按规定上卿应该享有五百顷田地的俸禄，但他连一百顷的田地都没有，穷得置办不起宗庙中的祭器。但他并不以此为忧，反而更加注意自己的道德修养。后来他德行广布，得到全国百姓的尊重和爱戴。到了他的儿子栾桓子的时候，骄泰奢侈、贪得无厌，丢弃父亲的德行，追逐利益，本该遭受祸患，但却凭着父亲的遗德得以善终。到了栾怀子栾盈的时候，他改正父亲的过失，修习祖父的德行，本无大过，却因为父亲的缘故遭受了祸患，所以家族败亡，逃亡到楚国。

"而郤昭子郤至，他也贵为晋国上卿，家中财富达到国家财富的一半，家族势力在三军中占了一半，但他骄奢淫逸，贪得无厌，永远觉得自己的财富还不够多，权势还不够大，甚至倚仗自己的地位胡作非为，鱼肉百姓。结果，不但自己被杀，尸体陈列在朝廷之上，整个宗族都受到牵连，被满门抄斩。如果他能及时修养德行，他的家族中有三个卿，五个大夫，谁能威胁他们？"

看到韩起有些醒悟，叔向接着说："如今您有栾书的地位，也像他一样贫穷，我认为您也一定能行栾书的德行，所以才恭贺您。如果您不关心自己的道德修养，却总为财富不多而感到忧虑，那么我连叹惋都来不及，哪还会恭贺您啊！"

韩起恍然大悟，明白了德行要比财富重要得多，忙向叔向拜谢，说："我韩起鄙陋，只想到了自己的财富多少，这是亡身灭族之道啊。多亏您的一席良言救了我，不单我自己感谢您，就是我的祖先和后代子孙也要感谢您啊！"

"德者本也，财者末也"，有德的人才配拥有地位、财富，没有德行，地位、财富反而会成为灾祸的来源。从古至今，无数人的败亡都是因为钱财有余而德行不足。可直到今天，还有很多人认识不到这一点，他们就知道拼命地追逐钱财，认为得到钱财就可以幸福了，就能给自己、家人创造美好的生活了。于是，为了获得钱财，不惜违背道德，不惜做一些违法、昧良心的事。殊不知，不义之财带不来幸福，只能让自己更加危险、更加忧惧。

还有的人认为钱财是最好的东西，于是拼命赚钱留给孩子，却忽略了对他们德行上的教育。于是，亲手将孩子培养成了有财无德的"残次品"，不仅没有实现自己为孩子好的愿望，还在不知不觉中为他们埋下了祸患。

曾经有一个富翁，十分疼爱自己的儿子，于是儿子要什么就给买什么，儿子提出一些不合理的要求，他都尽力满足。在他去世的时候，又留给了儿子一大笔钱财，认为可以供儿子花费一辈子。没想到，儿子从小染上的恶习，让他行为越来越放肆、荒唐，不到几年就将天文数字的财富挥霍一空，还将身体糟蹋坏了。后来，钱财没了，祖产也都卖掉了，一身病痛，一无所长，只能流落街头。曾经锦衣玉食的大少爷，父亲的掌上明珠，遭受各种苦难后饿死在了寒夜中。

这便是重钱财而轻德行所带来的危害。

无论对国家还是个人来说，德行都是最大的财富，是定国安身的根本，与其追逐地位、钱财，不如好好修习自己的德行；与其传给子孙金钱、权力，不如将美好的德行传给他们。

守丧之礼 不可轻废

世间最亲的人就是父母，对自己恩情最深的也是父母，所以孝顺父母是最基础的美德，任何一个人无论身份、地位如何都应该有孝顺之心，否则便是无德。葬礼是最隆重的礼节，也是子女对父母行孝道的最直接体现，如果一个人对这最基础的礼节都不能遵守的话，就不知道他还能遵守什么礼节了。一个人连父母都不能尽孝，他还会对谁心存感激，对谁忠诚、在乎呢？所以说，从对父母葬礼的态度上也能看出一个人的最基本品行。

葬礼之后，守丧是重要的环节。孔子引用周礼说："期之丧，达乎大夫；三年之丧，达乎天子；父母之丧，无贵贱，一也。"地位在大夫以下的人，在父母去世以后最少要为父母守丧一年；地位在大夫以上的人，上至天子，都要严格地遵守三年之丧。为父母服丧，无论地位高低，都是一样的。礼为什么要这样规定呢？就是为了让人们感激父母的养育之恩。每个人从出生开始，都会受到父母的精心照料，父母教我们说话、走路，呵护我们、照顾我们，吃不好、睡不好的日子又何止三年。先贤如此制定礼仪，就是让人们在父母去世以后，感怀他们昔日的养育呵护之恩，同时也抒发自己的悲戚之情。

怀念父母的感情，若能由心而发，不需要什么规定，就自觉遵守礼节，那么这个人就是有孝心，有感恩之心。反之，如果一个人心中没有感恩之心，他甚至不愿按礼节为父母守丧，那这个人就是个没有孝心的人，就会令君子所不耻。

孔子的弟子宰我曾问孔子："服丧三年，时间太长了吧。君子三年不讲习礼仪，礼仪必然败坏；三年不演奏音乐，音乐必然荒废。旧的谷物已经吃完，新的谷物已经收获，钻燧取火的木头轮过了一遍，这么长时间难道还不能完全表达自己的悲戚吗？我觉得服丧一年就可以了。"孔子听了，不高兴地问他："父母的守丧期不满，你就吃稻米，穿锦缎，你心里能安稳吗？"宰我说："我心安。"孔子训斥道："你若心安，你就那样去做吧！君子守丧，心中怀念着父母昔日的养育呵护，哀伤于父母的离去，所以口里即便吃着美味也不会觉得香甜，耳中即便听着美妙的音乐也不会觉得快乐，居住在温暖的屋子里也不会觉得舒服，所以他们才不那样做。如今你既然觉得那样做可以心安，那你就那样做吧！"

宰我出去以后，孔子感慨道："宰我真是没有仁德啊！子女生下来，到三岁时才离开父母的怀抱。他们去世以后，子女服丧三年，这是天下通行的丧礼。难道宰我没有从他的父母那里得到三年的爱吗？"

宰我想不遵从三年之丧，从而被孔子视为没有仁德的人。孔子对弟子的了解果然不错，宰我虽然很有才能，却不知遵守礼节，最后遭到诛杀。齐简公时，宰我在齐国做了大夫，和简公的宠臣监止结为同党。当时齐国田氏很得民心，但与宰我等人有矛盾。宰我便想将田氏全部驱逐杀光，让自己宠幸的田氏远亲田豹做宗主，田豹曾劝他："田氏中违拗您的不过数人，何必全都驱逐呢？"宰我不听，非得要赶尽杀绝。结果计谋泄漏，田氏首先发难，宰我组织党徒反攻不成，在出逃的过程中被田氏杀死。孔子听了宰我的遭遇之后，认为他是咎由自取，以之为耻。《史记》中就记载说："宰我为临菑大夫，与田常作乱，以夷其族，孔子耻之。"

宰我的灾祸并非没有源头的，他连父母的丧期都不愿遵守，如此没有孝心，没有仁德，又去争权夺利，岂能不招致祸患。君子自然会将其当作耻辱。和宰我不同，孔子的另一个弟子子贡就是懂得感恩的人。

子贡是孔子很得意的一个弟子，孔子十分器重他，他也将孔子这个老师当父亲一样尊重。但在孔子去世的时候，子贡因为有事未能留在身边陪侍。

孔子在弥留之际还对这个爱徒念念不忘，不停地念叨子贡的名字。等子贡赶到时，孔子已经是上气不接下气了，连连说："赐也，来何迟也！"埋怨子贡为什么来得这么迟。子贡想到昔日老师对自己的教诲，愧疚自己没能像其他师兄弟一样陪老师走过最后的人生旅程，觉得很是对不起老师。于是，在孔子墓旁结庐而居，别的弟子都为孔子守丧三年，便各自诀别离去了，子贡却独独守墓六年，以表示对老师的感激，和自己晚来的愧疚。

当时没有人强制要求他，子贡却能在荒芜、孤寂的墓地中独自度过三年时间，这正是他内心存有感恩之心，拥有仁德的结果。也正是因为这种德行，子贡受到了世人的尊敬。直到今天，还能看到后人为了纪念此事，而在孔子墓西题刻"子贡庐墓处"的石碑。

有德者遵从守丧之礼，则可用；无德者轻视守丧之礼，则不可用。其实，中国古代历代政权都很重视这个礼仪，对大臣们的孝心进行严格考察，发现不守丧礼的人便会给予严厉的处罚，以敦促官吏、百姓竭尽孝道。从汉代开始，居丧制度就开始强制化，以后历朝从最初的只限于诸侯王、官吏，逐渐推行到百姓，直到成为固定的法律。《唐律疏仪》中就明确规定：居父母之丧，"丧制未终，释服从吉，若忘哀作乐，徒三年；杂戏徒一年。"《清通礼》载："凡丧三年者，百日剃发。仕者解任。士子辍考。在丧不饮酒，不食肉，不处内，小入公门，不与吉事。"

明朝首辅张居正在推行"万历新政"之时父亲去世了，为了新政，张居正和万历皇帝导演了一出"夺情"的大戏，没有回家守丧。他的这种行为立刻遭到了众多大臣的谴责，其中包括很多张居正亲手提拔起来的人，他们认为再大的事也抵不过一个"孝"字，首辅带头不守丧礼就违背了明朝"以孝治国"的根本方针。虽然张居正以自己的权威将这批反对的意见压了下去，但在他去世以后，这事就立刻被他的政治对手们翻了出来，成为他们扳倒张居正的重要筹码。结果张居正死后被扣上"不孝"的帽子，险些遭开棺戮尸，家财都被抄没，子孙全遭流放。一个首辅大臣，没有遵守丧礼都受到这种打击，更何况其他人呢！

到了如今，虽然这些传统礼节受到了各种新思潮的冲击，现代人也越来越趋于实用主义，不再重视那些繁冗的仪式、制度。但从很多地方还能看到古代守丧制度的痕迹，比如，大部分地方都有父母去世三年，子女在过节之时不贴红对联，不燃放鞭炮的传统；也有父母去世一段时间内，不举行其他贺礼的习俗。这些礼节虽然没有了强制性的法律规定，但还是会受到道德评价、社会舆论等监督，在社会中发挥很大的作用。

其实，那些传统的守丧之礼并不过时。礼，是以道德为基础，为了规范、便利人们行事而制定的。一方面它是人内在道德在行为上的体现；另一方面，遵守礼仪也能反过来唤醒人们心中的道德观念，充实守礼者的仁德之心。社会中出现的很多不孝现象，可以说和传统丧葬礼节的缺失有很大的关系。无论整个社会还是个人都应该好好反思这一点，想想应该如何尽到孝心，如何表达对父母的感恩之情，这对个人的修养和整个社会的和谐都是很有意义的。

十九、达孝章

子曰："武王、周公，其达孝①矣乎！夫孝者，善继人之志，善述人之事者也。春秋修其祖庙，陈其宗器，设其裳衣，荐其时食。宗庙之礼，所以序昭穆也。序爵，所以辨贵贱也。序事，所以辨贤也。旅酬②下为上，所以逮贱也。燕毛③，所以序齿也。践其位，行其礼，奏其乐，敬其所尊，爱其所亲，事死如事生，事亡如事存，孝之至也。郊社之礼，所以事上帝也。宗庙之礼，所以祀乎其先也。明乎郊社之礼、禘尝之义，治国其如示诸掌乎！"

注　释

①达孝：最大的孝道。

②旅酬：旅酬之礼，祭礼结束后对众人进行酬谢。朱子注："旅酬之礼，宾弟子、兄弟之子各举觯于其长而众相酬。"

③燕毛：祭祀之后宴饮以毛色辨别长幼而定座。

译　文

孔子说："武王、周公，他们大概算是拥有最大的孝了吧！所谓孝，就是善于绍承先人之志，善于继续先人之事业。每至春秋就要修缮祖庙，陈列祭器，摆设衣服，献上时令贡品。这些宗庙礼仪，就是用来序列昭穆次序的。按爵位排序，用以分辨尊卑。按事功排序，用以分辨贤不肖。祭礼完后酬谢为长上做事的下人，是为了将荣宠普及于贱者。祭礼完后宴饮中年长者居上位，是为了序列长幼次序。站到先王曾站过的位置上，践行先王的礼仪，演奏先王的音乐，尊敬先王所尊敬的人，亲爱先王所亲爱的人，侍奉死者就像侍奉生者一样，侍奉亡者就像侍奉存者一样，这便是孝的极致了。郊社的祭礼，是用来祭祀天地的。宗庙的祭礼，是用来祭祀先祖的。明白了郊社、禘尝等祭祀礼仪的意义，治理国家就如展示手掌一样容易了！"

经典解读

什么才是真正的大孝？孔子认为大孝者应该像武王、周公那样，继承前人的志向，将前人的事业发扬光大，而不是仅仅恪守外在的礼节。

礼应该深入内心，守礼应知道为什么要这样做，这样做表达的是什么感情，让礼成为情感、志向的真实流露，而不是随便做做样子。一个人如果不知道孝顺父母，即使丧葬礼仪再隆盛也是没有任何用处的；一个人如果不知道尊老爱幼，他在祭祀时如何严谨地遵守先后顺序也没有任何意义；一个人若不知道敬畏长者，即便言辞再合理，也算不上真正的恭敬。

一个人如果知道了各种礼仪的真正含义，那他就必然具备了相应的德行，有德之人治理国家就如展示手掌一样容易了。

哲理引申

能继承先人之志才是真正的大孝

"夫孝者，善继人之志，善述人之事者也。"孔子用这一句话就确立了孝道的真正含义。平时遵守礼节，恭敬地对待父母、供养父母，听从父母安排固然重要，但这些都是小的方面，真正的大孝就是要继承前人的志向，将前人的事业发扬光大。

孔子为什么称赞武王、周公是至孝之人呢？历史上并没有记载他们如何侍奉父亲、如何给父亲端茶送水。但他们将父亲的美德传承了下来，将父亲想做却没有完成的事做成了——武王兴义兵推翻了残暴的商纣统治，将处于水深火热之中的百姓解救了出来，奠定了周王朝的正统地位；周公又继承文王、武王的事业，收拾天下乱局，平定叛乱，制定周礼，奠定了周朝八百年江山的基础。所以孔子才称赞他们"其达孝矣乎"。

反观历史上很多其他的人，他们虽然在父母在的时候能够恭敬地对待父母，听从父母的指导，但在父母去世后，却不能秉承父母的教诲，忘掉父母的志向、将前辈创立的基业挥霍一空，这孝就有缺陷了。

孔子说："践其位，行其礼，奏其乐，敬其所尊，爱其所亲，事死如事生，事亡如事存，孝之至也。"也就是说"至孝"之人，应该能够继承先人的美德、遗风，在父母去世以后还能像他们活着一样侍奉他们。也就是《论语》中记载的："三年无改于父之道，可谓孝矣。"一个人，如果他的父亲死了多年以后，他还能依旧如父亲活着那样坚持固有的为人准则，沿袭父亲正确的行事作风，他才算是真正的孝——也只有这样才能保全前人的基业，算是继承了前人的志向。

但现实中，真正能够做到"事死如事生"的人很少，有些人在父亲刚刚去世以后，便立刻换了一副面孔，变得放荡恣肆，这种行为和欺骗父亲又有什么区别，实在是不孝至极。隋炀帝就是一个这样的人，在他被立为太子之前为了讨好父母，表现得作风简朴、不好声色、礼贤下士、谦恭谨慎，由此赢得了朝野赞颂和隋文帝夫妇的欢心，于是被文帝立为继承人。可在隋文帝卧病在床以后，他立刻显露出了真相，不仅忙着接管父亲的权力、地位，还调戏父亲的宠妃，甚至有弑杀父亲的嫌疑。在他继位以后，更是改变父亲勤俭爱民的传统，骄奢淫逸，残虐百姓，最后把大好江山葬送，成为历史上不孝的典型。

还有些人，虽然最初能够继承先人的志向，保持乃至光大先人的事业，但却不能善始善终，最后将前人基业葬送，这也无法称为大孝。吴王夫差、后唐庄宗以及亲信奸佞的后主刘禅都是这样的人。

后唐庄宗李存勖，是晋王李克用的儿子。李克用临死的时候，将他叫到面前，赐给了他三支箭，交给他三件事：一是，消灭世仇梁国；二是，报复支持梁国的契丹；三是，攻灭背叛他而归顺了后梁的燕王刘守光。并对他说：你一定不要忘了你父亲的遗愿。

李存勖牢记父亲的教诲，将三支箭供奉在祖庙里，每临出征就派人取来，放在精制的丝套里，带着上阵，打了胜仗，再将其放回祖庙，表示完成了任务。后来他攻破燕地，活捉燕王父子，又打败契丹兵，并最终消灭了后梁，统一中原，完成了父亲的遗愿。这时他可以说是继承了先人之志的大孝子了。

然而，他的志向并没有持续多久。在统一中原后，李存勖便在魏州称帝，建立了后唐政权。称帝以后，他便忘记了父亲的教诲，将创业的艰辛丢到脑后，逐渐变得骄傲自满，整日沉迷于酒色之中。他十分喜欢看戏、演戏，不仅宠幸伶人，还常常亲自面涂粉墨，穿上戏装，登台表演，不理朝政；并自取艺名为"李天下"。伶人受到皇帝宠幸，可以自由出入宫中和皇帝打打闹闹，侮辱戏弄朝臣，群臣敢怒而不敢言。李存勖还用伶人做耳目去刺探群臣的言行，因一点小过，甚至无中生有地猜疑滥杀功臣大将。一时间，无论是朝廷还是地方都混乱一片。

后来，庄宗听信宦官谗言，冤杀大将郭崇韬，另一战功卓著的大将李嗣源是李克用的养子，也险遭杀害。朝野人人自危，于是心怀不满的将士们拥戴李嗣源为帝，攻入汴京。李存勖得讯忙忙拿出内府的金帛赏给洛阳的将士，逼他们开赴汴水。但一路上将士离心背德，纷纷逃亡。李存勖知道大势已去，急返洛阳，筹谋抵抗事宜，但不久就被伶人发动的叛乱杀死了。

李存勖最初能够继承父亲遗志，励精图治建立一番功业，便是孝；他后来荒淫懈怠，将国家搞得乌烟瘴气，最终引起兵乱被杀，便是忘记了前人的志向，也就不能称为孝了。像李存勖这样的人，其实是世上最多的，他们并不是不孝，父亲活着的时候能够听从教导，父亲刚去世也能暂时秉承父亲的训诫，但时间一长，没人管束就开始肆意妄为，最终走向末路。正是针对这种情况，孔子才说"三年无改于父之道，可谓孝矣"来告诫世人：要真正做到孝，就应该继承前人的德行、志向，长久不改。

"孝"在于养志

孔子说，孝是善于继承先人的志向，能够弘扬先人的事业。孟子对这一观点进行了发展，他提出侍奉父母，最重要的是奉养父母的志向，而不是父母的口体。孟子列举了曾子和曾元不同的尽孝方式，来说明什么是奉养志向，怎样做才是真正的大孝。

曾子的父亲叫曾皙，曾子的儿子叫曾元。曾皙年老，曾子侍奉父亲的时候，每餐都为父亲准备酒肉。父亲吃过以后，在将要撤去酒肉的时候，曾子一定要询问是否将剩下的酒食馈送给谁。父亲询问酒食是否还有余的时候，曾子一定回答"有"。曾子之所以这么做，就是知道父亲是个乐善好施的人，如此可以推行父亲的德行，同时自己也遵从父亲教导做一个乐善好施的人。

后来，曾子老了，曾元赡养曾子也很用心，每餐都为父亲准备酒食。但将要撤去酒肉的时候，从来不询问父亲是否要赠予谁。曾子询问酒肉是否有余的时候，他都回答："没有了。"是希望将剩下的酒食都留给父亲。

于是，孟子说曾元虽然也很孝敬，时时为父亲着想，但他这种孝敬却是不够的，这只是奉养父亲的口体，而不是奉养父亲的德志。奉养父母要像曾子那样才算是可以。

孟子说的"养志"，主要是伸张父亲的志向、德行，但人不能仅做到这点就满足了。不仅要能帮父母伸张志向，更要培养自己的志向、德行，使自己的志向、德行成为父母的延伸。父母曾经教导过我们很多道理，这是他们所期望的，但他们本身可能并未做到，此时子女就要努力去追求，使自己成为父母期望中的那种人，在父母的基础上有更进一步的提升。

但历史上以及当今社会中，都有很多像曾元那样的人，他们虽然有孝心，但却没有抓住尽孝的关键，只知道奉养父母的口体，不知道奉养父母的志向。这些人觉得自己拼命赚钱，拼命向上爬，给父母提供丰衣足食的生活，给父母荣华富贵就是尽到孝心了，却不知道有时他们的所作所为父母并不认可，尤其是那些有违父母昔日教诲、训诫的事，一旦被父母看在眼中，父母就会很伤心。相反，子女如果能遵从父母的教诲，发扬父母的德行，即便是不能像普通人那样照顾父母、侍奉父母，父母依然会觉得很满意、很自豪。

汉灵帝时有个叫赵苞的人，他从小听从父母教诲，洁身自守，以孝顺闻名乡里。他的从兄赵忠在宫中为宦官，是十常侍之一，极受皇帝宠信，很多人都争着巴结，赵苞却深以为耻，从来不与其来往。后来，赵苞被任命为辽西郡太守。他到任以后便派人到故乡迎接母亲和妻子，可在经过柳城的时候，正遇到鲜卑一万余人侵入边塞劫掠，赵苞的母亲、妻子不幸都被掠去。鲜卑人知道她们是赵苞的家人以后，便用车载着她们来攻打辽西郡城。赵苞率领两万人布阵迎敌，鲜卑人在阵前推出赵苞母亲、妻子给他看，威逼他投降。赵苞见了悲痛号哭，但随即对母亲喊道："当儿子的罪恶实在难以言说，本来打算用微薄的俸禄供养您，想不到反而为您招来大祸。过去我是您的儿子，现在我是朝廷的大臣，大义不能顾及私恩，自毁忠节，只有拼死一战，否则没有别的办法来弥补我的罪恶。"

赵苞的母亲远远听到，立刻嘱咐他说："我儿，各人生死有命，怎能为了顾及我而亏损忠义？你应该尽力去做。"于是赵苞立即下令出击，鲜卑阵营被摧毁攻破，可是他的母亲和妻子也被鲜卑杀害。赵苞上奏朝廷，请求护送母亲、妻子的棺柩回故乡安葬。灵帝派遣使节前往吊丧和慰问，封赵苞为侯。赵苞将母亲、妻子安葬已毕，对他家乡的人们说："食朝廷的俸禄而逃避灾难，不是忠臣；杀了母亲而保全忠义，不是孝子。如此，我还有什么脸面活在人世？"便吐血而死。

赵苞虽然自责不是孝子，但后世人无不称赞他大孝；若他的母亲泉下有知，定然也会为有这样的儿子而感到自豪。他没能保全母亲的性命，却光大了母亲的美德，谨守了母亲教诲的大义，这才是真正值得称赞的孝。相反，有很多人对父母照顾得无微不至，却不守道义，不遵从父母的教诲，令父母蒙羞，这样的人就很难称为真正的孝了。

东汉末年的大军阀、大奸臣董卓，残忍好杀，专横跋扈，把持朝政，犯上作乱……恶行举不胜举，但他对自己的母亲却十分尽心，不仅给老太太安排锦衣玉食让人好好伺候着，还梦想着当皇帝，让母亲成为至尊的太后。但他无道的行为没给母亲带来一点幸福，在他失败后九十来岁的老母亲也被乱兵拖到大街上砍死了。董卓的母亲一定期望他成为一个有道德，受人尊重的人，可他却没有这样做，不但害了自己，也害了母亲。这种能够奉养父母口体，却不知道修德守道，从而给父母带来祸患的人，根本就谈不上孝。

孝不仅要站在自己的角度思考应该怎么对待父母，更应该站在父母的角度思考他们期望自己如何。父母往往并不在乎子女得到多少荣华富贵，如何奉养自己，但他们无不期望子女能拥有美好的德行，恪守正道。当今很多人一提到孝，就说自己将来要如何如何赚钱，如何如何奉养父母，尤其是年纪还小、年轻之时，总是对父母说要保养好身体，将来自己一定让他们过上比别人更好的生活……并不能说他们没有孝心，只是没有必要这样。一个人若真正孝顺，只要做好现在就可以了。与其许诺以后怎样对待父母，不如好好反思一下，自己现在的所作所为是否让父母满意，自己的言行举止是否合乎父母平时的教诲，自己是否在什么事情上让父母蒙羞了……如果反思之后觉得心安理得，达到父母的要求了，那就做得不错了，才有资格谈以后的事情。如果连这些都没做好，父母希望你好好学习，你却经常逃课；父母提倡勤劳节俭，你却好逸恶劳、奢侈放荡；父母希望你能安分守己，你却到处游荡做恶……那即使对父母当面的许诺再好听，也谈不上是孝顺。

所以说，孝在于继承、发扬先人的志向和美德，而不在于外部的礼节形式，更不在于奉养口体，一个有孝心的人，最该做的就是修养德行，恪守道义，让父母以自己为荣，而不是以自己为羞。

礼使人们行为更加和谐

既然礼节的根本在于德行，那每个人都修习内心的德行就够了，为什么还要学习繁冗的礼仪形式呢？为什么儒家要着重强调祭祀时每个人站的位置、吃饭时每个人坐的次序、各种仪式时穿着礼服的规制，甚至规定"席不正不坐，割不正不食"这些小事呢？其实，这正是中庸之道的体现，内在的德行流露于言行举止上，每个人都是不同的，有的人表达激切，有的人显得淡漠，过于激切就会伤害自己的身体，过于淡漠又不能表达出应有的敬意。所以，圣贤才制定礼仪来规范人们的行为，使感情表露得恰到好处。

有子说："礼之用，和为贵。先王之道，斯为美。小大由之，有所不行。知和而和，不以礼节之，亦不可行也。"也就是说礼这种人们行为的准则，应该以和谐为标准。先王的为政之道就以礼为美。礼贯穿于社会各种行为之中，无论大事小事，人们都要遵守礼制。但有的人，有些时候不遵守礼制，只知道追求自己认为的和谐，这是不符合中庸之道的，是行不通的。礼建立在社会的大范畴之内，追求的是全体人员长远的和谐，如果违背礼制而追求和谐，那便是为了个人的和谐而放弃整体的和谐，为了眼前的和谐而放弃长久的和谐。所以一定要用礼制来要求自己，规范社会，通过遵守礼制来践行中庸之道，实现最终的和谐。

礼制为何规定要守丧三年，而不是半年，不是五年，其实就是中庸的体现。有的人孝心很重，即使守丧三年也还觉得不能排遣思亲之痛；而有的人孝心很淡，守丧一年他们就觉得难以忍受了。所以，先贤觉得"子生三年，然后免于父母之怀"，三年之丧既可以节制孝心重者的悲戚之情，又能勉励孝心淡者去体现感怀之心。

孔子的弟子子夏和闵子骞都遇到了丧事，回去守丧。子夏守丧三年以后，回来拜见孔子，孔子把琴递给他，子夏抚琴而有欢快之意，说："先王制定了守丧之礼，我不敢不完成啊！"孔子称赞说："子夏是个君子啊！"不久闵子骞也守丧期满归来，拜见孔子后，孔子也将琴递给他。闵子骞抚琴而露出悲伤之色，说："先王制定了三年的守丧之礼，我不敢超过！"孔子听后也称赞道："闵子骞是个君子啊！"

子贡恰好这两次都陪侍在孔子身边，对老师的评价深感疑惑，便问："请问夫子，同样是守丧三年，闵子骞感觉哀痛不尽，而子夏悲意已无，两人心境大不相同，夫子为何都称赞他们是君子呢？"孔子说："闵子骞虽然哀痛未尽，但能以礼断之；子夏虽然哀痛已尽，却能以礼坚持下来。所以我都称赞他们是君子，不是也可以吗？"

《礼记》中还记载了另一个例子。孔子的妻子去世了，他的儿子孔鲤在守丧之期过后还悲伤地哭泣。哭声传到了孔子那里，孔子问弟子："谁在哭泣？"弟子们说："是伯鱼为思念母亲而哭。"孔子说："哎！太过了，这不符合礼制。"门人将孔子的话告诉了孔鲤，孔鲤便脱下丧服，不敢再哭泣。

孔子可谓真正了解了礼的核心精神，那就是和谐、中庸。先贤制定礼仪时之所以规定守丧三年，一是对孝心不够的人有所劝勉，以长养其孝心；二是使孝子思亲之情得以从容地抒发，在这段时间内淡化悲伤。其他礼节同样是如此，比如下级拜见上级时遵守一定的礼仪形式，一方面能够展现自己的恭敬之意，另一方面也防止人谦卑过度，显得谄媚失节；再比如众人相处时遵守一定的礼节，既能融洽彼此之间的关系，又能防止过于亲热而让人感觉不自在。

因为礼以和谐为标准，符合中庸之道，所以它发挥着对其他道德行为的调节作用，在做事时遵循礼制，就能得到最恰当的结果，而违背礼制往往就会引来混乱和错误。孔子曾说过："恭而无礼则劳，慎而无礼则葸，勇而无礼则乱，直而无礼则绞。"恭敬、谨慎、勇敢、正直这些都是美好的品德，但如果不用礼制来约束的话就很容易做得过度，不符合中庸之道。

行为恭敬，却不以礼来指导，就会徒劳无功。一个人如果对别人十分恭敬，但却没有用礼来节制自己的行为，就会经常做错事，或是过于恭敬让人觉得谄媚，不仅不能表达自己的敬意，还会招致他人的厌恶。

行为谨慎，却不以礼来指导，就会变得畏首畏尾。一个人谨慎得过了头，唯恐出错，但又不知道如何做才算是符合礼制，就会因为担心和忧虑而不敢下手，甚至于对自己有把握的事情也犹豫不决，这样的人也不会有什么成就。

崇尚勇敢，却不知道用礼来指导，就会闯出乱子。《水浒传》中的李逵，十分勇猛，天不怕地不怕，但却不知道守礼行事，所以常常会好心做了错事，闯出祸来。"二桃杀三士"中的那三位齐国勇士，都很勇敢，但就是因为做事不知守礼，结果被晏子视为"上无君臣之义，下无长率之伦"的国家祸患，从而用计除去。

行事刚直，却不知道用礼来指导，就会伤害别人。生活中经常看到一些心直口快的人，他们其实人很好，没有恶意，但就是不知道用礼来约束自己的行为，想起什么就说什么，做事也不知道委婉一些，以至于常常在不知不觉中伤害他人的感情，被人讨厌，甚至给自己带来祸患。

道德是根本，而礼就是具体的行为规范，它让人们的行为遵守道德，而且达到最恰当，也就是合乎中庸。所以，当一个人的修为还不能达到像孔子所说的那样"无可无不可"、"从心所欲不逾矩"的时候，最好的行为方式就是严格遵守先贤制定的礼节，这样既可以不伤害别人，又能保护好自己，实现彼此之间的和谐。

以礼治国，其如示诸掌

孔子说："明乎郊社之礼、禘尝之义，治国其如示诸掌乎！"也就是说做国君的，只要能够明白郊、社、禘、尝这些礼仪的真正含义，那治理国家就易如反掌了。

郊，是祭祀上天的仪式。古代国君自称"天子"，认为受命于天，所以对上天的祭祀是十分庄重的。现在北京的天坛公园，就是明清两代皇帝每年祭天和祈祷五谷丰收的地方。去看看它严谨的建筑布局、庄重的建筑构造、建筑装饰，人们就能想象得到当年的祭祀大典有多么庄严肃穆。社，是祭祀土地的仪式，土地是国家的基础，尤其在农业社会中，人民的吃穿住都是得到土地的馈赠，所以无论是天子还是平民百姓，对土地都应怀有感恩之心。北京的地坛，就是祭祀土地的专用场所。明清之时，历代天子都要通过郊社之礼的举行来祈祷天地神灵，祈求风调雨顺、国泰民安，这是人们敬畏天地、感恩大自然的最隆重的体现。

禘，是天子祭奠宗庙的大礼。中国人最敬重祖先，最怕被冠以"不肖子孙"的名号。在宗庙举行禘礼，既是对祖先的缅怀，表达不忘先祖之恩；同时也是君王对自己的一种反省，面对列祖列宗，在献上祭品之时，他们会想自己是否继承了先祖的美德和志向，自己这一年来做的是否符合先祖的教诲，自己所作所为是否有害统治，导致先祖的宗庙都不安稳……

尝，是在秋天进行的祭祀，孔子举它就代表了祭祀四时的礼仪。每一年都有春夏秋冬四个时节，《淮南子·本经训》中说："四时者，春生夏长，秋收冬藏；取予有节，出入有时，开阖张歙，不失其叙；喜怒刚柔，不离其礼。"四时是否风调雨顺，决定着庄稼的成长与收成，与人们能否幸福安乐地生活息息相关。上到帝王君主下到人民大众，都要崇拜四时、祭祀四时、祈求神明保佑农业丰收和生活幸福。这体现了为政者的爱民之心，以及广大人民对美好生活的向往和追求。

"郊、社、禘、尝"都是古代最重要的礼仪，它们绝不仅仅是一种仪式，而是有博大精深的含义的。孔子说："礼云礼云，玉帛云乎哉？乐云乐云，钟鼓云乎哉？"这些礼仪向人们展示的不是那些玉帛、钟鼓，而是体现了一个国家最庄重、肃穆、神圣的权力秩序，体现了全体人民对天地、四时的敬畏、感恩，体现了君主对先祖志向的继承，体现了执政者对百姓的关爱和负责。正如《礼记·礼运》中所说："祭祀中的种种礼仪，或表示规范君臣的关系，或表示加深父子的感情，或表示和睦兄弟，或表示上下均可得到神惠，或表示夫妇各有自己应处的地位。这样的祭祀就叫承受上天的赐福。"如果执政者能够真正通晓这些礼仪的精神内涵，能够通过这些神圣的祭祀仪式，让自己和社会各阶层人士都充满虔诚、敬畏、感恩之心，都能扮演好自己的社会角色，怀着积极向上的心态进行社会生产、生活，那整个社会也就必然井然有序了，即使没有那些严苛的法律、规章，人们也能和谐相处，恪守正道了。这样去治理国家，君主简直可以垂拱而治了，又何至于殚精竭虑，忧思劳苦呢！

统治者修德守礼，百姓就会修德守礼，人人修德守礼，天下自然和谐了，自然实现大同社会了。反之，如果统治者自己不知修德，自己带头违背礼制，那即使用再严厉的刑法去胁迫百姓，百姓也不会得到治理。朝廷之内只有人人守礼，才能君臣有序，上下有别，所谓"君君臣臣父父子子"；如果礼制乱了，君主不像君主，臣子不像臣子，上面的猜疑下面的，下面的想篡夺上面的，这样的政权不用外部攻击，就会自己灭亡。所以，要想将天下国家治理好，不可须臾违背礼制。

春秋时齐国贤相晏子，在辅佐齐景公的时候就经常劝谏君主恪守礼制。一次，齐景公设宴和群臣共同饮酒。宴席之上，君臣彼此祝酒，气氛融洽，饮至兴浓处，景公忽然心血来潮，对大臣们说："今天寡人愿与诸位大夫喝个痛快，大家都不要拘于礼节。"说完，便乐呵呵地笑了起来。

晏子听到了景公的话，觉得很是不妥，马上显出不安的神色来，起身对景公说："君上的话很不恰当！只有心怀叵测的臣子才会希望国君不拘礼数。力量多了便足够战胜长上，勇力多了便可以杀死国君，正是因为有礼的约束，这样的事才不会发生。

"禽兽之类依靠力量相互攻击，以强凌弱，胜者为王，所以经常更换它们的领袖；如今君上说希望群臣不必拘于礼节，那和禽兽还有什么区别呢？倘若人人都形同禽兽，群臣倚仗自己的势力去相互攻击，以大凌小，强者就成为领袖的话，君上您又怎能安于其位呢？

"人之所以高贵于禽兽的地方，就是因为人懂得遵守礼节。所以《诗经》中说道：'人而无礼，胡不遄死。'如果不遵守礼节，那还不如早点死掉算了。因此，礼节是绝对不能缺少的啊！"

晏子虽然劝得很恳切，但齐景公却不以为然，认为在酒宴上不守礼仪没什么大不了的。听了晏子的话，反而觉得他多事，扫了大家的兴，因此对晏子不加理睬，只是挥手示意让晏子下去。

晏子见到齐景公如此，也没有再进一步强劝，群臣们继续饮酒作乐。过了一会儿，景公有事离席，出去的时候，晏子没有起身恭送，回来的时候晏子也没有起身相迎。大家再次举杯的时候，晏子更是抢先饮酒，好像景公不在场一样。齐景公看到晏子如此无礼，一而再，再而三地轻慢自己，不禁气恼起来，握紧双手，怒目瞪着晏子责问道："刚才你还教寡人不可不守礼节，但寡人出入席次，你不起身迎送，交杯敬酒时，你又抢先自饮，这难道合礼吗？"

晏子听了，立即起身，稽首礼拜，向景公回答道："我怎么敢忘记刚才向君上讲的话呢？臣只不过是在用行动向您表明无礼的实际样子罢了。今日不守礼，那明日群臣就会对国君懈怠；一场酒宴上不守礼，在其他的事情上也会产生怠慢；由少到多，由小到大，臣子们越来越怠慢、放纵，国君能够忍受吗？君上若不拘礼数，这样对您的又岂止我一人而已！那样，您还能治理好群臣，治理好百姓吗？"

齐景公听了心中不禁感慨，原来不拘礼节的危害竟如此之大，于是羞愧地对晏子说："是这样啊，的确是寡人的过错！请先生入席，寡人听从先生的劝谏就是了。"酒过三巡之后，景公便依礼停止了这次饮宴。

饮酒作乐之中尚且不能不遵守礼节，更何况在日常生活，乃至朝拜、祭祀等国家大事上。所以，治国必须要遵从礼制。孔子等儒家先贤，就一直主张以礼治国，就是因为他们知道"治"的基础不在于强制、惩罚，而在于用德和礼来教化百姓。在《礼记·礼运》中孔子说："礼是国君治理国家最有力的工具，有了它才好区别嫌疑，明察幽隐，敬事鬼神，订立制度，赏罚得当。有了它才好治理国家，维护君权。所以，国政如果不以礼为准绳就会导致君权动摇，君权动摇就会导致大臣背叛，小臣偷窃。这时候尽管可以用严刑峻法来挽救，但因风俗凋敝，由此而引起法令无常，法令无常自然又引发礼仪乱套，礼仪乱套就让士人无法做事。刑罚严酷加上风俗败坏，老百姓就不会归心了。"荀子也说："国家无礼就不能走正道，礼对于国家来说，就如衡器对于轻重，绳墨对于曲直，规矩对于方圆，有了它才不会犯错误。"

所以说，以礼治国国家才能走向正道；以礼治国国家才能得到长治久安；以礼为规矩、绳墨，治理国家也就易如反掌了。

二十、问政章

哀公问政。

子曰："文武之政，布在方策①。其人存，则其政举；其人亡，则其政息。人道敏政，地道敏树。夫政也者，蒲卢②也。故为政在人，取人以身，修身以道，修道以仁。仁者人也，亲亲为大；义者宜也，尊贤为大。亲亲之杀③，尊贤之等，礼所生也。在下位不获乎上，民不可得而治矣！故君子不可以不修身；思修身，不可以不事亲；思事亲，不可以不知人，思知人，不可以不知天。"

"天下之达道五，所以行之者三。曰：君臣也，父子也，夫妇也，昆弟也，朋友之交也，五者天下之达道也。知，仁，勇，三者天下之达德也，所以行之者一也。或生而知之，或学而知之，或困而知之，及其知之，一也。或安而行之，或利而行之，或勉强而行之，及其成功，一也。"

子曰："好学近乎知，力行近乎仁，知耻近乎勇。知斯三者，则知所以修身；知所以修身，则知所以治人；知所以治人，则知所以治天下国家矣。"

"凡为天下国家有九经，曰：修身也，尊贤也，亲亲也，敬大臣④也，体群臣也，子庶民也，来百工也，柔远人也，怀诸侯也。修身则道立，尊贤则不惑，亲亲则诸父昆弟不怨，敬大臣则不眩⑤，体群臣则士之报礼重，子庶民则百姓劝，来百工则财用足，柔远人则四方归之，怀诸侯则天下畏之。齐明盛服，非礼不动。所以修身也；去谗远色，贱货而贵德，所以劝贤也；

尊其位，重其禄，同其好恶，所以劝亲亲也；官盛任使，所以劝大臣也；忠信重禄，所以劝士也；时使薄敛，所以劝百姓也；日省月试，既廪称事，所以劝百工也；送往迎来，嘉善而矜不能，所以柔远人也；继绝世，举废国，治乱持危。朝聘以时，厚往而薄来，所以怀诸侯也。凡为天下国家有九经，所以行之者一也。"

"凡事豫则立，不豫则废。言前定则不跲⑥，事前定则不困，行前定则不疚，道前定则不穷。在下位不获乎上，民不可得而治矣。获乎上有道，不信乎朋友，不获乎上矣；信乎朋友有道，不顺乎亲，不信乎朋友矣；顺乎亲有道，反诸身不诚，不顺乎亲矣；诚身有道，不明乎善，不诚乎身矣。诚者，天之道也；诚之者，人之道也。诚者不勉而中，不思而得，从容中道，圣人也。诚之者，择善而固执之者也。"

"博学之，审问之，慎思之，明辨之，笃行之。有⑦弗学，学之弗能，弗措⑧也；有弗问，问之弗知，弗措也；有弗思，思之弗得，弗措也；有弗辨，辨之弗明，弗措也；有弗行，行之弗笃，弗措也。人一能之己百之，人十能之己千之。果能此道矣。虽愚必明，虽柔必强。"

注 释

①方策：简册、典籍。

②蒲卢：芦苇，以其生长、凋零迅速表明政事兴衰迅捷。

③杀：等级、差别。

④大臣：指股肱大臣，区别于普通的群臣。

⑤眩：迷惑。

⑥跲：绊倒，中断。

⑦有：要么。

⑧措：停止、罢休。

译 文

鲁哀公询问为政之道。

孔子说："文王、武王的善政，都记载在典籍之上。有能够施行的明君贤臣，这些善政就兴起；没有能够施行的明君贤臣，这些政事就废弛。治理人民在于勤劳政事，治理土地在于勤劳种植。政事的兴衰，就如芦苇生长一样迅疾。所以说为政在于得人，得人在于修身，修身在于修道，修道在于行仁义。仁就是爱人，以亲爱亲人为最大；义就是适宜，以尊重贤人为最大。亲爱亲人就要区分亲疏，尊重贤人就要分辨等次，这些都是礼的要求。所以君子不可以不修养自身；要修养自身，不可以不侍奉双亲；要侍奉双亲，不可以不了解人性；要了解人性，不可以不知道天理。"

"天下古今共遵的大道有五种，用以通行的德行有三种：君臣、父子、夫妇、兄弟、朋友之间的交往，这五种便是天下古今所共遵的大道。智、仁、勇三者，便是天下古今所共称的德行，实行这些德行的道理是相同的。有的人生来就知道它们，有的人通过学习而知道它们，有的人受到困阻以后知道了它们，但只要是最终知道了，情况就是一样的。有的人自愿地去践行，有的人为了利益而去践行，有的人受困以后勉勉强强地去践行，只要能够践行它们，也就是一样的了。"

孔子说："爱好学习便接近了智慧，努力践行便接近了仁德，知道羞耻便接近了勇敢。知道这三点，就懂得如何修身了；知道如何修身，就懂得如何管理人了；知道如何管理人，就知道如何治理国家、天下了。"

"治理国家、天下共有九条原则，分别是：修养自身，尊重贤者，亲爱亲族，尊敬大臣，体谅群臣，爱民如子，招纳百工，怀柔远人，安抚诸侯。修养自身，便能树立正道，为民表率；尊重贤者，便能通达义理，无所疑惑；亲爱亲族，便能和睦父子兄弟，不招怨恨；尊敬大臣，便可远离奸小，不受迷惑；体谅群臣，便可让士人归心，竭力报效；爱民如子，便能令百姓悫实，劝勉顺从；招纳百工，便能让百业俱兴，财用充足；怀柔远人，便能让四方之民仰慕恩泽，前来归顺；安抚诸侯，便能让天下感知威德，服从敬畏。斋戒沐浴，静心洁身，非礼之事不做，就是用来修养自身的；罢黜谗臣，疏远美色，轻财货而重道德，就是用来尊重贤者的；提高其地位，丰厚其俸禄，和其同好同恶，就是为了亲爱亲人的；设置完备的官署，令其有足够的属僚可以任用，就是用来尊敬大臣的；以诚待之，厚禄养之，就是用来体谅群臣的；以农时役使百姓，轻徭薄赋，就是用来爱惜人民的；日月省视考核，根据能力、功绩调整他们的收入，就是用来招纳百工的；以礼送之，厚待迎接，嘉奖有才能的人，救济有困难的人，就是用来怀柔远人的；继续断绝的世系，复兴灭亡的国家，治理祸乱，扶持危难，按时朝见天子，赠送丰厚，收礼菲薄，就是用来安抚诸侯的。治理天下、国家共有这九条原则，实行它们的道理都是相同的。"

"凡事提前预谋就能做成，不提前预谋就会失败。说话前预谋好了，就不会中断；做事前预谋好了，就不会受挫；行动前预谋好了，就不会悔疚；修道前预谋好了，就不会陷入困窘穷途之中。"

"身居下位者，如果得不到上级的信任，就不能治理好百姓；获得上级信任有道可循，得不到朋友的信任就得不到上级的信任；得到朋友信任有道可循，不顺从亲人就不能得到朋友的信任；顺从亲人有道可循，反身自省，内心不诚便不能顺从亲人。自身真诚有道可循，不能明白至善之所在，就不能做到自身真诚。"

"真诚是天之道，追求真诚是人之道。天生真诚的人，不用勉强就能做到，不用苦思就能拥有，自然而然地符合天之道，这样的人是圣人。努力追求真诚，选择善道坚守不弃：广泛地学习，详细地询问，周密地思考，明确地辨析，笃实地践行。不学则已，学了不学会便绝不罢休；不问则已，问了不问明白便绝不罢休；不想则已，想了想不清楚便绝不罢休；不分辨则已，分辨了分辨不确切便绝不罢休；不践行则已，践行了没有收到成效便绝不罢休；别人用一分努力就能做到，我用一百分努力去做；别人用十分努力能做到，我用一千分努力去做。如果真能做到如此，虽然愚笨也一定可以变得聪明，虽然柔弱也一定可以变得刚强。"

经典解读

本章是《中庸》中的重要篇章，通过鲁哀公询问政事，孔子系统地阐述了儒家的施政原则，如五大道、三大德、治国九经、诚、择善固执等。

首先孔子告诉哀公，治国就要施行文王、武王的善政，施行善政关键在于得人，得人的关键在于修身，修身就要恪守仁德，要侍奉双亲，要了解人性，要通晓天理。其实，这就是曾子在《大学》中所阐述的"格物、致知、诚意、正心、修身、齐家、治国、平天下"，知道这个本末顺序，就知道治国平天下应该从何处入手了，也就知道正心、修身的重要性了。

之后孔子提出了"五大道"、"三大德"，五大道：君臣、父子、夫妇、昆弟、朋友，是天下人共同遵奉的五项伦常关系，是人在社会中必须处理好的。一个社会只有正确处理好这些伦常关系，才能有序地运行，才能达到太平和合的理想境界。三大德：智、仁、勇，是天下通行的品德，是一个人最重要的品质，有了它们才能为学，才能修身，才能调节好各种伦理关系，然后实现治国平天下的大理想；反过来修身、修道也正是为了增进这三种品德，使人更加完美。五大道在外，三大德在内，它们就如经纬坐标一样精确地定位了一个人处于什么位置上，他是什么样的，这些都是为人的基础。

在阐明了这些之后，孔子又提出了治理天下的九条原则：修养自身，尊重贤者，亲爱亲族，尊敬大臣，体谅群臣，爱民如子，招纳百工，怀柔远人，安抚诸侯。统治者能够做好这些，天下自然得到治理，而做好这些就要依靠仁、智、勇这三种品质了。

拥有智、仁、勇这三种品质的关键，孔子认为在于一个"诚"字。只要诚心不怠——别人用一分努力就能做到，我用一百分努力去做；别人用十分努力能做到，我用一千分努力去做——愚笨的也可以得到智慧，懦弱的也可以变得勇敢，治国的原则也必然可以得到施行，天下也必然可以得到治理了。

可以说，本章内容博大精深，涉及人生修养、为政治国的方方面面，将《大学》中格、致、诚、正、修、齐、治、平的各个环节都囊括在内，其中很多句子都可以引申出深奥玄妙的道理，值得读者细细品味，深思。

哲理引申

人存政举 人亡政息

在鲁哀公询问为政之道时，孔子说："文武之政，布在方策。其人存，则其政举；其人亡，则其政息。"即文王、武王的为政措施都完完整整地记载在典籍之上。现在没有人能够实施文王、武王的政策，并不是那种施政方法消失了，也不是那时的制度、法规等无从考证了，而是现在没有文王、武王那样的君主了。换句话说，并非文王、武王的政治不能实施，而是现在的君主们没有文王、武王的德行，不愿意去施行他们的善政。这是孔子对大道之所以不行的根本看法，也表明了他对君主们的期望——希望他们都能够修德行仁，克己复礼，恢复文王、武王的善政。

儒家重视"人治"，即主张"以人为本"，重视人的特殊性，重视人可能的道德发展，把人当作可以变化并可以有很复杂的选择主动性和有伦理天性的"人"来管理统治。"人治"是一种贤人政治，认为治理的关键在于统治者的人格，主张依靠道德高尚的圣贤通过道德感化来治理国家。所以，孔子在谈治国、平天下之时，最先说的就是统治者自身要修身、养德。比如，季康子曾问孔子为政之道。孔子回答："政就是'正'的意思。您本人带头做到'正'，那么还有谁敢不走正道呢？"这也是孔子为何要向鲁哀公强调"其人存，则其政举，其人亡，则其政息"的缘由。

中国古代虽然也有很严密的法律系统，但基本还是人治社会。执政者，大多是皇帝的个人素质、个人风格对政治形式、政治优劣有关键性的影响。同样一个国家，尧舜禹汤执政，便有仁政，便能得到天下清明；夏桀商纣执政便有暴政，便闹得天下大乱；秦始皇执政便焚书坑儒，汉文帝执政便休养生息；隋炀帝在位百姓便民不聊生，唐太宗执政便是贞观盛世……在这种大的环境之下，统治者如何修养自己的德行，如何树立自己的志向便成了政治好坏的关键因素。

春秋之时，位于南方的楚国迅速发展，在楚成王、楚穆王的时候，灭掉了很多周边的小国，成为中原南方的霸主。但楚成王在北上的过程中先被齐桓公遏制于召陵，后又被晋文公击败于城濮，未能实现称霸中原的愿望；楚穆王的时候，也被强大的晋国压制，始终不能入主中原。

楚穆王病逝以后，他的儿子熊侣即位，就是历史上赫赫有名的楚庄王。大臣们都期望楚庄王能继承前代君主的遗志，率领国家成为中原霸主。但他们很失望，楚庄王登上国君宝座以后，便沉溺于酒色当中，整日在后宫饮酒作乐，偶尔出来一次也是田猎消遣，既不关心大臣百姓，也不管理朝政。大臣们纷纷劝谏，楚庄王便下了一道禁令："有敢劝谏者，杀无赦！"

就这样，国君整日饮酒作乐，大臣们想劝谏又不敢，整整三年时间。楚国虽然国土广大，实力雄厚，但无处不显出一股日落西山的荒废之态。不仅晋、秦等大国轻视楚国，就连昔日很多向楚国臣服的小国都开始背叛，甚至开始侵夺楚国的土地。

大夫伍举实在看不下去了，便求见楚庄王，楚庄王问道："你是来喝酒、听音乐呢，还是有什么话要对我说？"伍举回答："我既不喝酒，也不听音乐，是来给您说隐语解闷的。"

伍举说："楚国东面的山冈上，飞来一只大鸟，它三年不飞也不叫，大王，您可知道这是一只什么鸟？"楚庄王虽然整日沉溺于酒色之中，头脑却还不傻，立刻知道了伍举在暗示自己，于是回答道："我明白，这不是凡鸟。它不飞则已，一飞冲天；不鸣则已，一鸣惊人。"伍举听出庄王的弦外之音，以为他会从此振作起来，高兴地退了出去。

可是伍举走后，楚庄王却饮酒作乐如故，几个月过去了，没有一点改变。大臣们都坐不住了，大夫苏从于是入宫直接劝谏楚庄王，希望他能改过自新，不要将先祖创建的基业葬送掉。楚庄王问他："你难道不知道禁令吗？劝谏我是要被杀头的。"苏从说："如果能够感悟君主，挽救国家，臣即使死了也没有什么可怨恨的。"楚庄王听了十分感动，于是，他下令解散宫中的乐队，将舞女遣送回家，每天亲自临朝听政。随即，他下令整顿吏治，几百名贪赃枉法的官吏被惩处，几百名清廉贤能的官吏得到提拔，于是楚国面貌焕然一新，政治清明、国势强盛起来。周边的小国看到楚国这种变化，纷纷前来为以前的不敬表示忏悔，重新臣服于楚国。

几年以后，楚庄王亲率大军攻打中原的郑国。郑国一向受霸主晋国保护，于是晋国派遣执政荀林父为大将统领诸卿率兵救郑。楚庄王在率军攻下郑国后，本想饮马黄河，班师回朝。听到晋军渡河的消息，也就摆开了交战阵势。两军在黄河南岸的邲地展开大战，结果晋军虽然人多势众，但因为内部不团结而大败。战后，楚国声威大震，楚庄王也取代晋君成为新的霸主，实现了历代先王的志向。

楚庄王沉溺酒色之中，不理朝政的时候，一个泱泱大国就疲弱不堪，受到周边小国的侵扰；当他摒弃酒色，励精图治的时候，便使国势蒸蒸日上，最终称霸中原，令周边国家臣服。所以，统治者的德行、行为对国家强弱、政治是否清明起着关键性的影响。人是为政的根本，政是依靠人去推行的，什么样的人就会施行什么样的政治。如果执政者是德才兼备的贤人，那么政治就一定会清明，国家也就会日益强大；反之执政者如果是鄙陋寡德之辈，那他施行的政治也一定荒唐透顶，国家必然会日益削弱，百姓同样会受到戕害。所以，要想国家强盛，建立一番功业，统治者必须加强自己的道德修养，勤政爱民。

选好德才兼备的继承者

除了要加强自己的道德修养、勤政爱民以外，"人存政举，人亡政息"，还给统治者一个重要的提示，那就是在选择继承人上一定要谨慎，择取德才兼备，能够继续推行善政的继承者，而不是徒有其表，内无才德之辈。前人传下来的制度一般没有什么太大的变化，政治如何发展，关键在于执行制度的人。如果继承者以天下为己任，牢记先祖教诲，亲近贤人，政治就会清明，人民就会觉得这个制度很好；如果继承者贪婪无德，任人唯亲，鱼肉百姓，政治就会混乱，人民就会觉得这个制度很不好。

一个家族、一个国家的继承人什么样子，很大程度上会决定这个家族或是国家的未来前途，贤能的人继位，就会带来光明美好的前途，愚蠢、狂妄的人继位，就会带来灾祸和灭亡。所以，无论于国、于家，人们都会谨慎地选择继承人，尤其是在竞争激烈的环境中，一不小心就会给家族、国家的前途埋下无尽的忧患。

在春秋末期的晋国，智氏和赵氏是最强大的两个世卿之家，智氏宗主智宣子在选择继承人时，选择了外表华美而没有德行的智瑶，最终导致了家族的灭亡。相反，赵氏宗主赵简子在选择继承人时就要英明得多。

赵简子深知继承人对家族的重大意义，于是在择取时并没有拘泥于"立长"的传统，而是对众多儿子进行深入观察，但并没有一个让他十分满意的。

赵氏家臣姑布子卿素来以善于相面而闻名，赵简子便请他来为儿子们看相，选取其中的贤者。姑布子卿看了一圈，摇摇头对赵简子说："诸位公子都还不错，但要继承家业，从诸卿子弟中胜出，还远远不够。"赵简子很失望，叹息道："难道上天要灭亡赵氏吗？我这么多儿子竟然没有一个出色的。"姑布子卿对他说："我刚才进门的时候，看到一个孩子，面貌颇为不凡，不知是否是您的儿子？"赵简子连忙派人将那个孩子找来，原来是自己的儿子毋恤，但这个孩子出身低贱，母亲是从妾，又是翟人之女，名分在诸子中最低，赵简子自己都看不上他，所以在召集诸子相面的时候竟将其遗忘了。

但姑布子卿却对这个孩子大加赞赏，对赵简子说："您的其他儿子虽然还有很多，但没有一个能赶得上这个孩子的，希望您加以注意。"姑布子卿之所以如此推崇赵毋恤，当然不仅仅是因为看面相，而是在平时进出府邸时就发现了这个孩子的与众不同，他没有兄弟们那种骄奢的作风，沉默朴素，踏实谦逊，而且敏而好学，胆识过人。正因为如此，他才会在赵简子请他看相之时，极力推崇毋恤。

　　赵简子虽然很信任姑布子卿，但还是不放心，于是又进行了一番考察。他将平时对儿子们的训诫刻在竹简之上，每个儿子都发了一块，让他们平时认真习读、领略要旨。几个月以后，他将儿子们唤到跟前，问他们竹简之上的训诫，只有毋恤能够对答如流，其他的人都答不上来。问他们竹简在哪的时候，毋恤从袖子里掏了出来，而其他的儿子早就不知道丢到哪里去了。于是，赵简子开始相信毋恤贤能，胜于其他兄弟。

　　等儿子们长大以后，赵简子又进行了深入的考察。一天，他将所有儿子召集到跟前，说："我将一宝符藏于常山之上，你们去寻找吧，先得者有赏。"于是，诸子乘骑前往，到常山上寻找宝符。然而，他们谁也没有找到宝符，只得空手而归。只有毋恤说："我得到了宝符。"赵鞅闻听便让他将情况道来。毋恤说："我站在常山顶上，看到山势雄伟险要。想到凭常山之险进攻代地，代国即可归赵所有。"赵鞅听罢高兴异常，顿觉只有毋恤明白自己的良苦用心，是赵氏大业难得的继承人。遂废掉世子赵伯鲁，破例立毋恤为世子。

　　赵毋恤被立为世子以后，曾和智伯一起带兵攻打郑国。智伯作为统帅，命令毋恤带着赵氏亲兵打头阵，毋恤知道这是将赵氏士兵当作炮灰，趁机削弱自己，便拒绝接受命令，称战时主将在前，副将在后才符合制度。智伯大怒，但没有办法，只好自己先进攻。战争结束以后，晋军设宴庆祝胜利，席间智伯想到自己命令被拒绝的事，怒气又起，强劝毋恤饮酒，毋恤不从，智伯便将酒壶摔到他身上，讽刺说他既没有勇气又让人讨厌，不配做赵氏继承人。赵氏家臣都很愤怒，想杀死智伯与智氏决裂。毋恤制止他们，说："主上立我为继承人，就是因为我能容忍，现在为何要因为一点小怨恨而和强大的智氏决裂呢？"于是，忍了下来。

　　赵简子逝世后，毋恤继承了卿位，就是赵襄子。他即位不久，就用计杀死了代王，夺取了代地，极大地扩张了赵氏的势力。但同时，智伯成为晋国正卿后，也竭力发展自家势力，很快成为智氏、赵氏、韩氏、魏氏等卿大夫中，权力最大，实力最强的家族。势力强大以后，智伯便想着削弱其他卿家，于是说晋国之所以不强大，就是因为公室势力太弱，提议四卿各自拿出万户的城邑献给公室。众卿都知道拿出的土地，不会给公室，而都要落入智伯囊中。但因为畏惧智氏的强大，韩氏、魏氏不得已都交了出来。轮到赵氏时，赵毋恤当即回绝了智伯的要求，说："土地是先人传下来的，岂能随便送人！"

智伯遭到拒绝以后大怒，随即胁迫韩氏、魏氏出兵一起攻打赵氏。赵毋恤率领群臣退守晋阳，三家军队围困晋阳三年，毋恤率众抵抗，坚决不降，在最后的时刻，派家臣张孟谈游说韩氏、魏氏，三家达成约定，共同攻打智氏，智氏兵败，智伯被杀。赵氏不仅摆脱了危难，还一举成为晋国最强的势力。

智宣子没有选择好继承人导致了家族的灭亡，而赵简子通过精心考察，选择了合适的继承人，使家族变得更加强大。其实，历史上还有很多这样"人存政举，人亡政息"的事。三国时，诸葛亮就是一个善于选取继承人的执政者，虽然身边旧臣、重臣很多，但他却发现没有一个能继承自己的志向。于是，提拔了投降自己不久的姜维，并对其进行精心培养。姜维果然不负重望，在诸葛亮去世后继续坚持他的北伐大业，将诸葛亮的执政理念延长了多年。而春秋时的管仲在选择继承人上就做得很不足。管仲病重，齐桓公向他询问谁可以代替他继续执政，管仲反而说"知臣莫若君"，让齐桓公自己决定，最后在齐桓公不懈地追问之下，才推荐了年纪已经很大了的隰朋。结果管仲去世以后，隰朋不久也就去世了，齐桓公没人可用，只能继续亲近易牙、竖刁等小人，国家大乱，管仲昔日建立的政治制度也全部败坏了。

"人存政举，人亡政息"，统治者要想使自己的善政继续下去，使好的制度得以发挥，不仅要勤谨地修习自己的德行，端正自己的行为，还要能够谨慎地选择培养德才兼备的继承人。

为政在于得人 得人在于任贤

孔子说为政在人，不仅要提升自身的修养，还要能够亲近贤人，得到贤人，为清明的政治奠定牢固的人才基础。《大学》中说："有德此有人，有人此有土，有土此有财，有财此有用。"人才是一个国家兴旺发达的根本，只有任人唯贤，以德得人才能最终取得天下，治理好天下，故周文王得姜太公而兴起，秦孝公得到商君而国强，刘邦得韩信而夺取天下，刘备得诸葛亮而割据西蜀。

舜帝是儒家思想中明君的典范，他之所以能够将天下治理好，除了自身德行完备以外，能够亲近贤人，任用贤人也是很关键的一点。《论语·泰伯》中就提到，舜有贤臣五人而天下大治，这五个人就是禹、稷、契、皋陶、伯益。大禹治水，忠于职守，因公忘私，最后成为舜的继承人；而后稷则善于稼穑，教导人民种植谷物，使人民免除了饥饿，他的后代建立了周朝。契是商朝的先祖，他曾担任火正，即掌管百姓用火，同时他还善于观测天文，并发明了以火纪时的历法，他治理人民时呕心沥血，深受爱戴。皋陶主管刑法，他执法公正，刑教兼施，要求父义、母慈、兄友、弟恭、子孝，使社会和谐，天下大治。伯益是皋陶的儿子，曾辅佐大禹治水，据说还发明了凿井的技术，给人们生活带来极大便利。正因为有了这五个贤人，舜才能将天下治理得井井有条。

《史记》中也记载了舜帝择取贤人，罢黜奸佞的事迹：

从前高阳氏有德才兼备的子孙八人，世人都得到他们的惠利，称其为"八恺"。高辛氏有德才兼备的子孙八人，世人称其为"八元"。这十六族人，世世代代发扬着他们的厚德，不使美名陨落。到尧的时候，尧没能举用他们。舜举用了八恺，让他们掌管土地，以处理各种事务，他们都办得有条有理。又举用了八元，让他们在天下布施五教，使得父义、母慈、兄友、弟恭、子孝，中国太平，四夷向化。

从前帝鸿氏有个不成材的子孙，掩蔽仁义，隐藏奸心，好行凶作恶，天下人称其为"浑沌"。少皞氏也有个不成材的子孙，毁弃信义，厌恶忠直，崇尚伪饰险恶的言行，天下人称其为"穷奇"。颛顼氏有个不成材的子孙，不可调教，不懂得好话坏话，天下人称其为"梼杌"。这三族人，世人都感到忧惧。到尧的时候，尧没有将他们除去。缙云氏有个不成材的子孙，贪恋饮食，爱慕财货，天下人称之为"饕餮"，人们憎恨他，将他与上面说的三凶并列在一起称为四凶。舜负责在四门接待宾客时，流放了四凶之族，把他们赶到了边远地区，让他们去抵御害人的妖邪，从此四门大开，人们都说没有恶人了。

周武王也说自己之所以能够得到天下，是因为"予有乱臣十人"。这里的"乱臣"就是治乱之臣、贤能之臣的意思。对于他们的事孔子评论道："人才最为难得，难道不是这样吗？唐尧和虞舜之间及周武王这个时期，人才是最盛了。但十个大臣当中有一个是妇女，实际上只有九个人而已。周文王得了天下的三分之二，仍然事奉殷朝，周朝的德，可以说是最高的了。"

孔子在宣扬自己的学说，指导弟子们为政的时候，最看重的就是是否能够得到贤人。一次，弟子子游做了武城的长官，回来拜见孔子。孔子看到他问的第一句话就是："你在那里得到了什么人才没有啊？"子游回答说："有一个叫澹台灭明的人，他从来不走邪路，没有公事也从不到我的屋子中来。"孔子听了十分高兴。后来，澹台灭明也成了孔子的弟子。他往南游学到吴地传播儒家学说，跟从他学习的有三百多人，影响甚大。

从古至今，各朝各代政治体制都发生变化，但人才在体制中所发挥的核心作用却一直没变，即便在实行"法治"，不提倡"人治"的今日，也依然不断在强调人才的重要性，通过各种方法培养优秀人才，吸引优秀人才。所以说，无论是什么样的政治体制，要想存活下去，得到发展，都必须将德才兼备的人提拔上来加以重用。

鲁哀公曾经询问孔子："如何才能让人民信服政府呢？"孔子回答说："选拔正直无私的人，贬黜邪恶不正的人，百姓就会信服于政府；提拔邪恶不正的人，贬黜正直无私的人，百姓就不会信服政府了。"

孔子的弟子樊迟向孔子请教如何叫仁，如何叫智。孔子告诉他，仁就是爱人，智就是知人。樊迟不能理解，孔子于是又告诉他，仁智的关键就在于："亲近正直无私的人，疏远邪恶不正的人。"樊迟还是不太明白，于是就去请教同学子夏。子夏告诉他，爱人就是爱贤能有德的人，舜拥有天下的时候，在众人之中提拔了德才兼备的皋陶，不仁的人就远离了；汤拥有天下的时候，提拔了德才兼备的伊尹，不仁的人就远离了。有仁德的人在位，一定会施行仁爱利民的政策，这便是对百姓最大的仁；施行仁政，政治清明，百姓满意，国家就安定，自己也就安心，对于为政者来说，还有比这更具智慧的事吗？

为政在于惠利百姓，对此最好的做法莫过于提拔贤能有德的人，让他们实施对百姓有利的仁政；为政在于引导百姓向善，对此最好的做法莫过于尊崇贤能有德的人，百姓看到贤德者得到尊崇，自然就努力为善，努力修德了。人人都见贤思齐，政治也就得到治理了。

治理国家关键在于得人，管理一个机构、一个企业同样也是如此。当代管理大师杰克·韦尔奇就对他的全球高级经理说："你们的工作就是每天把全世界各地最优秀的人才招揽过来。这就是你们的工作，每天吸引全球最优秀的人才……你必须招揽全世界最优秀的成员，因为你们有最好的声誉去吸引他们，你们也有办法，你们还有股票期权。我们有种种的方法可以招揽最佳人才。如果你们只是随便找几个人来工作，你们应该感到耻辱。不管种族或性别，只挑选最好的人才是领导者的职责所在。"

认识到人才的重要性后，还要懂得如何选择人才。对于选择人才，孟子主张选用人才时，应当以德行、才能为根本标准，允许关系疏远的人越过关系亲近的人。荀子也称：王公贵族的子孙，如果没有德才，那就只能沦为平民百姓。相反，平民百姓的子孙，如果德才兼备，就应当把他选拔到朝廷去担任官职；推举贤能只应遵循一条标准，即他是一位有德才的人。

企业中也是如此，如果企业的管理者能够"尚贤使能"，以才能而不以亲疏选取人才，那么企业中的人才就会乐于展现自己的才能，为公司做贡献；企业外的那些有才之士，也定然会向往这个企业，希望能进入其中一展宏图。这样的企业人才会越聚越多，创新能力、发展潜力也会越来越强大。反之，如果企业领导者只知道任用亲近的人，亲信那些阿谀谄媚，只会拍马屁的小人，真正有才能的人就会耻于与其同列，甚至选择离开。这样企业人才会越来越匮乏，发展前景也会越来越黯淡。

所以说，无论管理的是庞大的国家，还是一个小小的企业，要想将其治理好，最关键的就是得到贤才。而获得贤才的关键，就在于"任人唯贤"。

得贤更要任贤

为政在于得人，但得人并不是最终目的。得到人之后，还要能够任用人才，否则即使天下贤才都聚集在麾下，而不知道如何任用他们，那人才也不能发挥任何作用，况且真正的贤才如果不被任用，一般是不会留下来的。

春秋的时候，晋献公想扩充自己的实力和地盘，便想吞并邻近的虢国和虞国，但这两个国家相互依存，很难下手。晋国想先攻打虞国，可虞国地势险要，虢国定会全力救助，想攻打虢国，中间又隔着虞国，无法通过。晋献公为此愁眉不展。

大臣荀息看出了献公的心思，于是对他说："虞国国君是个目光短浅、贪图小利的人，只要我们将国库中的美玉和宝马送给他，提出向虞国借道攻打虢国，他不会不同意的。"晋献公有点舍不得，说："美玉和宝马都是我的宝物啊。"荀息说："虞、虢两国相互依存，我们灭了虢国，虞国也就成了囊中之物，您的美玉和宝马只不过先存在虞公那里罢了。"

晋献公采纳了荀息的计谋，派遣使者将宝马、美玉献给虞公，并提出借道攻虢的要求。虞公看到两件宝贝，心花怒放，立刻答应了，大臣宫之奇看出了晋国的真实意图，极力劝阻，虞公不听，最终答应了晋人。晋国大将里克、荀息带兵越过虞国，攻占了虢国的重镇下阳然后返回。

不久以后，晋国再次请求借道，虞公打算同意，宫之奇劝阻道："虢国是虞国的屏障，虢国一旦灭亡，虞国也就离灭亡不远了。晋国是个大国，却赠送厚礼巴结我们，一定有不轨图谋，志向不单单止于虢国。"虞公不听，一会儿称自己和晋国是同宗，晋国不会害自己，一会儿又称自己虔诚地祭祀鬼神，鬼神一定会保佑自己。宫之奇见虞公如此昏聩，就带着他的族人离开了虞国。不久之后，晋国在灭掉虢国之后，果然采取偷袭的手段，趁势也灭掉了虞国。虞公和大夫们都做了俘虏。

虞国大夫百里奚，在成为晋国俘虏以后，被晋献公作为女儿的陪嫁奴隶送到秦国。百里奚在路上逃走，跑到了宛地，被楚国人抓住。秦穆公听说百里奚很有才能，便想用重金将其赎回，但又担心楚国不给，就派人对楚人说："我国的陪嫁奴隶百里奚逃到了楚国，请求用五张羊皮将其赎回。"楚国人答应了，便交回百里奚。

此时，百里奚已经七十多岁了。秦穆公将其赎回后，立刻解除了对他的禁锢，向他请教国家大事。百里奚推辞说："我是亡国之臣，身为虞国臣子不能挽救国家灭亡，哪里值得您询问呢？"穆公说："虞国之所以灭亡，正是因为虞公不任用您。这不是您的过错。"穆公坚持询问，百里奚于是和他交谈，谈了三天，秦穆公非常高兴，便把国家政事交给了他。百里奚又推荐了自己的朋友蹇叔，蹇叔也很有才能，秦穆公将他请到秦国后，拜其为上大夫。

在百里奚、蹇叔等人的努力之下，秦国很快得到治理，向西吞并了几十个戎狄小国，开拓疆土上千里，向东扶立晋惠公、晋文公，威震天下。短短十几年时间，秦国就由一个西方小国，成为一个能和晋国、楚国抗衡的强国，秦穆公也成了"春秋五霸"之一。

虞公手下不乏贤人，但他却不懂得任用，不听从他们的劝谏，最终亡了国。而秦穆公则能够任用贤能，将国政交付予虞国亡国之臣百里奚，最终建立了一番霸业。故《史记·淮阴侯列传》中有这样一句话："百里奚居虞而虞亡，在秦而秦霸，非愚于虞而智于秦也，用与不用，听与不听也。"

有贤才不知任用，不算是真正的得到人才，对于国家、执政者来说这是最大的浪费。商鞅最初是魏国的官吏，魏相公孙痤知道他的才能，在临死的时候将其推荐给魏惠王。但魏惠王觉得商鞅地位卑贱，根本不足以托付国政。结果商鞅离开魏国，向西入秦，得到秦孝公赏识，在秦国实施了著名的"商鞅变法"，使秦国国力大增，并最终击败了强大的魏国。魏惠王这才后悔自己有眼无珠，错过贤才，但说什么都晚了。汉初的韩信起初在项羽手下担任郎中，多次献计游说项羽，项羽都不采纳。韩信觉得自己得不到重用，便西投汉王刘邦。在萧何的推荐下，韩信被刘邦拜为大将军，率军东出，为刘邦打下了大半个天下。这时，项羽才认识到韩信的能力，可大势已去。

关于如何任用贤臣，古人曾经说过："自为则不能任贤，不能任贤则群贤皆散。"意思是说：凡事喜欢事必躬亲者，往往刚愎自用，不能够任用贤人，而导致众多贤人离他而去，最终失去这些人才。

汉高祖刘邦在得到天下以后，和群臣宴饮，席上他忽然发问："各位王侯将领你们不要隐瞒，都要说真心话。我之所以能取得天下，是因为什么呢？项羽之所以失去天下，又是因为什么呢？"

大臣高起、王陵立刻回答道："陛下傲慢又好侮辱人；项羽仁厚又能爱护人。可是陛下派人攻打城池夺取土地，所攻下和降服的地方就分封给他人，跟天下人同享利益。而项羽却妒贤嫉能，有功的就忌妒，有才能的就怀疑，部下取得胜利也不奖赏功劳，获得土地从不分享，这就是他失去天下的原因。"

高祖说："你们只知其一，不知其二。运筹帷幄之中，决胜于千里之外，我比不上张良；镇守国家，安抚百姓，供给粮饷，不断绝粮道，我比不上萧何；统率百万大军，战必胜，攻必克，我比不上韩信。这三位都是人中俊杰，我却能够使用他们，这就是我能够取得天下的原因所在。项羽虽然有一位范增却不能任用，这就是他被我擒获的原因。"众将听后，都纷纷表示认同。

刘邦得到了张良、萧何、韩信等贤才能够大胆地任用他们，让他们独当一面；而项羽却对手下猜疑、嫉妒，就连最忠心的范增最后都不信任，他所相信的只有自己的亲属，重用的都是姻亲，而自己的才能、见识又有限，自然胜不过刘邦了。

对于一个执政者来说，什么事情最重要？不是事必躬亲，凡事都自己苦思苦做，而是提拔贤能者，给他们合适的位置，让他们发挥其特长。若一个执政者什么都事必躬亲，不仅会累坏了自己，还会让手下有才能的人无处用力，最终被埋没。古代圣王的政治都是垂拱而治的，为什么他们能够如此呢？就是因为他们懂得任用人才，将事情交给恰当的人去处理，而不需要事事忧心竭虑地自己处理。尧帝能将政事交给舜、禹、四岳，所以他能轻松地将天下治理好；舜帝能将政事交给禹、皋陶、伯益、稷、契，所以也能轻松地将天下治理好。而不懂得任用人才的人，往往在为政上殚精竭虑，却少有收获。

蜀汉丞相诸葛亮是最具智慧的人，但他有个致命的缺点就是事必躬亲。在与司马懿对阵五丈原的时候，司马懿询问蜀军使者政事，使者说："打二十军棍以上的处罚，都是诸葛公自己阅批。"司马懿便断定，诸葛亮不会取得太大胜利，而且将要死了。果然，不久诸葛亮病逝，落得"出师未捷身先死，长使英雄泪满襟"的下场。诸葛亮不仅累死了自己，还给蜀汉带来了更为巨大的隐忧。在他的光环之下，能够得到提拔的都是配合他，听从他意见的人，而很多本可独当一面的良才，如大将魏延等，都没能充分发挥自己的才能。并且在诸葛亮去世以后，蜀汉人才凋零，青黄不接，国势越来越弱，最终被魏国吞并。

获得贤才，更要任用贤才，任用贤才，最应避免的就是刚愎自用，事必躬亲。只有将贤才放在恰当的位置上，给他们足够的自主权，让他们能展现自己的才能，这才算是真正的得到了贤才。所以，对一个执政者来说，能够将贤才收归麾下很重要，但更重要的是能够任用他们，充分利用他们的才智、计谋。

敬大臣则不眩

孔子说要想治理好天下一定要尊敬大臣，能够尊敬大臣才不会迷惘。有才能的大臣是国君治理国家的有力臂膀，贤明的君主都能清晰地认识到贤才的重要作用，尊重他们，授予他们高位，给他们足够的施政自由，听从他们的意见，这样国家才能得到治理，国君之位才能坐得安稳。

商汤敬重伊尹，故能够获得天下；周武王敬重吕尚，故能够获得天下；周成王敬重周公，故能够安定天下；齐桓公敬重管仲，所以能够成为霸主；秦穆公敬重百里奚，所以能称霸西戎；齐景公敬重晏子，所以能保持国家安定；刘邦能够取得天下，也在于他能敬重张良、萧何等大臣；唐太宗开创贞观之治，更是因为敬重魏徵、房玄龄等贤臣……历代有作为的君主，无不有尚贤之心，无不是敬重其大臣。

战国之时的魏文侯，就是尊敬大臣的典范。魏文侯时，赵、魏、韩三家共同瓜分了晋国，成为新的诸侯。其中魏国地处中原重地，西有韩国、秦国，南有楚国，东有齐国，北有赵国，四面被大国包围，地势易攻难守。忧患的环境，使雄心勃勃的魏文侯成为了战国时期最早推行变法图强的君主。

要想变法图强，最重要的就是获得贤才。魏文侯可谓求贤若渴，他选贤任能，到处访求人才，对于来到魏国的贤人，无不屈尊厚待。儒家弟子子夏、田子方、段干木等都是当时德才兼备的贤人，魏文侯都将他们视为自己的老师，极尽礼遇。其中，段干木为人高洁，不愿结交权贵，魏文侯亲自拜访他也不愿相见，竟逾墙逃走。但文侯没有一点生气的样子，反而更加恭敬。

一次，魏文侯乘着车子路过段干木的门前，便起身凭轼致敬。为他驾车的仆人很奇怪，问："旁边又没有人，您为何要凭轼行礼呢？"魏文侯回答："这难道不是段干木的住处吗？段干木是个贤人啊，我怎么敢不行礼呢？况且我听说段干木从不肯拿自己的位置和我交换，我怎么敢在他面前傲慢呢？段干木因为品德而得到尊重，我因为土地多而得到尊重；段干木富有仁义道德，我富有钱财。我怎么敢轻视他？"于是拿出百万的俸禄给段干木，并经常派人去慰问他。魏国人听到了这消息，都很高兴，相互庆祝说："我们的国君喜欢善道，因为段干木被他尊敬；我们的国君喜欢忠义，因为段干木被他隆重对待。"

不久，秦国准备起兵攻打魏国，秦国的司马连忙劝阻秦国国君说："段干木是个贤人，而魏国国君十分敬重他，天下没有不知道的，恐怕不能对魏国用兵吧？"秦国国君觉得有道理，于是按兵不动，一直不敢攻打魏国。

当时，卫国人吴起很有才能，但不拘小节，受世俗排挤，在卫国、鲁国都得不到重用，听说魏文侯尚贤好才，他便前来投奔。文侯询问大臣李克说："吴起是个什么样的人呢？"李克告诉他："吴起这个人虽然贪财又好色，但十分有才能，在军事上即便是当年的名将司马穰苴也不能胜过他。"魏文侯正需要这种军事人才，于是接见了吴起。交谈之后，文侯觉得吴起见识出众，便准备重用他。魏文侯选择吉日，亲自安排宴席，让夫人捧觞献酒，在太庙中拜吴起为大将，让他镇守西河。吴起得到任命以后，与士卒同甘共苦，深得军心。他率军同诸侯大战七十六场，全胜六十四场，其余都战平，为魏国开拓上千里的土地。

魏文侯能够敬重大臣，所以当时的贤才李克、魏成、翟璜、西门豹、吴起、乐羊等，都立于他的朝堂之上，魏国国势也迅速增强，成为战国初期首屈一指的强国。

一个国君能够敬重大臣，天下的贤才都会闻风而来，愿意为他效力；若一个国君不敬重大臣，他手下的贤才也会远离他而去，人才远去国君就听不到好的计谋，忠臣离开国君就不能及时得到劝谏，岂能不眩昏迷糊，国家岂能不陷入危险？

战国时，齐愍王骄傲无道，被燕将乐毅联合诸侯击败，国土沦陷仅剩两座城池，多亏田单的计谋才得以光复齐国，迎回齐襄王。襄王复国以后，感念田单的大功，便封他为安平君执掌国政。

齐襄王有九个幸臣，他们都与田单不同道而格格不入，总想排挤、陷害田单。于是他们对襄王进谗言说："那安平君一向与您平起平坐，几乎没有什么上下之分。他对内收买人心，对外安抚戎狄，礼贤下士，其志向不小啊！大王您可要警惕啊！"齐襄王早就对功高震主的田单心存疑忌，听了这些话更是放心不下了。他日便召见田单，下令说："召相国田单来！"田单听闻召见，脱下帽子，袒露身体，进宫请罪。齐襄王见田单如此尊敬自己，才说："你没有罪，你还是行你的臣子之礼，我还是行我的国君之礼，就这样吧！"

不久，大夫貂勃出使楚国回来，齐襄王设宴款待他，酒兴正浓时，齐襄王又大声吩咐道："去把相国田单也叫来！"

貂勃立刻站了起来，离开座席，行大礼参拜，然后严肃地说："大王怎么说出这种亡国的话来啊？"

齐襄王莫名其妙，问："我说了什么亡国之话了？"

貂勃问："大王自认为和周文王比怎么样呢？"

齐襄王摇摇头，道："我自然比不上文王。"

貂勃说："我知道您比不上，那您和齐桓公相比又如何呢？"

齐襄王说："我也比不上齐桓公。"

貂勃说："我也知道您不如啊！那么，周文王得到姜尚的辅佐，尊称他为太公，齐桓公得到管仲的辅佐，尊称他为仲父，所以他们才能建立一番功业。

您贤能赶不上他们，得到了安平君，却称呼他为'单'，如此不敬大臣，岂不是亡国之言？况且开天辟地，臣子为国建功，谁能超过安平君呢？大王不能保守先王的社稷，燕军攻下国都，您出逃城阳山中，安平君小心翼翼地固守即墨这样的小城，率领几千残兵，擒获敌人主帅，夺回被占领的千里国土，这是多么大的功劳啊！那个时候，他如果自己称王，天下谁也不能阻止他。但是，安平君恪守道义，认为不能这样做，于是到城阳山中迎接您，您才得以重返都城临淄，君临子民。现在国家已经稳定，人民安居乐业，大王您却称安平君为'单'，这是小孩子都不会做的事情。请大王立即诛杀谗毁安平君的九个幸臣，以此来向安平君道歉，不然的话，国家就危险了！"

齐襄王听了冷汗淋漓，立刻采纳了貂勃的忠告，诛杀了九个幸臣，驱逐了他们的家人。

"君之视臣如手足，则臣视君如腹心；君之视臣如犬马，则臣视君如国人；君之视臣如土芥，则臣视君如寇仇。"国君敬重大臣，大臣便会竭忠尽智，提出好的计谋，劝谏他们的失误；国君不敬重大臣，大臣同样不会以忠敬之心事上，国君听不到好的计谋，得不到及时劝谏，错过机会不知道，做了错事不知道，也就是昏眩迷糊了。周文王敬重吕尚，齐桓公敬重管仲，楚庄王敬重孙叔敖，汉高祖敬重张良，唐太宗敬重魏徵，所以他们的国家才能强大，他们才能建立一番伟业。夏桀不敬关龙逄，纣王不敬箕子、比干，吴王夫差不敬伍子胥，秦二世不敬李斯，所以他们的国家才会衰败灭亡，他们也被后人视为昏庸的典型。所以，为君者在执政之时要想摆脱昏聩，就必须对股肱大臣给予足够的尊敬。

那么，对于大臣，如何才算是"敬"呢？单单在态度上表示尊敬还是不够的；给他们足够的俸禄，让他们衣食无忧，也还是不够的；真正敬重大臣的君主，不但要以礼相待大臣，更要能听取他们的建议，接受他们的劝谏，让他们的才能得以发挥，让他们的主张得以实现。

春秋时候，齐景公询问晏子："忠臣应该如何侍奉君主呢？"景公本以为晏子会说以死相报，陪同流亡之类的。没想到晏子回答："国君有难了，忠臣不会赴死；国君逃亡了，忠臣不会相送。"齐景公很不高兴，说："国君裂土分封，赐予厚爵，当国君有难了却不赴死，国君逃亡了却不相送，这称得上是忠臣吗？"

晏子回答："如果国君能够虚心采纳忠臣的良言，终身都没有祸患，臣子又何必赴死；如果国君及时听取忠臣的计谋，终身都不会逃亡，臣子又何必相送。良言不用，有难赴死，是妄死；计谋不听，逃亡相送，是诈伪。忠臣怎么会这样做呢？"

如果国君不能采纳大臣的良言，不能听取大臣的计谋，那就是将大臣当作犬马看待，即便给予再高的爵位也谈不上真正的尊敬，那大臣也只能以国人的方式来对待他了，就是晏子所说的"有难不赴死，出逃不相送"。

被国君当作犬马看待，大臣不仅不会"视君如腹心"，还会为此感到羞耻。《中庸》的作者子思就很有贤名，鲁缪公对他十分崇敬，为了表达自己的敬意，便经常派人慰问他，带给他煮熟的肉。次数多了，子思就很不高兴。最终，将鲁缪公派来的使者，挡在了大门之外，向北面叩头作揖而拒绝接受馈送，说："至今我才知道君主是把我当成犬马来畜养啊。"孟子对此评价道："取悦贤才但不举荐任用，又不能使他们得到奉养，这能说是取悦于贤才吗？"弟子万章请教怎样做才是敬贤养贤呢。孟子便给他举了尧任用舜的例子：尧对于舜，使自己的九个儿子侍奉舜，又把两个女儿嫁给舜，百官、牛羊、仓库等都齐备了，使舜在田野中接受供养，然后提升他担任很高的职位，使他能行使自己的主张治理人民，这才叫尊重贤者。而那些只知道给贤者提供钱财、食物，却不知道任用他们，听从他们主张的人，算不上是真的敬贤。

所以说，为政在于用人，用人在于亲贤，亲贤重在敬大臣，敬大臣重在采纳他们的意见、施行他们的主张。做到了这些，政治才能清明，国君才算是贤明之君，故《孔子家语·王言解》中说："仁者莫大乎爱人，智者莫大乎知贤，贤政者莫大乎官能。"

好学近乎智

"或生而知之，或学而知之，或困而知之，及其知之，一也。"有的人生下来就拥有智慧，明白道理；有的人则通过主动学习才明白道理，获得智慧；还有的人最初没有学习之心，行事时遇到了困难，才知道应该去学习，从而学得道理，最后也成为被人称赞的智者。这几种人获得智慧的途径不一，但最终的结果是一样的。孔子讲这些就是为了告诉人们，学对于"知"是十分重要的，一个人可能天资不高，但只要他能够向往善道，潜心苦学，就一定能够明了自身所具有的善良本性，获得令人羡慕的知识见闻，也就能成为智者。反之，即使天资出众，若不求进取，放弃学习，也不会取得什么成就。

人与人的天资相差很大，这不是自己所能够决定的，但学与不学则完全在于自己。成才之路，天赋有些作用，但不是决定性的，那些不具有智慧的人，原本不明白事理的人，只要能够好学不厌，完全能够破除愚昧获取许多知识、经验、教训，从而积学成知，明达事理。晚清名臣曾国藩是一位做到了"立功、立德、立言"的大儒，在政治、军事、思想、文学方面都取得不俗成就，极受后人尊崇。但很少有人知道，他的成就完全是靠"好学"而来。

曾国藩小时候的天赋不高，但学习十分刻苦，读书时遇到不明白的道理就反复研读，反复思考。一天他在家读书，来了一个贼，潜伏在他家的屋檐下。这个贼本想等读书人睡觉之后捞点好处，谁知这个读书人翻来覆去地读一篇文章，读到深夜还没有停下来的意思。实在忍不住了，这个贼愤怒地跳出来，当着曾国藩的面将文章从头到尾背诵一遍，说："就这水平还读什么书！"之后扬长而去。那个贼很聪明，但在历史上却没有留下任何痕迹，就是因为有天赋却没有好学之心；曾国藩不聪明，但知道好学，所以最终成为了一代大儒。

晋代大文学家左思小时候也不太聪明，他学过书法，练过琴，可是都没有学好。他的父亲常常对别人说，我儿子的才智不及我小时候。左思听到父亲这样说，很受刺激，立志用勤学改变人们对他的看法。于是，他发愤读书，别人读一遍就能记住的东西，他要读好几遍；别人写文章一下就写好，他则反复琢磨、改来改去。经过长期苦学积累，左思学问越来越丰富，才思也逐渐敏捷起来。

长大以后，他决心写一篇《三都赋》，当时都城赋十分流行，但能够写得和司马相如、张衡那些大家一样的很少。时人听说资质平平的左思要写《三都赋》都觉得可笑。大才子陆机听说此事，不禁冷笑着对他的弟弟陆云说："这里有个粗俗不堪的家伙，居然想写《三都赋》。我们耐心等着，等他写完了，就用那些破纸来做酒壶盖吧！"

但左思并未因为别人的轻视而放弃。他以十分认真的态度进行创作，在创作的漫长岁月中，他家里触目可见的是纸和笔，床头、饭桌甚至厕所都是如此，也就是说，他利用了所有的时间和精力来进行写作，连睡觉、吃饭、如厕都不放过。他还主动向朝廷要求做著作郎，以获得接触皇家图书的机会；他为了了解各地风俗民情，四处考察，曾专程赴四川向当地大文学家张载请教，了解蜀都的详细情况。就这样整整十年时间，左思终于创作出了自己的《三都赋》。文章一问世，天下震惊，人们争相买纸传抄，因此有了"洛阳纸贵"的成语。曾经嘲笑左思的陆机看到左思的文章后也深深佩服，那时他原本打算自己写《三都赋》，看了左思的作品，就放弃了这个念头。

通过这段漫长的创作学习过程，左思积累了大量的知识和写作经验，在文章、诗歌方面都展现出了杰出的才能，受到时人赞赏。

有的人是天才，他们生来就比别人拥有更高的天赋，这种人很多，但真正做出成就者却少见，就是因为有了才便骄傲自满，失去了好学之心。唐代大诗人李白就非常有天赋，小时候不专心学习，险些荒废，多亏经历了"铁杵磨成针"的故事，才能成为既有天赋、又有能力的"诗仙"。杜甫没有李白那种出众的天资，但他喜欢写诗作句，能够细细琢磨，苦苦思考，就如其诗中所说的"为人性僻耽佳句，语不惊人死不休"，最终，他也成了和李白齐名的大诗人。

人不怕不明白道理，不怕智慧不足，怕的是没有学习的欲望，没有对大道的渴望。孔子曰："生而知之者，上也；学而知之者，次也；困而学之，又其次也；困而不学，民斯为下矣。"（《论语·季氏》）有的人之所以沦为下流，就是因为他们不学，即使受到了困扰也不去学习好的道理，这样的人别人也没法教他了，圣人再世也只能对着他们感慨"朽木不可雕也！"

力行近乎仁

所谓"力行近乎仁"，就是说一个人无论本心如何，只要能够接受善道，努力在生活中行善也就接近仁德了。所以孔子又说："或安而行之，或利而行之，或勉强而行之，及其成功，一也。"——有的人自愿地去践行善道，有的人为了利益而去践行，有的人受困以后勉勉强强地去践行，只要能够最终归于善道，无论出于什么目的，结果都是一样的。

孟子也说过一段类似的话："尧、舜，性之也；汤、武，身之也；五霸，假之也。久假而不归，恶知其非有也？"有的人认为这是孟子在讽刺五霸本身没有德行，他们的仁德都是假装出来的，所以在孟子眼中"功烈如彼其卑也"。但也有人认为这是对五霸行为的赞扬，他们的功绩是有目共睹的，无论他们打着仁德的旗号到底是出于什么目的，他们毕竟号召过仁德，践行过那么长时间，怎么能说他们没有一点仁德之心呢？

一个人可能会为获取名声而为善，也可能为了获取利益而为善，在清高的君子那里，他们这种功利的目的会受到鄙视，但对于社会来说，不管他们的目的怎样，毕竟做了善事，岂不要比那些虽然不求功利，但什么也没有做的人要好很多？五霸好名慕利，但他们毕竟打着尊王攘夷的旗号，毕竟救了一些危难的国家，做了一些有利于百姓的事，这都是值得赞许的。

意识支配行动，行动其实也会反作用于意识。人们常说的"行动改变心灵"就是这个道理。一个人最初心中可能不太在乎仁德，但如果刻意去做合乎仁德之事，时间久了，他就会发现仁德的好处，就会开始慢慢向善起来，开始爱护他人起来，那也就和原本心中存有仁德的贤人没有什么区别了。

齐景公从小生活在深宫之中，对百姓疾苦没有什么了解，更算不上什么爱民如子的仁君。但他很期望有所作为，振兴国家，于是便请教晏子："我听说上古的明君尧舜爱护人民出于本心，仁德之心源于本性，所以他们行政一举一动都合乎百姓的利益，政治清明，万民拥戴。如今寡人没有那种德行，虽然想施行仁德，却不知道如何去做，是否能够建立前人的功绩呢？"

晏子告诉他："从前我们的先君桓公，喜欢饮酒作乐，喜欢美味佳肴，还爱好美色，缺点多得数不清。但他却能实施新政，改变风俗，礼贤下士。管仲是他的仇人，桓公知道管仲的才能足以安邦定国，便到鲁国将其迎回，亲自为他驾车，在朝中以礼厚待他。宁戚十分贫穷，但很有才能，桓公乘车闻得他的歌声，便停车倾听，提拔他做了田官之长。他在位的时候，数十年坚持亲贤使能，力行善政，所以在国内人民感怀他，在国外诸侯畏惧齐国。他的功绩到今天还被人称颂，您只要力行先王的善政，又何必担忧没有仁德之心呢？"

齐景公听了以后，便派遣使者到各地考察官员的政绩，提拔有才能的，罢黜滥竽充数的；随后，又废除严苛残酷的刑法，释放改过自新的犯人。不久，国人就开始赞扬景公的贤明。齐景公听了很高兴，于是又下令遣返宫中多余的奴仆，罢除修建亭台园林的徭役，并禁止官员随意扰乱百姓的正常生产。这样的政策实施了不到三年，国人都开始传扬景公的仁德。齐景公听后，高兴地说："谁说我没有仁德呢!"想了一想,又感慨道,"是晏子让我具有了仁德啊!"

没有施行善政的时候,没人称赞齐景公的仁德,连他自己都不知自己是否有仁德。可是一旦听从了晏子的劝谏,效仿先王,实施善道以后,国人都称赞他仁德,他自己也觉得自己有仁德了。对于国家、百姓来说,这种通过力行善道而得来的仁德和天生即具有的仁德又有什么区别呢?所以《资治通鉴》中有句话叫作:作之不止,乃成君子。

战国时,魏安釐王问大夫孔斌:"当今之世,有谁可以算得上是天下高士?"

孔斌回答:"世上没有这种人。如果说可以有次一等的,那么这个人就是鲁仲连了。"

安釐王不赞同,说:"我见过鲁仲连这个人,他的义举都是强迫自己去做的,而不是本性的自然流露。这如何能算得上是高士呢?"

孔斌说:"每个人都是强迫自己去做一些事情的。假如不听地这样做下去,那他就会成为君子(作之不止,乃成君子)。文王、武王也并非天生就和尧舜相同,他们想效法尧舜,坚持做了,就真的达到了尧舜的境界;以前我的先祖孔子也并非天生就是圣人,他想效法文王、武王,坚持做了,就真的达到了文王、武王的境界。坚持不懈地这样做,习惯与本性渐渐地融合为一体,那么就成为自然了。"

现实生活中也是这样。我们看到新闻报道了哪个明星、企业家做了善事,往往跳出的第一印象不是感激、钦佩,而是猜忌:这人如此高调,如此做作,一看就是为了名声,为了沽名钓誉……其实,完全没有必要这样。不少人都是受道德、信念、良心的驱使,强迫自己去做一些好事、善事的,如果只是一次、两次,那确实表演成分居多,意义也十分有限;但如果一直坚持下去,最终"习与体成",那就非常可贵了。

一个人不管是出于作秀还是其他消极目的,只要他去做好事,那就是值得肯定的。如果他能一直坚持下去,一辈子不改,那无论当初目的为何,他都不愧为一个君子。力行善道的人虽然开始不一定是个"仁"者,但只要他坚定地行善爱人,克制自己的私欲,日有所积,累月经年就会成为真正的"仁"者。所以只要坚持不懈,终可成"仁",能够力行便是接近"仁"的大道。

知耻近乎勇

孔子说："知耻近乎勇。"这告诉人们，一个人如果知道什么是耻辱，敢于直面自己的可耻言行，剖析、改正自己的可耻言行，那他就近于一个勇者了。

在圣贤眼中，"勇"并不是有蛮力，敢蛮干。孔子说："见义不为无勇也。""勇"是敢于为了践行道义而冒险，敢于为了抵制不义之事而牺牲。敢搏虎豹，力举千斤的人不一定有勇；见难知退，身体纤弱的人也不一定无勇。勇者的勇来自哪里？就是因为"知耻"，他们知道见义不为是可耻的，为了利益而违背原则是可耻的，重视钱财而轻视道义是可耻的，他们不愿意接受这种耻辱，所以敢于为道义献身，敢于和强权抗争，敢于毅然地抛却地位财富。

人不可没有羞耻之心。一个人如果丧失了羞耻之心，即便是再勇猛，也不会有人认可他的勇敢。三国时的吕布，被称为第一猛将，但其为人贪财好色，寡廉鲜耻，认丁原为义父，为了财宝、良马杀死了丁原；认董卓为义父，又为貂蝉杀死了董卓；受刘备收留，又恩将仇报；在被曹操抓住以后，低声下气地乞命……所以他虽然有万夫不当之勇，但君子都瞧不起他，将其称为"三姓家奴"。而明代大儒方孝孺，只是一介书生，但却生得铁骨铮铮，即使被诛十族，身遭酷刑，也不向乱臣贼子称臣，直到死还大骂造反的燕王，后世没有人不称赞他的"勇"。

人生中最大的勇敢就是勇于面对自己的耻辱。孟子说："人不可以无耻，无耻之耻，无耻矣。"一个人从不敢面对耻辱，到敢于直面耻辱，那他就可以消除耻辱了。也就是说知道耻辱，面对耻辱，人才能勇于改过，勇于进取，从而奋发图强，取得成功。

春秋之时，霸主晋文公去世，西方的秦穆公认为自己称霸中原的机会来了，便派遣三位将领孟明视、西乞术、白乙丙率军冒险远征郑国。大臣百里奚、蹇叔等极力劝谏，穆公不听。最终，秦军偷袭失败，只得返回，在回途路过崤山之时，遭晋国大军伏击，全军覆没，三位将领也做了俘虏。晋襄公没有杀死他们，而是将他们放回了秦国。

回到秦国以后，有些大臣认为三位将领战败辱国，应该遭到刑罚。但秦穆公却坦然承认道："是我不听蹇叔的劝谏，才招致了大军的失败啊！三位将领有什么过错呢，这都是我一个人的耻辱。况且我也不会因为一次失误掩蔽他们的大德。"于是不再追究他们，并向百里奚、蹇叔等大臣承认了错误，君臣合力治理国家。

虽然秦穆公转向西方扩张势力，但崤山之败的耻辱，秦国君臣都牢记在心。尤其是孟明视，为了洗刷这个耻辱，两年以后他便请求带兵伐晋。秦穆公答应了，仍派孟明视、西乞术、白乙丙三位将军率领四百辆兵车去攻打晋国。但晋军也有了准备，并再次取得了胜利。面对失败的秦军，晋军将士嘲讽说："这就是秦国来报答'恩典'的军队啊！"孟明视听了羞愧无比，简直是无地自容。于是自己上了囚车，向秦穆公请求处罚。秦穆公知道，晋军实力强大，失败也不是孟明视的过错，于是勉励了一番，将他请出囚车，继续让他统率军队。

两次失败后，孟明视也了解了对手的强大，不敢再自负、轻敌了。于是他开始关注国家政治，关心普通的士兵，和士兵们同甘共苦。他将自己所有的家产和俸禄都拿出来，送给阵亡将士的家属；他跟士兵们一起吃粗粮、啃草根；他每天训练兵马，埋头苦干。一年后，晋国联合了宋、陈等众多诸侯国讨伐秦国。孟明视命令将士只许守城，不许出击。晋国人一再挑战，他都不予理睬；晋国人夺去了两座城池，他还是照样一声不吭地训练兵马。秦国大臣都骂孟明视是胆小鬼，要求秦穆公另选良将。但秦穆公心中有数，十分信任这位接连三次打了败仗的将军。

崤山战败后的第三年，晋国发生内乱，孟明视知道自己复仇的机会到了。便请秦穆公一块去攻打晋国。出发前他立誓说："要是不能洗刷以前的耻辱，我孟明视绝不活着回来！"他挑选了国内的精兵，准备了五百辆兵车，浩浩荡荡地渡过黄河，向晋国开去。晋国人知道秦军气盛，选择避而不战。于是，孟明视带领将士勇敢冲杀，不几天就夺回了上次被晋军夺去的两座城，还打下了晋国的几座大城。秦军来到昔日崤山下的战场，掩埋了三年前在这里阵亡将士的骨骸，祭奠了三日才回国。周围的小国知道秦军打败了霸主晋国，纷纷前来修好，连周天子也派大臣赏赐秦穆公十二只铜鼓，承认他为西方的霸主。

在遭受失败以后，秦国君臣并没有逃避责任，而是坦率地承认自己的失败，直面战败的耻辱，进而发愤图强，终于战胜了晋国，洗刷了耻辱。耻辱具有两重性，它既是一个挑战，又是一个机遇；既是一种障碍，又是一种锻炼。人似乎在知耻后，才可能有卧薪尝胆的决心和勇气，否则就不能正确认识自己的不足，故步自封，只能是愈发失败。一个人只有知道耻辱，勇于改正错误，弥补不足，才能迎头赶上别人，从而免于羞耻。一个国家、一个民族，也只有直面以前的羞耻，才能发愤图强，富国强兵，屹立于世界民族之林。这就是"知耻近乎勇"的道理所在。

"知耻"是一个人自新进步的前提，如果连耻辱都不敢面对，那他也就不会向往美德，也就不会崇尚圣贤，更不会为自己的不道行为而感到不安了。所以，古代善于治国的统治者都提倡以德治民，让人民知耻。

唐太宗时大臣长孙顺德性情十分贪鄙，倚仗是皇帝的亲戚经常触犯法律。一次他又收了人家数十匹绢，唐太宗知道后，并没有下旨将他法办。反而召集文武百官齐聚于朝堂之上，然后当众赏赐长孙顺德如其所受贿数的绢。长孙顺德在众目睽睽之下，羞愧万分，从此再也不敢受贿了。对于此事，唐太宗说"人生性灵，得绢甚于刑戮，如不知愧，一禽兽耳，杀之何益？"这也正合乎孔子所说的："道之以政，齐之以刑，民免而无耻；道之以德，齐之以礼，有耻且格。"

治民最重要的是使民"知耻"，只有具有了羞耻心的人，才不会去触犯法律，害人害己，这才是社会大治的根本。明代学者吕坤曾说："五刑不如一耻。"对老百姓施以重刑，不如让他们知道什么是耻辱，有了廉耻之心，才能产生一种内驱力，主动改过自新。

勇于"知耻"也能够让人重新获得认可。周处年少时行为荒唐，被人们视为祸害，但他后来能够勇于承认自己的不足，为自己昔日言行感到羞耻。于是，立志改过，最终受到了世人的认可。第二次世界大战的时候，德国和日本同为战败国，但德国人能够直面曾经的错误，努力检讨纳粹犯下的罪行，尤其是德国总理勃兰特在华沙的惊人一跪让世界人民原谅了德国；而日本却极力推卸责任，不敢坦承错误，甚至不断美化侵略行径，故而受到其他国家的唾弃。"知耻"之重要，可见一斑。

"知耻近乎勇"，敢于面对自己的耻辱，才是最大的勇敢。没有人不犯错误，但错了之后要敢于面对这种错误、失败的耻辱，而不是逃避。一个人懂得着耻，才能反省自勉，才能发奋图强，才能得到其他人的原谅和认可！这才是人生中真正的勇者。

豫则立 不豫则废

孔子说："凡事豫则立，不豫则废。"这告诉人们，无论对于天下任何事，都要预先准备，有长远考虑，这样事情才能做好；如果没有准备，目光短浅，那就什么也做不成，事事皆废了。

古人云："人无远见，必有近忧。"所谓"远见"，就是在事情还未完全显现出来的时候就打算好了，该准备的准备，该避免的避免，事情来临的时候就不致忙乱不堪，就能从容应对了。任何祸患都不是一时半刻形成的，任何功业都不是一天两天建立的。对灾祸之事，早做打算，防患于未然，就能避免灾祸；对追求的功业，早做打算，充分准备，就能在关键时刻将机会牢牢把握。反之，若没有远虑，不早准备，灾祸到了眼前才知道可畏，机会已经错过才知道痛惜，那就都晚了。

儒家所说的君子，不同于俗人，就是因为他们有远见，凡事都能先预而后行。《孔子世家·儒行解》中记载，鲁哀公曾询问孔子，儒士的行为举止是什么样的。孔子最先回答的一条就是："儒有席上之珍以待聘，夙夜强学以待问，怀忠信以待举，力行以待取。其自立有如此者。"即儒者就像席上的珍宝一样等待人来聘请，为此他们夙夜强学以等待别人的询问，怀着忠心来等待别人的举荐，力行善道以等待国君的择取。也就是说，儒者的修身、为学、为道等等，都是在为将来得到重用、一展抱负而做的准备。正是因为有这种平时对自己不懈的琢磨，他们才能成为德才兼备的贤才，在关键时刻担负起引导人民、治理天下的重任。而那些平时荒淫懈怠的人，则不可能在社会需要他们之时，担负起应有的责任。这便是人生中最应在意的"预则立，不预则废"。

《菜根谭》中有这样一句话："闲中不放过，忙中有受用。静中不落空，动中有受用。"生命中有闲暇也有忙碌，很多人在闲暇之时碌碌无为，任时间肆意流逝，到了事来的时候却手忙脚乱，难以应付，最后事情只能将就、放弃。他们的生命永远被事情赶着走，一生也就陷入平庸，毫无作为了。而立志长远的人生命中没有一分钟时间可以用来浪费，事情还未到来，他们就开始认真准备、总结经验，所以事情来时才能从容应对，脱颖而出。

《周易·系辞下》中说：君子藏器于身，待时而动。一个人有了长远的目标，就应该思考达成这个目标需要什么技能，需要做什么准备，要改正什么缺点，每时每刻为这个远大的目标而努力，这样他们才能最终实现自己的梦想，取得成功。

西晋的时候，天下刚刚从三国纷争状态中归于统一，很多人都认为天下从此太平了，可以尽情享受娱乐了。于是，从皇帝晋武帝到普通的大臣无不耽于享乐，不思进取，清谈之风、奢靡之行开始在世上流播。

但范阳人祖逖却不随波逐流，他看到朝政混乱，世风日下，十分忧心，知道天下将会大变。于是，发奋苦读，博览书籍，练习武艺，以期将来可以报效国家。后来，他担任司州主簿，遇到了同僚刘琨，刘琨也是个有远见的君子，和祖逖怀有同样的忧患。二人意气相投，常常同床而卧，共同读书练剑。一次，祖逖半夜听到鸡叫，认为这是上天在激励他上进，便叫醒刘琨道："此非恶声也。"然后与刘琨到屋外舞剑练武。

果然，几年以后爆发了"八王之乱"，诸侯王们相互攻伐，天下百姓流离，混乱不堪。同时，北方的少数民族纷纷建立政权，入侵中原，江北之地尽皆陷落。那些身处高位，昔日只知道享乐清谈的朝中重臣，面对这种状况手足无措。而刘琨、祖逖这些早有准备的人，则脱颖而出，立志光复失地，成为当时的中流砥柱。

"言前定则不跆，事前定则不困，行前定则不疚，道前定则不穷。"无论任何事，都应该提前打算，做好准备，才不会犯错误。有些人自以为很有才能，认为自己"是金子总会发光的"，便在平时荒疏懈怠，不为将来进取做准备，结果将机会白白浪费。"倒襄孩儿"的故事就是如此。

宋仁宗时期，读书人苗振做了几年官然后去朝廷应试，在考试前，他专门去拜访了老师当朝宰相晏殊。晏殊让他温习温习功课再赴试，苗振自恃有才，狂傲地称："做了三十年接生婆，难道还会将孩子裹倒了吗？"结果在考试中他把"普天之下，莫非王土"写成了"普天之下莫非王"而落选。再次去拜见晏殊时，晏殊打趣说："您这个老妈子，将孩子裹倒了啊！"苗振羞愧万分。

机会永远是留给有准备的人的，我们在平时也应该时刻为随时到来的机会做好准备。如果过分相信自己是块金子，没有忧患之心，没有远见，就会离成功越来越远。

有两个年轻人同时进入了一家公司，在办公室中担任着不太重要的职务。开始去的时候，两个人都信心满满的，期望在新的工作中一展宏图，但过了一段时间，其中一个人的心态就发生了改变。他觉得自己的位置根本就是可有可无，自己的工作连普通的高中生都能应付，身为一个重点大学的高才生，他感到自己被大材小用了，被这份工作埋没了。于是，他的工作热情一落千丈，简单的工作都是随手应付，还经常口出怨愤之辞。相反，另外一个年轻人则不然，他在工作时坚持认真完成自己的任务，闲暇时便观察同事们如何做事，经理、总经理们是如何工作的。

一天，经理要到另一个城市出差，便将自己的工作交给了第一个年轻人。年轻人也想将事情做好，可一着手就没有头绪，不知道该如何安排，最终只能按自己的老方法——随意应付。几天以后经理回来发现，办公室中一团糟，大家几乎处于"无政府"状态，每个人都各行其是，上级交代的任务也没好好落实。经理很是失望，但也没有说什么。

一段时间以后，经理又要出差，就把自己的工作交给了第二个年轻人。几天以后，他担忧地回来了，唯恐办公室像前一次一样混乱。没想到，所有的事情都被这个年轻人处理得井井有条，甚至比他自己做得还到位。经理立刻对这个年轻人刮目相看，并经常在其他领导面前表扬他。

不久以后，第二个年轻人就被公司高层所注意，安排到了重要的位置之上。两年以后，这两个昔日位置相同的年轻人已经有了巨大的差距，其中一个还是在办公室中做着可有可无的工作，拿着微薄的薪水，成天抱怨；而另外一个则成了公司的高级经理，处理着最核心的业务。

"凡事豫则立，不豫则废"，无论是一件小事，还是整个人生，人都应该有远见，及早做好规划、做好准备，如此才能应付危机、把握机会，成就自己。若是贪图安逸，不思进取，即便是天资再高，机会再多，也只能成为一个只会自怨自艾的平庸者。

二十一、诚明章

自诚明①，谓之性；自明诚，谓之教。诚则明矣，明则诚矣。

注 释

①自诚明：由"诚"达到"明"。诚，内心真诚，道德博厚。明，明白事理，智慧通明。

译 文

内心真诚而明白道理，称为"性"；明白道理之后达到内心真诚，称为"教"。内心真诚自然便会明白道理，明白道理即会主动追求内心真诚。

经典解读

这章内容单独拿出来让人有点摸不着头脑，不知它为何而说。但只要回顾一下《中庸》一文开篇的"天命之谓性，率性之谓道，修道之谓教。"和上一章的"诚者，天之道也；诚之者，人之道也。诚者不勉而中，不思而得，从容中道，圣人也。诚之者，择善而固执之者也。"理解起来就清晰多了。

诚，是上天之道；达到诚，是人应该践行的大道，内心真诚是所有人都应该努力追求的目标。只要做到内心真诚，就可以明白事理，知道自己该怎么做，该怎么活。有的人是天生就内心真诚的，这样的人是天生圣人。但对于世上绝大部分人来说，都不是这样的天生圣人。我们要达到内心的真诚，就需要先通过修养、求知去明德、明理，"明"到一定程度，就可以达到"诚"。

"诚"是我们需要达到的目标，而"明"则是与诚相关的一种状态，而"教"则是由明到诚的过程、手段。所以说，作者在本章强调的其实是"教"，也就是让世人都能通过明理、明德的手段——"择善而固执之"，去追求真诚。

哲理引申

"诚"与"明"

"诚"是《中庸》的一个核心范畴，在整个儒家思想中也占有关键的地位。什么叫"诚"呢？《中庸》里最清晰的表述就是："诚者，天之道也；诚之者，人之道也。诚者不勉而中，不思而得，从容中道，圣人也。诚之者，择善而固执之者也。"也就是说，在儒家看来，"诚"是上天所遵行的法则，是人为道应该达到的目标。达到了"诚"的状态，人就能不勉强而行为自然合乎中道，不苦思而自然明白事理。即"诚"就是人最高的修为状态，是人能够达到"天人合一"，一言一行都合乎大道时所具有的。孔子说"七十而从心所欲不逾矩"，大概就接近"诚"了。"诚"不能简简单单地释译为"内心真诚"、"待人诚信"、"心无杂念"，这些只是达到"诚"所表现出的某一方面，但要做到"诚"就必须坚守这些原则。

追求"诚"，最重要的是加强内心的修养，《大学》中所强调的"诚意"即是。诚者，应该任何意念都发自于精诚之心，不欺骗别人，也不欺骗自己。他做善事，行义举，完全是出于内心的快乐，没有任何求名、求利、好面子的勉强。他的言行一致，表里如一，不做作，不掩饰，所有的言行都合乎道义，符合礼节，这才算是达到了"诚"，这样的人才是真正有修养的圣人。所以孟子曾经说："大人者，不失其赤子之心者也。"——童心最为纯真不伪，本色自然，有德的圣人内心也是如此。

"明"是明德、明理，既包括彰明德行，又包括明晓事理。一个人如果修为到了一定境界，智慧自然也就开了，他的道德也就必然能彰明，世间的道理也就自然明白了。这就是"自诚明"，这种"明"是因为"诚"而来，也就是来源于真诚的天性。历史上的舜帝大概就是一个这样的人，他小时父亲讨厌他，继母、兄弟忌恨他，但他却从来没有一丝报复之心，始终孝顺父母，关爱弟弟，即使屡次遭到迫害，也不改初衷。正是因为这种内在的真诚，使他德行彰明，不管到了哪里人们都愿意追随他，受他美德的感染。也正因这样，他能够明晓事理，无论种地、经商、做陶器，还是治理天下都做得井井有条。

但对于大部分人来说，没有舜的那种天性，那该怎样修行呢？就要通过"教"，也就是学习、修身。学习、修身要以圣贤为规矩，看圣贤怎么做人、怎么做事，学习圣贤拥有的知识、经验，学多了自然明白道理了。看到孔子、墨子为什么那样受人尊敬，看到孟子、荀子为什么那么博学多才；看到管仲、晏子为什么能够治理国家天下……明白了这些圣贤之所以成为圣贤的原因，那么即便自身没有他们那种德行、才能，也算是明白了道理。明白了这些道理，就会勉强自己做符合仁德的事，勉强自己刻苦学习。久而久之，在这些勉强之下，内心也会逐渐发生改变，从不想为善，变得喜欢为善，从怀有私心，变得没有私心，这就是从"明"到"诚"的修养过程。

因为明白道理，从不诚通过教育的过程修养到诚，这和前面所说的"力行近乎仁"、"好学近乎知"，其实都是一个道理。都在强调人们后天的努力对修养的重要意义，指出努力可以弥补内心、天分上的不足。郑玄在注解本章时说："由至诚而有明德，是圣人之性者也。由明德而有至诚，是贤人学以知之也。有至诚则必有明德，有明德则必有至诚。"孔颖达说："此一经显天性至诚或学而能两者虽异，功用则相通。"也就是说，对于人的修为而言，最重要的是达到"诚"和"明"的状态，至于先心诚，还是先明理，过程并不重要。真诚就会明白事理，能够明白事理也就能够做到真诚。要怀着真诚之心去追求明白道理，同时在明白道理之时也要知道，这都是为了使内心修养更加接近"诚"。

人不可不诚

"诚"是《中庸》的核心概念，朱子对于"诚"的解释是"真实无妄"，绝对真实，没有任何荒谬、违理之处。对于个人而言，做到"诚"就应该实心、实意，表里如一，没有任何自欺、私伪的念头，也就是王阳明所提倡的"知行合一"。

一个人做事的时候，只有绝对真诚，表里如一，才是真的具有德行，也只有这样才能感动他人，获得认可。假若表面上做着有道德的事，心中却怀着不义的企图，所有的善行都是为了窃取名利，那就是对德行的戕害，即便是做着和尧舜同样的事情，也是不诚的，是有违大道的。他可能欺骗别人一时，却不能欺骗一世，终究会暴露出真面目，被世人所唾弃。

战国的时候，燕王哙十分昏庸，但很好名声，而相国子之又是个奸诈之徒。子之授意亲信鹿毛寿对燕王哙说："不如将国家禅让给相国子之。人们称道唐尧贤圣，就是因为他要将天下禅让给许由，许由不接受，既有让天下的美名而实际上没有失去天下。现在大王将国家让给子之，子之必然不敢接受，这样，大王就具有与唐尧同样的德行。"燕王哙于是将国家托付给子之，子之由此更是尊贵。

但燕国人都不服子之，于是群起造反，国家大乱。有人便来询问孟子："先生，尧将帝位禅让给舜，舜将帝位禅让给禹，后世人都称赞他们，拥护他们，说他们有大德。如今燕王哙将国家托付给了子之，这岂不也是尧舜的做法，为何燕国人都不服，起来造反呢？"孟子说："燕王哙不应该托付国家，子之也不应该接受。尧舜禅让天下是为天下百姓择取贤人，舜禹接受天下是为了为百姓谋福，而燕王托付国家却是为了给自己博取虚名，子之接受燕国也是为了得到更大的权势。他们效法尧舜的行为，却没有尧舜的美德，想要建立尧舜的功绩，却没有尧舜的大公之心。这怎么可以呢？燕王是乱国之君，而子之是乱国之臣啊！"

燕王哙、子之不同于尧舜，就是因为他们的心不诚，不是为了天下百姓而托付天下，而是为了自己的私欲将国家交来交去。所以，大臣不认可他们，百姓也反对他们，最后两人都在混乱中被杀死，燕国也因此元气大伤。行大善者必心诚，一个人心不诚，他做的事看起来越接近圣人，所包藏的阴谋也就越大，对国家、对自己的危害也就越为深重。王莽、袁世凯都是这样的人，开始的时候世人没有不称赞他们为国家栋梁，为万民造福的，可是当他们的真面目暴露出来的时候，就变成了彻头彻尾的窃国大盗，不仅自己遭受世人唾弃，身败名裂，还给国家带来了战乱之灾。像这样通过沽名钓誉的手段博得了世人认可，却内心不诚，怀有诈伪，最终身败名裂的人，历史上有很多，北宋奸相蔡京就是一个：

蔡京年轻时便以博学多才而闻名，和弟弟蔡卞同为中书舍人，朝廷以此为荣。但他为人奸诈虚伪，却常常能迷惑他人。

　　司马光掌权时，要恢复差役法，限期五天，臣僚们都担心太急迫，没能及时完成。只有蔡京如约，使其辖区全部改雇役为差役，没一人违反。然后赶忙跑到政事堂向司马光汇报，司马光正为此事发愁，听完蔡京汇报高兴地说："若人人奉法如君，有什么行不通！"其善于揣摩人意，投机取巧之事常常如此。

　　蔡京为人心思深沉，却常常装出一副大度的样子。一次王公大臣们一起游湖揽胜，人到齐以后次第登舟，蔡京上船时，忽然一阵风来。龙舟被刮得自行离岸，蔡京收足不及，一头栽进水中，众人大骇，连忙疾呼救人。蔡京不会水，险些淹死，多亏抓到一块木头，才浮到了岸边。被救上来时，他一身淋漓十分狼狈。同僚蒋颖叔看到他这副样子，不禁打趣说："蔡兄幸免潇湘之役。"众人都以为蔡京会生气，没想到他听了只是呵呵一笑，回答："几同洛浦之游。"这时听到嘲笑还能如此淡定，于是大家都佩服蔡京的气度，称他"宇量迈古人，世所共悉也"。

　　蔡京升为太师的时候，亲朋好友前来祝贺的络绎不绝。蔡京却毫无欢喜之色，神态与平常无异。他对前来恭贺的众人说："我当官这么久，风也经过，雨也历过，一切都看明白了。今日位极人臣，不过像掷骰子一样，掷到了我头上。人间荣辱皆如此。"他一生中四起四落，都能表现得十分从容。崇宁五年，蔡京罢相，刘逵当政。不久，刘逵又被罢，蔡京复位。刘逵对自己的朋友们说："我还不满五十岁，而蔡太师已经年过花甲，看谁耗得过谁！"可不久，刘逵就生病去世了。蔡京告诫子孙们说："刘逵已成白骨，而我还享着富贵。人心用的不是地方，就容易出事啊。你们可要牢记。"

　　蔡京还十分"谦恭"。因为守边有功，皇帝进行封赏，赐给了蔡京一条排方玉带。排方玉带不仅仅是件饰物，更是特权的象征，佩带者可以随时接近皇帝的驾辇。蔡京听到赏赐后表现得惊慌不已，竭力推辞，并引用韩愈的诗："不知官高卑，玉带悬金鱼。"称唐人早有先例，玉带上悬挂金鱼的人才能靠近皇帝驾辇，其他人无权接近，后人也应照此施行。也就将自己排除在了特权之外，皇帝听了十分高兴，对他大加赞赏，并同意了他的建议。

　　从以上事例看蔡京还真是一个君子，勤恳务实，大度宽容，谦卑守礼。但历史证明完全不是这样，蔡京为了获取权势投机取巧，四处钻营，不惜过河拆桥，借刀杀人；掌握权力以后，又结党营私，钳制天子，打压朝臣，乱政害国。到了靖康年间，金军南下，国家危急，朝臣天子才完全认识了蔡京的真面目，斥责他为"六贼之首"，宋钦宗将其流放，蔡京最终死于流放途中。蔡京死后，后人无不将其视为祸国殃民的大奸，从而遗臭千年。

蔡京有那么多好的行为，但终究落得身死名裂的下场，就是因为他心不诚，他展现出来的勤恳、大度，都是为了获取名誉、地位而伪饰出来的。众人看着的时候，他就是一个谦谦君子，可到了背地里，他就会为私欲、利益斤斤计较，无所不为，甚至不惜违背大义，祸国殃民。

君子修德一定要"诚"，要知行合一，而不是表面上做些善事，赢得名利、地位就可以了。故荀子说："君子养心莫善于诚，致诚则无它事矣……善之为道者，不诚则不独，不独则不形，不形则虽作于心，见于色，出于言，民犹若未从也，虽从必疑。"一个人没有内在的诚，即便是形色、言行中表现出善，人们也不会相信他、跟随他，即使能够暂时跟随，其后也必然心生疑虑，最终抛弃他。所以说，诚是修德的关键，无诚则无德，无德则不能立身于世。

二十二、尽性章

原　文

　　唯天下至诚，为能尽其性①；能尽其性，则能尽人之性；能尽人之性，则能尽物之性；能尽物之性，则可以赞②天地之化育；可以赞天地之化育，则可以与天地参③矣。

注　释

　　①尽其性：充分发挥自己的本性。

　　②赞：赞助，协助。

　　③参：并列、并齐。

译　文

　　唯有天下至诚的圣人，才能充分发挥自己的本性；能够充分发挥自己的本性，才能充分发挥百姓的本性；能够充分发挥百姓的本性，才能充分发挥万物的本性；能够充分发挥万物的本性，就可以帮助天地化育万物了；可以帮助天地化育万物，其德行就可以与天地并列了。

经典解读

　　何谓"至诚"，朱子注解道："谓圣人之德之实，天下莫能加也。"也就是说，德行修养到了最高深的境界，一言一行都符合大道，不能再增加了。德行修养到了这种地步，没有任何私心，知道自己最应该做什么，怎样做才合乎天道，万事之理都能明察纤毫，远近亲疏都能融洽相处，大小之事都能做得恰到好处，这便是将人的本性发挥到了极致。

　　了解了自己的本性，就能推己及人。人性根本上是相同的，只是外表气质各有差异而已，我之所欲，他人必欲之，我之所恶，他人必恶之，能利我者必会利他人，能害我者必会害他人。用自己的修养方法去培养他人，用自己的行为方式去引导他人，让他人德行日进，各得其所，这就是尽人之性了。

　　人性能够了解，物性也就能够知道了。将爱人之心推及到惜物之上；将恻隐同类之心，推及到恻隐鸟兽之上；将用人的智慧，延伸到用物之上；将治理人的方法，扩展到治理天地万物之上，这就能让天下万物各得其所，也就是尽物之性。

　　能够让世间百姓，天地万物都得到最好的安排，得到最好的发展，天地之功也不过如此，所以说圣人的大德可以赞天地之化育，可以与天地并列。

哲理引申

德行至诚方可治天下

　　天地是人类的本源，正是因为有了上天的哺育，有了大地的承载，人类才能生存繁衍。所以，在人类看来天地之德也是最高、最大、最无私的。它们给人们提供衣食住行，给人们提供阳光雨露，让世上的人都能自由自在地生活，它们的恩泽无处不到，无时不在，却从来不向人们索取什么，不求回报。在古人眼中，只有德行像天地一样崇高、广大、无私的圣人才配帮助天地治理人民，才能帮助天地将天下治理好。也正是因为如此，历代最高统治者都自称为"天子"，努力向世人证明自己才是上天的代表，肩负着上天赋予他治理民众的重任。

　　尧舜之所以受世人爱戴，受后人推崇，就是因为他们的德行至诚，如上天一样广大无私。《尚书》中就称赞尧舜严肃恭谨，明察是非，宽宏温和，诚实尽职，光辉普照四面八方，以至于天上地下。正因为有这么高尚的德行，所以他们能够以天下百姓之心为心，勤于政事，推行德政，最后还能为了天下大义，将君位无私地禅让给贤人。后世君主无不以尧舜自期，但大多数人只得到了尧舜的位置，却未能学得尧舜至诚的德行，所以最终不能像尧舜那样受到世人爱戴，得到后世的认可。

　　治理天下就是帮助天地化育百姓，帮助天地引导万民。想要实现这一目标，必须有至诚的德行方可。对于一个为政者来说最重要的就是加强自己的道德修养，并以德治国，以德率民。孔子说："为政以德，譬如北辰，居其所而众星拱之。"统治者如果具有至诚的德行，群臣、百姓自然就会拥护你、爱戴你，像群星围绕着北极星一样围绕着你转。

墨子在《兼爱》中也提出了相似的观点。圣人要想治理天下，必须知道混乱的起源。天下所有混乱都源自于德行不能普及，所以臣不爱君，子不爱父，弟不爱兄，人人都为了自己的利益而侵害他人的利益，天下就乱了。要想治理好天下，必须让人相互兼爱，没有自私自利之心。那样，人人视他人之身如自己之身，视他人之财如自己之财，视他人之国如自己之国，知道不伤害自己，便不会去伤害他人，人人和谐相处，天下自然也就太平。虽然墨子"兼爱"的观点和儒家"爱有等差"并不相同，但在以德治天下，推己及人上却是相同的。他们都主张统治者要无私，要以大德化育百姓、引导百姓；都相信只有德行至诚的圣贤才能将天下治理好。

谈到治理天下的典范，人们大多会想到开创贞观之治的唐太宗。唐太宗为何能取得那样高的成就？就是因为他不断修养德行，坚持以德治天下。

一次唐太宗在翠微殿召见群臣，询问道："自古帝王们能够平定中原之地，却不能臣服戎狄，朕的才能赶不上古人，而功绩却超过了他们，自己不解其故。诸位可以率意而谈，以实相告。"群臣都称赞说："陛下功德如天地一般广大，万物都不能说得清楚啊！"太宗说："不是这样的，我之所以能够如此，只有五种德行罢了。自古帝王多嫉妒胜过自己的人，而我却能看到别人的长处，就如自己具有一样高兴。世人各有长处、短处，我能忽视他们的短处，而采用他们的长处。古代君主见贤就过分爱护，想将贤者抱在怀中一样；见不贤就过度厌恶，想将他们推下深渊一样；而我见到贤人就敬重他们，见到不贤的人也怜惜他们，无论贤者还是不肖者都给他们合适的安排。古代的君主多厌恶正直之士，用各种手段杀戮罢黜他们，而朕继位以来，正直之士比肩于朝廷，未尝罢黜责罚一人。自古帝王都尊崇中华，鄙视夷狄，而朕却能对天下之人爱之如一，所以无论是中原人还是夷狄之人都爱朕如父母。这五种德行，就是我今日成功的根源啊！"群臣听了太宗的分析以后，都钦佩至极。

一个统治者如果能将德行放在首位，以至诚之心推己及人，化人化物，那即便没有什么惊人的才能，也能近于"无为而治"，将天下治理成太平盛世。北宋的仁宗皇帝赵祯就是一个能够以德治国，以德化人的统治者。

宋仁宗对待官员、百姓极为宽厚，而且时刻怀着仁慈之心。一天早上，宋仁宗起床后，对身边的大臣说："昨天晚上觉得肚子很饿所以睡不着，于是就特别想吃烧羊。"身边的近臣听到后说："那皇上为什么不下命令去取几只来？"仁宗听后说道："近来听说皇宫里只要索要一次，宫外的人便以此为例，天天要宰羊，以备我享用。我是真的担心如果这次我下命令索要了，你们以后就会连夜宰杀，来供应我的不时之需呢！那么时间一长，就要浪费许多人力物力精力啊！怎么能因为一时的饥饿，而开始无止境的杀戮呢？"

有一次，仁宗在散步，时不时地回头看，随从们都不知道皇帝是为了什么。仁宗回宫后，着急地对嫔妃说道："朕渴坏了，快倒水来。"嫔妃觉得奇怪，问仁宗："为什么在外面的时候不让随从伺候饮水，而要忍着口渴呢。"仁宗说："朕屡屡回头，但没有看见他们准备水壶，如果我要是问的话，肯定有人要被处罚了，所以就忍着口渴回来再喝水了。"

在进士考试中，苏辙曾在试卷里写道："我在路上听人说，宫中美女数以千计，终日里歌舞饮酒，纸醉金迷。皇上既不关心老百姓的疾苦，也不跟大臣们商量治国安邦的大计。"考官们看了试卷都认为苏辙无中生有、恶意诽谤，建议对其严厉制裁。宋仁宗却很淡定地说："朕设立科举考试，本来就是要选取敢言之士。苏辙一个小官，敢于如此直言，应该特与功名。"

仁宗生性恭俭仁恕，百司曾奏请扩大苑林，宋仁宗说："我继承了先帝的范围，还以为广，怎么能再扩建呢？"

正因为仁宗宽厚仁慈，以德为本，不对大臣、百姓肆意干扰，他统治的时期被后人称为封建社会繁荣的顶峰，唐宋八大家有六个生活在这个时代，还有司马光、文彦博、富弼、范仲淹、晏殊、柳永等诸多名臣、文豪。大臣们说宋仁宗没有太多的长处，却唯独会做皇帝。

宋仁宗去世后，天下百姓如丧考妣，讣告送到辽国时"燕境之人无远近皆哭"，辽道宗耶律洪基也痛哭道："已经四十二年没有发生战事了！"

对于宋仁宗的德行和其治国的方式，后人给予极高的评价，明代学者邹智在《立斋遗文》中说："宋之英主，无出仁宗。"王夫之在《宋论》中说："仁宗之称盛治，至于今而闻者羡之。"就连自视甚高的清朝乾隆皇帝也称中国古代只有三个帝王是他最佩服的：一是他的祖父康熙玄烨，二是唐太宗李世民，三是宋仁宗赵祯。

唐太宗、宋仁宗的宽厚待人、虚心纳谏、慈爱百姓、推己及人，都是美德的表现。他们在其他方面还有很多缺点，远未达到圣人德行"至诚"的标准，就已经将天下治理得很好了。可见，"德"和"至诚"对于治理天下是多么重要了。

唯诚者能动人

"至诚"是修行的极点，达到这个境界的人没有一点私利之心，内心和言行完全一致，都符合大道，行事无不恰到好处，所以他们能够"尽人之性"、"尽物之性"。那我们普通人没有那种修养，又该如何做呢？其实也是一个"诚"字，圣人之诚完全出于本性、本心，普通人的心性没有达到那种修养程度，但能够明白"诚"的好处，"诚"的道理，能够刻意要求自己效仿圣人，追求言行一致，表里如一。这就是由"明"而至"诚"。

只要恪守诚信、诚实、诚恳等美德，即便没有圣人那种极致的道德修养，一个人也能体会到"诚"给自己带来的好处，也能以诚得人，以诚化物。所以说，"诚"不仅是人们修养所要追求的目标，更是人们在现实生活中必须时刻恪守的美德。孟子曾经说过："至诚而不动者，未之有也；不诚，未有能动者也。"即做到极端真诚而不能使别人感动，这是未曾有过的事；不真诚，是不会感动别人的。人生活在社会之中，要想感动别人——得到上司的认可、获得朋友的信任、得到亲人的喜悦，就必须以诚处世，以诚待人。

春秋时，楚庄王率军围攻宋国，军队只剩下七天的口粮。如果吃完了还不能取胜，就只好退兵了。于是，派司马子反去查探宋国的情况。子反登上土埂，窥探宋国都城里的状况。此时，恰好宋国的华元也登上土埂，查看楚军状况。两人隔着城墙面对面。子反便问："你们城里的情况怎么样了？"华元回答："人们已经疲惫不堪了。"子反问："疲惫到什么程度了？"华元说："交换孩子杀了吃，拆下尸骨烧火做饭。"子反说："呀，疲惫到这么严重了啊！我听说被围困的军队总是让马衔着木棍，不让它们吃饱，然后牵出肥马给敌军看，以显示自己还不疲惫。您为什么要对我以诚相告呢？"华元说："我听说，君子看到了别人困难就怜悯他们，小人看到了别人的危难就幸灾乐祸。我觉得您是位君子，所以以诚相告。"子反于是对华元说："嗯，努力防守吧！我们也只有七天的军粮了，吃完了还不能取胜，就会撤军。"说罢，两人相互拱手告别。

子反回去见到楚庄王。庄王问："宋国的情况怎么样了？"子反说："宋国已经疲惫不堪了！人们交换孩子杀了吃，拆下尸骨当柴做饭。"楚庄王说："呀，竟然到了这种地步。那么我们就一鼓作气攻下宋国然后班师回国。"子反说："恐怕不可以啊！我已经告诉对方，我们也只剩七天的口粮了。宋国人一定会尽力防守的。"楚庄王大怒，斥责道："我派你去刺探敌方军情，你怎么能向对方泄漏军机呢？"子反说："一个小小的宋国，陷入围困之中，已经那么疲惫了还有诚实的大臣。我们这么大的楚国，难道就没有吗？所以我才对他们说了实话。"楚庄王说："哎，既然这样，那就算了吧！虽然军粮不足，我还是要攻下宋国再回去。"子反说："既然如此，那君王自己率军进攻吧！我请求回去。"楚庄王说："您丢下我回去，我和谁在这里呢？我也回去算了吧！"于是率领全军退出了宋国。

宋国之所以能在危难之中免除城破之灾，就是因为华元能够以诚待人，用诚实赢得了敌人的尊敬，用诚实唤起了敌人的怜悯之心。"诚"是赢得他人认可的最强力量，也唯有"诚"能感动别人。《韩非子》中说："巧诈不如拙诚。"心怀鬼胎，有目的地制造假象欺骗别人，乍看起来聪明机灵，能够抓住别人的心，取得信任，但这种信任不是长久的。一旦谎言被揭穿，就会弄巧成拙，彻底失去他人的信赖，将自己的诚信全部丧失。而坦率诚恳地对待别人，虽然没有那么多甜言蜜语，但"日久见人心"，你的诚信总有被他人了解的时候，那时能够获得的认可、信赖，绝非欺骗可以达到的。人与人之间想要和谐相处，必须以"诚"为本，用"诚"去搭建感情的基础。故古人云："百心不可得一人，一心可得百人。"

三国时，诸葛亮为何甘愿为刘备奔走驱驰，"鞠躬尽瘁，死而后已"呢，就是因为刘备能够以诚待他。刘备听说诸葛亮的名声、才能以后，便想请他辅佐自己，不惜放下身段，亲自到南阳的草庐之中拜访。当时诸葛亮是个布衣百姓，而刘备却声满天下，为一方枭雄。最初去拜访的时候，诸葛亮还故意外出，让刘备扑了个空。他身边的关羽、张飞都不耐烦了，而刘备却没有一句怨言。最后，见到诸葛亮的时候，诸葛亮正在午睡，刘备就耐心地在门外等候。等诸葛亮醒来以后，刘备立刻诚恳地询问天下大势，并将自己的志向、困扰毫无保留地说给诸葛亮。刘备能对诸葛亮如此推心置腹，诸葛亮又岂能不受感动，不以身相报。

战国时的燕昭王也是如此。他派乐毅攻打齐国，乐毅出兵以后，取得大胜。但建功以后，谗言也随之而来。有人对燕昭王说，乐毅取胜以后就骄傲自大，私下里想要背叛燕国，在齐国的故土上自立为王。燕昭王大怒，但他不是愤怒乐毅，而是愤怒那些谗毁乐毅的小人。立刻下令将诬告乐毅谋反的人杀死，并把所有指责乐毅的文书装在箱子中，送给乐毅，让乐毅对那些人自行处理。乐毅见到这些书信以后，想到君王对自己如此诚信，感动得流下眼泪，发誓绝不背叛燕国，也更加尽力了。于是，在他的率领下，燕军长驱直入，一举占领齐国城池七十余座，不仅报了昔日的耻辱，还将齐国昔日掠夺的珍宝全抢了回去，使燕国在诸侯中声威大震。

"诚"，就是诚实、诚恳、诚信，这是任何人处世必须遵行的法则。对自己要真诚，对别人要真诚，对天下万物都应怀有一份真诚之心，如此才能修养自己的德行，取得他人的信任，德行广被于天下万物。真诚可以动人，可以化物，可使自己立于与天地并列为三的不朽地位，它的功用居然有如此之大，那我们又何乐而不为呢。

二十二、致曲章

其次①致曲②。曲能有诚，诚则形，形则著，著则明，明则动③，动则变，变则化。唯天下至诚为能化。

注　释

①其次：指比圣人次一等的贤者。

②致曲：致力于某一方面。

③动：感动外物，感动他人。

译　文

比圣人次一等的贤者，致力于某一方面。致力于某一方面也能达到真诚，内心真诚就会在外表现出来，表现出来就会逐渐显著，显著以后就会发扬光大，发扬光大就能感动外物，感动外物就能引起转变，引起转变就能化育万物。唯天下至诚的圣人能够化育万物。

经典解读

"曲"就是迂回曲折，朱子注解说："曲，一偏也。"即某一方面，这是相同的。老子说过："曲则全，枉则直。"一味求高、求直是难以实现的，不如暂时柔曲应变、枉曲绕行。修德上追求"至诚"就是这样，对于普通人来说，一下子达到"至诚"的境界太难了，那就需要采取迂回曲折的修养途径，致力于某一方面开始修养，循序渐进地达到至诚的境界。

有的人谈不上圣贤，但是某一方面做得很好，显示出了德行，那就是值得肯定的。他如果能以此为基础，逐渐扩充自己的德行，那就不失为一个君子。孔文子就是这样的人，他存在很多不足之处，但"敏而好学，不耻下问"，所以孔子就对其表示了赞赏，称他配得上"文"的谥号。

有了一方面的美德，就能推及到其他的方面，如此修习不辍，终有达到"诚"的一天。内心真诚之后，就能显露在形色之上，显露于形色之上，其人的德行就显著、光大了，就能够感动外物、化育外物了。佛家讲修行的方法有八万四千种，儒家亦是如此，只要能够把握住最根本的目标"至诚"——无论如何达到，从哪里入手都是可以的。

哲理引申

修养不可急功急利

前面已经讲过，中庸之道永无止境，但并不遥远，"夫妇之愚，可以与知焉；夫妇之不肖，可以能行焉"，所以任何人都无须妄自菲薄、自暴自弃。我们都不是圣人，不可能天生就达到至诚至明的境界，但这并不代表着我们就该停步不前，永远不可能取得什么成就。天资不聪明，但可以后天努力。别人天生就仁德，我们没有，但我们可以通过"力行"的方式修养自己的仁心，最终也成为道德高尚之人；别人天生就智慧，我们没有，但我们可以通过"好学"来求取知识，增长自己的智慧；别人悟性高，很容易就达到了"诚"，我们悟性低，那就付出更多的努力。别人用一天完成的事，我们可以用三天；别人直接能达到的目标，我们没有那能力，可以采取迂回曲折的途径。只要有恒心，不放弃，虽然起点不同，迟速不等，但最终都是通向"至诚"的境界。所以孟子说"人人可以为尧舜"。

人在修养道德、追求学问上，都应怀着真诚的态度。所谓"真诚"，一方面是要将目的确实放在修养上，而不是抱着功利、私欲去追求表面的东西；另一方面是在漫长的修养过程中，应该放下急于求成之心，踏踏实实地丰富学识、磨砺道德。《大学》中说："苟日新，日日新，又日新。"追求至诚是没有止境的，整个人生都应该在不断的自我完善、自我更新中度过。君子不应该过于看重目标，而是把整个前进的过程都当作是快乐的。

"至诚"的境界对于普通人来说是高不可及的，孔子七十岁才达到"从心所欲不逾矩"的境界，他所认为的最高德行"仁"，也从来不轻易许人。连那些最得意的弟子，子路、子贡、曾子等，孔子都不认为他们达到了"仁"的境界。也就是说那些最贤能的君子都未必达到至诚，而普通人尚且不如他们又何必"太着急"呢？

齐国有个叫浩生不害的人，询问孟子："您的弟子乐正子是个什么样的人呢？"

孟子说："善人也，信人也。"

浩生不害问："请问什么叫善，什么叫信呢？"

孟子告诉他："值得推崇的叫'善'，自己确实具有'善'就叫'信'，'善'充实在身上就叫'美'，既充实又有光辉就叫'大'，既'大'又能感化万物就叫'圣'，'圣'到妙不可知就叫'神'。"

可见在孟子眼中，修养是个漫长的过程，要经历"善"、"信"、"美"、"大"、"圣"、"神"等诸多阶段。而他的得意弟子乐正子仅仅在最初的"善"和"信"之间。但反过来说，一个人只要在修行之上有了一点小的进步，某些方面拥有值得推崇、认可的美德，就可以称为君子了。

在《孔子家语·五仪解》中，孔子也对鲁哀公讲："人有五仪，有庸人，有士人，有君子，有贤人，有圣人。"修养的最高境界便是圣人："德合于天地，变通无方。穷万事之终始，协庶品之自然，敷其大道而遂成情性。明并日月，化行若神。下民不知其德，睹者不识其邻。"但一个人不可能一下子就达到这个境界，孔子也不会强求人一下子就变成圣人。所以，鲁哀公在诉说自己德行浅薄，不足以施行五仪之教时，孔子告诉他，只要能够做好自己的本职工作，能在平时懂得缅怀先王、礼待诸侯、勤于政务、爱惜百姓，就足够了。

我们有修德向善之心的时候，自然会与圣人比较，会向圣人学习。如果太急于求成，就会发现自己这点做得也不足，那点做得也不足，方方面面都和圣人差得太远了，很容易产生自暴自弃之心，觉得自己永远也不可能达到人家那种程度了，还是放弃，随波逐流吧！那就永远也不会进步了。所以，不要要求自己方方面面都像圣人，不要一下子强求至诚，从小的方面做起，一点一滴地进步，逐渐弥补不足，使隐藏的善体现出来，以真诚的态度去修养道德，自会有成功之时。

人在修养道德上，一定要有"愚公移山"的精神，不要希冀着一下子将山搬走，也不要看到巍巍大山就心生畏惧，不敢向前了。朱子在注解本章时说："曲无不致，则德无不实，而形、著、动、变之功自不能已。积而至于能化，则其至诚之妙，亦不异于圣人矣。"即使是沿着曲折迂回的途径进行修行，但只要能够坚持不懈，德行就会不断地充实，充实就会显现出来，逐渐显著，发生转变，最终改变整个人的气质，并能影响外物。也就是积少成多，变化自生，从不诚、到诚、到至诚，最终总能修养到与圣人无异的地步。

不要忽略身上的善端

普通人没有圣人的那种修为，不能面面俱到，处处皆诚，那就致力于某一方面，不懈努力后这方面也能达到至诚。这就告诉人们在修养之时，要善于发现自身某一方面的善，然后将这种优点扩充开来，从浅到深，从这一方面，到另一方面，"悉推致之"，总有"各造其极"的时候。

孟子说人有"四端"：恻隐之心，羞恶之心，是非之心，辞让之心。恻隐之心是"仁"的起点，羞恶之心是"义"的起点，是非之心是"智"的起点，辞让之心是"礼"的起点。这四端是人生来所固有的，"求则得之，舍则失之"，发扬它们就能扩充为仁义礼智等各种美德，不发扬它们，它们就会隐没，从而显得没有德行。人有"四端"就如拥有四体一样，能够发展充实它们，就可以保有天下；不能发展充实它们就不足以侍奉父母。认为自己不能扩充"四端"是自贼，认为别人不能扩充"四端"就是贼人。所以说，每个人都可以拥有仁、义、礼、智等各种美德，每个人都有成为尧舜那样圣人的潜力，高深广大的德行都是从某种细小浅显的善端发展而来的，至诚至明的境界也是从平庸普通修养而得到的。人应该做的就是发现自己身上的善端，并将其发扬光大。

心中有一点好的念头，抓住它不放弃，就能逐渐变成一种美德；身上有一个微小的优点，珍视它，尽力做得更好，优点就会越来越多。量变多了就会发生质变，人也就能从普通人变成君子，从平庸者变成贤人了。

齐宣王曾问孟子："齐桓公、晋文公称霸的事，先生可以讲给寡人听听吗？"

孟子说："孔子的学生没有谈论齐桓公、晋文公称霸之事的，所以没有传到后代，我也没有听说过。但我有更好的学说，那就是在天下实现王道。"

齐宣王觉得实现王道太难了，便问孟子："像我这样的人，没有尧舜那样的德行，也能实现王道吗？"

孟子说："能。"

齐宣王很好奇，问："我自己都怀疑，先生凭什么这么确定我能呢？"

孟子说："我曾经听大臣胡龁说，您有一天坐在大殿上有人牵着牛从殿下走过，您看到了，便问，'把牛牵到哪里去？'牵牛的人回答，'准备杀了祭钟'。您便说，'放了它吧！我不忍心看到它那害怕得发抖的样子，就像毫无罪过却被判处死刑一样。'牵牛的人问，'那就不祭钟了吗？'您说，'怎么可以不祭钟呢？用羊来代替牛吧！'不知道有没有这件事？"

齐宣王想了想，回答："有。可这又能说明什么呢？"

孟子说："这就说明您存有仁心。凭这种仁心就可以实现王道了。"

齐宣王不理解。孟子解释道："您同情那头牛，不忍心它被杀，这就是仁慈的表现。您将其替换成了一只羊，以至于有的百姓认为您吝啬，其实不是这样的。是您看到了牛，却没有看到羊啊。如果您能够将看到东西引发的仁心，推及到没有看到的东西之上；将对牛羊的仁心，推及到国中百姓身上；将对齐国百姓的仁心，扩充到对天下百姓、天下万物之上，那您的仁心就扩充光大了起来，尧舜也不过是如此啊。有了这种心怀天下万物的仁心，要想实现王道还不是易如反掌之事。"

怜惜将要被杀的动物，这种恻隐之心是人人都具有的。孟子认为只要能将这种善发扬光大，便可以拥有对天下万物的仁慈，就可以得到天下，治理好天下了。普通人之所以不能达到仁的境界，不能成为有作为的圣贤，就是因为不能将身上的善端发扬光大啊。

不仅在道德修养上，其他方面人也应该能发现自己身上的优点，并将其扩充光大。比如个人的才能，生活中我们会发现身边很多人多才多艺，自己似乎差得太远了，因此有时会产生自暴自弃的心理，认为自己"太没用"了，再怎么努力也不可能赶上人家。其实，完全没必要如此妄自菲薄。每个人身上都有优点和缺点，每方面都做到完美是不可能的，那么，就应该发现、珍视自己的优点，放大自身的优点。这样才能更好地扬长避短，发挥优势，取得更大的成功。

英国有个叫艾金森的男孩长相憨呆，举止笨拙，经常被同学们当成取笑的对象。他常常把课堂搅成一锅粥，老师们认为他没有任何优点和发展前途，父母也怀疑他是弱智。但艾金森并不看低自己，他确信自己有表演的才能，于是努力在这一方面发展，常常逗得老师和同学捧腹大笑。直到有一天，一位著名的喜剧导演发现了他，并对他的才能惊叹不已，于是邀请他一起合作喜剧节目。后来，艾金森成功了，他在喜剧电影《憨豆先生》中扮演的憨豆深入人心，受到了世界上无数人的喜爱、赞扬。

法国有个穷困潦倒的青年，流浪到巴黎，期望父亲的朋友能帮助自己找到一份谋生的差事。"数学精通吗？"父亲的朋友问他。青年摇摇头。"历史、地理怎样？"青年还是摇摇头。"那法律呢？"青年窘迫地垂下头。父亲的朋友接连发问，青年只能摇头告诉对方——自己连丝毫的优点也找不出来。"那你先把住址写下来吧。"青年写下了自己的住址，转身要走，却被父亲的朋友一把拉住了："你的字写得很漂亮嘛，这就是你的优点啊，你不该只满足找一份糊口的工作。"青年眼前一亮，立志在写作方面努力。几年以后，他果然写出享誉世界的经典作品，他就是家喻户晓的法国著名作家大仲马。

世上没有人是一无是处的，每个人都存在这样那样的小优点、小美德，但常由于自卑而被忽略了。如果，我们能够刻意发现自己的这些优点，并增强它们、扩充它们，我们就会变得越来越完美，越来越成功。终有一天，我们会发现自己身上已经被美德、才能所充溢，我们不再是平庸无能的人了，我们和那些昔日看起来遥不可及的圣人、君子、成功者并没有太大的差距了。所以说，每个平凡的生命中，都蕴涵着一座丰富金矿，只要肯挖掘，就会拥有令自己都惊讶不已的宝藏……

二十四、前知章

原　文

至诚之道，可以前知①。国家将兴，必有祯祥②；国家将亡，必有妖孽③。见乎蓍龟，动乎四体。祸福将至：善，必先知之；不善，必先知之。故至诚如神。

注　释

①前知：预知前事。

②祯祥：吉祥的征兆。

③妖孽：妖邪的征兆。

译　文

具备至诚之道的圣人，可以预知前事。国家将要兴盛，必定会出现吉祥的征兆；国家将要灭亡，必定会有妖邪的征兆。占卜时表现在蓍草龟甲之上，平常时体现在仪容动作之间。祸福将要来临：是福可以预先知道；是祸也可以预先知道。所以至诚之道犹如神灵般微妙玄通。

经典解读

道德至诚则智慧至明，修养达到了这种境界就没有什么是不可知道的了。因为这样的圣人掌握了主宰世间万物运行的大道，他们看到一个人的仪容、行动，就能知道他的德行，知道了他的德行，就能推测出他的命运，是有福还是有祸；他们看到一个国家的状态，就能知道这个国家政治如何，统治者是否有道，也就能推断出这个国家是强盛还是衰弱，是振兴还是灭亡。

儒家并不排斥鬼神、妖孽、阴阳、占卜等事，但这些无论如何解释都必须符合大道，也就是以德行为出发点。儒家讨论这些并不是崇尚迷信，而是要通过鬼神、妖异、占卜等现象劝人向善，劝人修德。一个人修为还不够的时候，他不知道仁义、诚善的好处，不知道主动去追求仁德，那这个时候，就需要用鬼神之说让他感到恐惧、敬畏，让他远离罪恶，走向仁善。若一个人德行至圣，也就是达到了"至诚"的境界，那就不需要再用什么鬼神、占卜来协助修德了，他自己就知道无论什么时候都要向善，都要行仁，那无论出现什么妖异之象都不会动摇他了，他做事都能符合中庸之道，都能恪守仁德，那他行事就永远是恰当的、正确的，永远能获得福泽，这在外人看来就像他可以"前知"一样，也就是"知天命"了。

所以，"至诚如神"并不是说一个人真的像传说中的神仙一样想知道什么一算就出来，而是说他道德至圣，能够以道德规律推断世间万物的发展，比普通人见识更加深远而已。

哲理引申

至诚如神

儒家说一个人达到了"至诚"的境界，就能预测兴亡祸福，其实这和道家所讲的"得道"是一个意思。只不过前者在表述上更加侧重于人的内在德行方面，后者更加侧重于对客观规律也就是"道"的认识。"诚则明矣，明则诚矣"，道德至诚，认识至明，也就是得道，是相通的。老子说："执古之道，以御今之有。能知古始，是谓道纪。"得道之人能够像神明一样预测祸福兴亡，就是因为他们能把握住早已存在的"道"，来驾驭现实存在的具体事物，认识、了解宇宙的初始。儒家的圣人、智者也达到同样的境界，他们能够预言兴亡祸福，同样是因为对道德规律的深刻认识——得道则兴，无道则亡，有德则得福，无德则受灾。

古人常说神明，什么叫作"神明"？知天知地，知前知后，就叫作神；知内知外，知己知人，就叫作明；无所不知，无所不察就是神明。天地万物莫不依道而运转，世人百态莫不以德为基础，故以道察物则通于神，以德观人则达于明，圣人君子道德纯备，以澄澈之心体察万物故可配神明之称。孔子说："仁者无忧，智者无惑。"仁者以德自守，故能顺应大道，不使自己陷于忧患之中；智者能洞察万物之理，故对时势了然于胸，无所迷惑。"至诚"就是仁和智都达到了极点，已经到了无所不知，无所不察的神明境界了。

殷纣王即位不久，命人为他雕琢了一双象牙筷子。贤臣箕子看到以后，出门感叹道："殷商快要灭亡了啊！"有人不解，箕子说："象牙筷子肯定不能配瓦器，要配犀角之碗、白玉之杯。玉杯肯定不能盛野菜粗粮，只能与山珍海味相配。吃了山珍海味就不肯再穿粗葛短衣，住茅草陋屋，而要衣锦绣，乘华车，住高楼。国内满足不了，就要到境外去搜求奇珍异宝。如此贪奢百姓不能承受，四方不能满足，国家不灭亡还能如何！"果然，纣王之奢侈从此一发不可收，厚敛重赋以充实鹿台的钱粮，到处搜寻犬马玩物，大兴土木扩建宫室，以酒为池，悬肉为林，使男女裸露身体相逐其间，昼夜宴饮聚乐。国内百姓不堪重负怨声载道，四方诸侯不忍其扰心怀叛逆，不久西岐兴起，武王伐纣，殷商灭亡，纣王自身赴火而死。

箕子看到纣王用一双象牙筷子就推测到殷商快要灭亡了，最后果然如此。箕子并不是能掐会算，只是他了解治国一定要以德行为基础，奢侈浪费的行为败坏德行，不加以制止就一定会酝酿出祸患。这就是根据道德规律而推测兴亡的，历史上很多有见识、有德行的人都能根据执政者的行为而预测出国家的发展趋势，春秋时晋国的叔向、吴国的季札、齐国的晏婴都有这样的言辞。但当时历史上最出名的预言者还要数东周的单襄公。

单襄公是周定王时候的大臣。公元前601年，受周定王派遣出使宋国，之后又借道陈国访问楚国。回来以后，周定王询问各诸侯国的情况，问道："这些国家，哪个国家会有危险呢？"单襄公说："陈国。陈侯如果不遭遇凶灾，国家也一定会灭亡。"周定王问："为什么呢？"

单襄公回答："陈国的早上已经能见到大火星了，这表示天气变冷，该准备过冬了，先王在这个时候都要率领民众修葺住所，储藏食物，广施恩惠。可陈国道路被杂草堵塞，谷场荒废，湖泊不筑堤坝，河流不备舟桥，这是荒废先王的遗教啊。陈国的道路无法辨认，农田埋没在杂草丛中，庄稼熟了无人收割，百姓为国君的享乐而疲于劳作，这是抛弃了先王的法度啊。按照制度天子派官员到诸侯国，应由各部门的长官接待，给予礼遇。臣虽然没有什么才能，但还是天子的亲族，是奉了天子的使命作为宾客而途经陈国，然而陈国主管接待的官员却不来照应，这是蔑视先王所制定的分职啊。先王制定礼制，就是为了规范人们的行为，而陈侯荒淫放荡，抛弃自己的嫔妃，和大夫孔宁、仪行父穿戴着楚地流行的服饰到夏氏家玩乐，这是违背先王的政令啊。

"对于先王的教诲，即使认真遵行还恐怕有所差池。像这样荒废先王的遗教、抛弃先王的法度、蔑视先王的分职、违背先王的政令，那凭什么来保守国家呢？地处大国的中间而不仰仗先王的遗教、法度、分职、政令，能够维持长久吗？"

果然，两年以后，陈灵公就因为荒淫无道被大夫夏征舒杀死，又过了一年楚庄王率军占领了陈国。

公元前575年，晋楚两国爆发了鄢陵之战，晋国大胜。战后，晋厉公派大夫郤至去周王室献俘。郤至会见了邵桓公，在谈话中多次提到自己的功劳。邵桓公事后将谈话内容告诉了单襄公。单襄公听后感慨道："俗话说'刀架在脖子上，'恐怕就是指郤至这种人吧。他位在七人之下，却想凌驾于别人之上。怨恨聚集，祸乱就会到来。所以《夏书》曰：'怨岂在明？不见是图。'就是让人们谨慎防备。如今他做着招致怨恨的事，却不知道提防，想要长久，难了！"

第二年，单襄公参加了晋、齐、宋、鲁、卫、曹、邾等国的柯陵会盟。在会盟中，他看到晋厉公走路时眼睛望远不望近，脚步也抬得高高的，心不在焉，又看到晋国的大臣都傲慢无礼，骄狂自大，齐国的大臣国佐说话也毫无忌讳。便对与会的鲁成公说："晋国很快就要发生内乱了，晋厉公和势力最大的三郤恐怕都要大难临头。甚至齐国的国佐也有灾祸，他处在淫乱的齐国，却喜欢讲直话，明指他人的过失，这就是招致祸患的根源。只有善良的人才能接受别人的随意指责，齐国有这种人吗？"

果然，晋厉公回国不久，就诛杀了三郤。不到一年，晋国大臣栾书、中行偃作乱，弑杀了晋厉公。同年，齐国大夫国佐被齐灵公杀死。

晋襄公有个曾孙人称孙周，长期流亡在周天子那里，人人都不看好他。唯独单襄公认为这年轻人将来一定会得势。结果晋厉公被弑后，国中无主，晋国人果然迎回了孙周，这就是晋悼公。

单襄公作了这么多预言，无不应验，他为什么能够预测兴亡、推断祸福呢？就是因为他能以道德规律推断世事。陈国之所以灭亡，就是因为国君、大夫无道，百姓懈怠懒惰；晋厉公、郤至、国佐之所以遭受祸患，就是因为道德不行，骄傲、淫乱、奢侈、自大、不守礼节；孙周之所以能够得势，则是因为有德，能够遵守礼节。"冰冻三尺，非一日之寒"，国家、个人的祸福、兴亡也都不是一天形成的，有道自然表现出有道的仪容，无德必然有无德的行为。能够以其仪容、行为察看一个人、一个国家是否合乎道义、仁德，就能知道兴亡祸福了。

所以说，智者之所以拥有智慧，能洞察万物，并没有什么特别的窍门，仅仅依靠"道德"两个字而已。一个人如果能将道德修养到至诚的境界，他自然可以明白世间的所有道理，也自然能以其中的规律推断祸福凶吉。

德行至诚可知天命

"国家将兴，必有祯祥；国家将亡，必有妖孽。"祯祥，是吉祥的征兆，妖异，是灾祸的征兆。翻开史书，这类记载数不胜数，几乎每个朝代兴盛、衰亡，每个大人物出生、死亡都有神奇怪异的现象。这些东西真的能够预测人的命运、昭示国家的兴衰吗？显然不能，比如古人常以荧惑、太岁的位置来预测凶吉，现在人们都知道，火星、木星的运行轨迹是固定的，根本不会因为哪个人、哪个国家的命运而改变位置；还有出现什么麒麟、白鹿之类的，也不过是些少见或基因突变的动物罢了，这些怎么能和命运联系上呢？

古代的圣贤之所以经常提到这些神意的现象，只是把它们当成劝善、进德的一种手段罢了。很多愚昧之辈不懂得守道行事，不懂得修养自己德行的重要性，他们不能达到"至诚"的境界，也不知天命，所以十分迷信，出现点天文地理生物的异象就觉得是上天有什么昭示。所以，圣贤正好借这些告诉他们：这是上天的启示，是告诉你哪些德行不足，哪些政事做得不够好……如果，有人怀着邪僻的目的，不将修德作为目的，为了钱财，而欺骗大众，乱解释这些异象，那就是真的封建迷信，坑蒙拐骗了。孔子就是因为明白了其中的道理，所以才既不刻意反对祥瑞、妖异等说法，也不随便说这些，即"不语怪力乱神"。

所以说，所谓的祥瑞、妖异本来没有什么实际意义，是君子为了劝善进德而赋予了它们特殊的意义。如果听信善言，借助这些机会来修养德行，就会对自己有所增益；如果听信谗言，借这些来伤害德行，伤害百姓，就会招来祸患。所以，对于祥瑞、妖异，只有智者才能以德行解释它们，只有有德者才能以德行应付它们。

齐景公的时候荧惑，也就是火星运行到了虚宿的范围内，连续一年多没有离去。齐景公觉得怪异，便召来晏子询问道："我听说，人行善则得到上天赐福，行不善则得到上天降祸。荧惑主罚，现在留在虚宿之内，谁应该承担呢？"

晏子回答："齐国应该承担。"齐景公不悦，说："天下有大国十二个，都是诸侯，为何单单齐国承担呢？"

晏子说："虚宿是齐国的分野。况且天下的灾祸本来就会降临在富强的大国中，如果有善而不用，发布的命令不行使，贤能的人被疏远，谄媚小人反而得势，导致百姓怨愤，统治者只知道自己祈求吉祥，碌碌无为，尸位素餐，遭到灾祸又有什么奇怪的！所以，星宿排列没有次序，变星有奇异光芒，荧惑回转逆行，灾星在旁边，有贤士却不任用，怎能不灭亡呢？"

景公问："可以禳除灾祸吗？"

晏子回答："可以招致的可以让它离开，不可以招致的也不可以让它离开。"

景公又问："那寡人该如何做呢？"

晏子说："为什么不去除那些冤案，使他们返回到田地里；散发百官的钱财，给予百姓；救济孤寡之人、尊敬老人。像这样，各种罪恶可以消除，哪里只是消除这个灾难呢？"

景公说："好。"于是改正错误，任贤行善。做了三个月，荧惑离开了虚宿。

遇到奇异的天象，晏子并没有预言会有什么样的灾祸，而是尽力劝告君主要修养德行，利用齐景公对天象的畏惧，而促使他改错任贤。晏子可以说是善于解释妖异的智者了。

宋景公的时候，荧惑运行到了心宿范围内，心宿是宋国的分野。宋景公十分担心，召大夫子韦来问他："荧惑处在心宿的位置附近，这是为什么？"子韦回答："荧惑出现，预示着上天的惩罚，心宿是宋国分野，灾祸正当在君主。但是，可以将其转嫁给宰相。"宋景公说："宰相是辅佐我治理国家的人，我将灾祸转嫁给他不仁。"

子韦说："也可以转嫁给老百姓。"宋景公说："老百姓死光了，我去做谁的国君，我宁可一个人去死。"

子韦说："那就转嫁到年成上去吧。"宋景公说："年成不好，百姓就会因饥饿死去，做君主的戕害百姓而活下去，这怎么可以呢，谁还肯将我当作君主？看来，这是我的寿命已经到头啦，你不要再说了。"

子韦听完这些话后，向宋景公行再拜之礼，说："臣冒昧地向您祝贺。天虽然在很高的地方，但它也能听见地上的对话，您说了三句作为君主该说的话，上天必定会奖赏您。您不会遭受灾祸，而且荧惑也一定离开。"

果然如子韦所说的，荧惑很快就离开了心宿，宋景公也没有遭受到什么祸患。

宋景公面对奇异的天象，并没有为了转嫁灾祸而损害德行，反而彰显仁爱之心，体恤大臣、百姓，最终灾祸也没有降临到他的身上，他可以说是善于应对妖异的有德者了。

《孔子家语·五仪解》中记载了一段孔子关于天灾地祸的观点：

鲁哀公曾经询问孔子："国家的存亡祸福，的确是由天命来决定的，不是人力所能左右的吗？"

孔子告诉他："存亡祸福，都是因为人自己而已，天灾地祸，都不能改变国家的命运。"

哀公说："好！您说说，有什么事实根据吗？"

孔子说："从前，殷纣王做天子时，在国都的城墙边，有一只小鸟生出了一只大鸟，占卜者预言：'凡是以小生大，国家必将称霸，声威大震。'于是，纣王凭借这个祥瑞，不好好治理国家，残暴无道，朝中大臣也无法挽救。最终，外敌攻入，殷商因此灭亡。这就是以自己肆意妄为违背天道，祥瑞反而变成了灾祸。纣王的先祖殷王太戊时，社会道德败坏，国家法纪紊乱，以致出现反常的树木，朝堂之间忽然长出了合生的桑楮树，七天就长得两手合抱之粗。占卜者说：'桑、楮是野木，不应共同长在朝堂之上，难道国家要灭亡吗？'太戊十分恐惧，于是恭谨地修养自己的德行，学习先王的治国方法，探究养民的措施，三年以后，远方的国家都思慕他的道义，偏远之国的使者经过多重翻译前来朝见的有十六个国家之多。这就是以自己的谨身修治来改变天道，将灾祸变成祥瑞。所以说，天灾地祸是上天来警示国君的，梦见怪异是上天来警示臣子的。灾祸胜不过良好的政治，梦兆也胜不过善良的行为。能明白这个道理，就是最高的治国境界，只有贤明的君主才能做到。"

鲁哀公听完以后，深服孔子的教诲。

"祥者福之先者也，见祥而为不善，则福不至。妖者祸之先者也，见妖而为善，则祸不至。"无论是吉祥的预兆，还是凶灾的预兆，都不能左右人的命运，先贤言它们只是将其作为反思德行的一个契机，最终决定一个人命运的还是其本身的德行和行为。一个人如果能够时刻珍视自己的德行，看到妖异之时，便反身自省，看到吉瑞之时能够再接再厉，那他就是"知天命"，也就真正能够掌握自己的吉凶祸福了。

二十五、自成章

原　文

誠者自成也，而道自道①也。誠者物之终始，不诚无物。是故君子诚之为贵。

誠者非自成己而已也，所以成物也。成己，仁也；成物，知也。性之德也，合外内之道也，故时措②之宜也。

注　释

①道：导，引导。

②措：恰当。

译　文

"诚"是自我的完善，"道"是自我的引导。"诚"贯穿于万物的发端和结束，没有"诚"也就没有了物。所以君子以诚为贵。

诚，并非自己完善就可以了，还应该去成就万物。完善自己，就是仁；成就万物，就是智。仁和智是出于本性的德行，融合了内心和外界的准则，所以，它们无论任何时候施行都是适宜的。

经典解读

"诚"与"道"是一体的，在心则为诚，在外则为道——"诚"是对内心而言，是人心应追求的最终原则，"道"是对事理而言，是行为应该遵循的基本规律。内心不诚，就不能守道，万物也就失去了存在的基础。所以，君子将"诚"作为最重要的东西。

　　"诚"一方面是要成就自己，一方面去成就万物，这就是"仁"和"智"。这两种品质都是出于本性的德行，君子必须努力发扬它们。所以，一个人既要修养自己的身心，使自己的德行更加完美，又要将内在的德行进行推及扩张，去引领他人，造福社会。

哲理引申

不断进取 成就人生

　　"诚者自成也，而道自道也。""诚"就是一个人不断地修养，自我完善；而"道"就是一个人修养时所应恪守的原则，是人对自己的正确引导。"诚"贯穿于事物的起始和终结，正是因为有"诚"这种不断修养、完善的精神，万物才得以生生不息地发展下去，如果没有"诚"，那事物也就失去了发展的意义，所以说"不诚无物"。

　　人生之所以有意义，就是因为人有"诚意"——不断追求完善的欲念。刚出生的婴孩，蒙昧无知，但他的内心已经有了仁义礼智的开端，他的成长过程就是一个不断扩充这些美德，让自己更加完善的漫长旅途。一开始的时候，他只知道饿了要吃的，渴了要喝的，玩好玩的东西，看好看的景色。随着成长，通过接受教育和生活的潜移默化，他懂得了什么东西可以要，什么东西不能要，什么事可以随意去做，什么事不能去做，这就是一种进步，一种是非之心、羞恶之心的成长。再往后，他逐渐学会了谦让的礼节，学会了礼貌问候，学会了孝顺长辈、关爱朋友、同情他人，这就是道德的逐渐完善。再后来，通过长期修养、学习，他知道了前代的圣贤如何处世、行事，懂得了各种做人的原则、道理，他开始刻意地修养德行，追求完善。最终，他将成为一个有道德、有学识、有成就的人，他的人生才算是完善起来，但他的追求却永远没有止境……

　　每个人的人生其实都应该是这样的，永远追求完善，永远不停止前进，生命的意义正蕴含在其中。现实中很多人，失去了这种追求完善的欲念，他们看不到"诚"对于人生的重要意义，所以不知道人生的价值何在，不知道人生的目的是什么。所以，他们平时不注重自己的行为，将原则、道义看得一文不值，只知道沉迷于暂时的享乐，只知道追求眼前的利益……于是他们在迷茫中不断浪费生命，甚至自行堕落，最终碌碌无为、一无是处地结束了宝贵的生命。到死的时候，他们都不晓得自己为何要活在世上，自己在世上活了几十年究竟是为了什么。

一株禾苗，为了获取更多的阳光，每天拼命地向上长，还要时时接受风雨的考验，如此才能结出饱满的谷穗，才能在短暂的一生中实现自己的价值。一棵小树，从草堆中扎尖而出，沐风栉雨，历经寒暑，不被风雨所倾折，如此才能成长为参天的栋梁之材，实现自己应有的价值。同样是禾苗，有的谷穗饱满，将后代传续了下去，有的干瘪瘪的，只能沦为野草之流；同样是树木，有的高耸入云，成为栋梁，有的低矮歪折，只能被当作柴火烧掉。这就是有追求和没有追求的巨大区别。人生也是如此，有的人追求自我完善，不断前进提高，最终他将成为世上的栋梁，在内得到心安，在外得到认可，他对于国家、社会都是有意义的；有的人则不求上进，随波逐流，到白头了还碌碌无为，他的内心空虚，受人鄙视，不仅荒废了自己的人生，还抛弃了对社会、国家应肩负的使命。这就是是否追求"诚"对于，人生的巨大影响。

儒家之所以不同于其他学说，之所以能够得到我们先祖的认可，并成为中华文明最踏实的基础，就是因为它积极向上，教导人们不断地追求，不断地修养，努力在一生中有所作为。所以先贤们提倡"作新民"，提倡人们日省其德，"有则改之，无则加勉"，提出"力行近乎仁"、"好学近乎知"，提出"少壮不努力，老大徒伤悲"、"朝闻道，夕死可矣"……这种积极向上，自强不息的人生态度，也正是儒家学说最可贵之处。

唐宋八大家之一，北宋文学家苏洵小的时候很聪明，但却不务正业，整日游手好闲，和乡里少年们斗鸡走马。他的父亲对这个小儿子也很是疼爱，不怎么管他，家中又资财丰厚，所以苏洵丝毫没有读书上进的念头，养成了一身毛病。

年纪稍大以后，苏洵又很向慕古时书中提到的游侠，尤其崇拜大诗人李白，于是离开家乡，四处周游。他走了很多地方，心思也更加放荡，觉得人一生只有这样无拘无束地到处游玩才是最好的。十九岁的时候，家人也觉得苏洵这样整日游荡下去不是个事，便给他娶了媳妇，希望他能安稳下来，将心思放在正处。但苏洵结婚以后，还是放荡不羁，终日嬉游，不知有生死之悲。

几年以后，苏洵的母亲去世了。兄弟、亲朋们都来参加葬礼，在葬礼上苏洵看到别人要么中了进士，做了官，要么在某方面有所成就，想到自己多年来的放荡，心中很不是滋味，觉得有负于父母的养育和教诲。"知耻近乎勇"，苏洵开始反省，并立志为学。在给欧阳修的书信中他曾讲述自己的这段改变，说："洵少年不学，生二十五岁始知读书，从士君子游。"

景祐四年（1037 年），二十八岁的苏洵赴京师，去礼部考进士，然而自恃聪明的他，却出师不利，未被录取。他十分失望，觉得自己想要好好学习已经晚了，产生自弃之心。不久，他去阆州探望在那儿做官的哥哥苏涣，看到哥哥治理地方成绩很好，百姓安居乐业，都对苏涣交口称赞。苏洵大受感动，觉得真正有意义的人生就应该这样，以自己的学识博得官位造福百姓。于是，他返回家中闭门苦读，经过五六年的刻苦努力，终于有所成就。十几年以后，苏洵带着两个儿子苏轼、苏辙进京应试，谒见翰林学士欧阳修，得到欧阳修的赏识。一时间，苏洵文名大盛，朝中公卿大夫争相传诵他的文章。

苏洵从一个放荡散漫的公子哥，成长为一代大文豪，就是因为悟得了人生的真谛，知道人应该不断进取，追求自己的完善，努力为百姓、国家做出自己的贡献。历史上能够受到世人尊崇的圣贤，无不是经历一番苦修、磨砺而在道德、学问上有所成就的人。

人生的意义是什么？就是为了活得更好，让自己更加完美，让自己在生命终结的时候，能感到自己这一生没有虚度，实现了自己应有的价值。这也是儒家提倡追求诚明，成就自己的深意之所在。

人应有兼济天下之心

"诚者非自成己而已也，所以成物也。"人追求至诚的道德修养，不应单单局限于成就自身，更要能成就外物，利世济人，也就是古人说的"穷则独善其身，达则兼济天下"。先贤之所以提倡引导世人，"先知觉后知，先觉觉后觉"，之所以以"治国平天下"为根本目的，难道是为了获得名誉、地位，得到自身的好处吗？非也，他们之所以有这些深重的使命感，有这种崇高的理想，就是为了将自身的德行推及到世间所有人身上，让所有人都能守道向善，达到"诚"的境界，就是为了能造福百姓，成就天下所有的人。

孔子德行那么完美，学识那么渊博，他想取得高官厚禄如同反手一样简单，却为何要收授弟子，还带着他们到处推行自己的政治主张，以至于处处碰壁，凄凉时"惶惶如丧家之犬"呢？孟子的学问天下认可，很多国家愿意用高位厚禄奉养他，很多君主将其当老师看待、尊崇，他又为何要四处奔波，推行不被统治者所采用的王道呢？诸葛亮智慧那么高远，在孙权、曹操那里要想取得高官厚禄只怕也是轻而易得的，他又为何要跟随刘备共历患难，忧心竭虑呢？这些前辈圣贤之所以抛弃安稳的生活，轻视高官厚禄而为自己的理想奔走游说，就是为了在天下施行仁义之道，让天下百姓都得到仁惠，得到好处。

古时，有一个富翁，他出生的时候父亲就已经给他留下了一生无忧的财产，他的每一天都在锦衣玉食中度过。娶妻生子，继承祖业，享受生活……他似乎天生就注定要过着这样"理想"的生活。

在富翁五十岁寿庆之时，他决定做点修德之事，让管家将当地所有的明贤高士都请到自己家中来摆宴款待。席间，一位僧人引起了富翁的注意。这个僧人身体瘦弱，面庞黝黑，一看就是饱经风霜之人，走起路来佝偻着背，一条腿还有些瘸。富翁看到他这个样子不禁感慨起来："他的生活为何如此的不幸啊！"

富翁的话恰好落入了僧人的耳中。僧人扬起头来，笑着对富翁说："施主的生活是多么的不幸啊！"富翁大惑，不高兴地问："大师为何如此说笑？"僧人问："施主难道自觉很幸福吗？"富翁回答："那还用说吗？我一出生就是富家的少爷，直到今天日日锦衣玉食，现在子孙满堂，身体健康，难道这还算不上幸福？您一个孤苦伶仃的僧人，身体又如此不好，却说我可怜，岂不是可笑？"

僧人摇摇头说："我所认为的不幸和施主所认为的不幸大不相同。人生最重要的是活得有意义，而不是有多么舒服。我的身体虽然单薄，但德行却自认为没有缺失；我的脸上布满风霜，正是因为生活经历丰富的原因；我的背虽然驼了，但在任何人面前我都毫无自愧不如之心；我虽然腿脚不好，又贫穷，但帮过的人，做的善事，相信不会比在座的任何人少；我虽然没有子女，但走在大街上到处都能遇到尊重我，将我看成亲人的人。如果我哪一天去世了，我会很高兴地对自己说，我这一生过得很满足，没有什么可以值得遗憾的了。而您，虽然生来富贵，但却只知道自己享乐。和您住在一条街上的人，有的穷得吃不上饭，您不知道；每天路过您门前的乞丐络绎不绝，您也不关心；乡里河上的桥倒塌了很久，没有钱修补，您宁可将钱财用来办酒宴，也不为百姓解忧。您一个人住在大宅子里，听着儿孙、仆人的恭维，听着宾客们祝您富贵荣华、长命百岁，却不知道围墙外面，成百上千的百姓都说您为富不仁，都埋怨您、诅咒您。这些您恐怕都不知道吧，所以我说您不幸啊。"

听了僧人说的话，富翁大受震动，忙说："我愚昧无知真的到了这种地步吗？请问大师，我如今该怎么做呢？"僧人回答："人生于世，不单要追求自己的幸福，更要能造福他人。每个人所处的地位不同，对社会担负的责任也就不一样。您身为乡中富豪，一举一动都受到所有人的关注，如果只知道自己享乐，就会辜负上天的期望，招致怨恨也是自然的了。如果您能回馈社会，多做些惠及乡人的事，百姓自然会感激您，您不仅获得了好的声望，内心也会因此而感到安稳，还为子孙积累了福泽。"

富翁于是一改往日的行为，主动拿出钱财帮乡里修葺学堂、修建桥梁，还经常周济附近的穷人。乡里人目睹了他的种种善行，都称赞他为大善人。富翁不仅自己行善，还将周济穷人立为家规，告诉子子孙孙在致富之时，都不要忘了为善助人。富翁活了九十多岁，在去世的时候对人说，自己以前从不了解生命真正的意义，在五十岁寿庆时才懂得人生的真谛。他去世以后，全乡的人都来为他送行，州里贤士主动为他题写悼词，知府上奏朝廷表彰他的功德，奖励他的子孙。

世人都知道追求自己的幸福，但能够将这种爱己之心，推及开来，去爱别人、爱社会的很少，这也正是普通人和圣贤的区别。一个真正追求至诚，有道德修养的人，必然是个博爱的人，他一定能够"老吾老，以及人之老；幼吾幼，以及人之幼"，一定能在成就自己的同时也去成就他人。反过来，一个人如果想要在修为上更近一步，就必须有兼济他人之心，也只有这样才能受到世人的认可。

世界首富比尔·盖茨，年轻的时候是个一毛不拔的"铁公鸡"，他挥金如土，却很少关注世间的疾苦，也从来不参与慈善事业。他热衷于收藏，曾在纽约索斯比拍卖行以 2000 万美元从一位收藏家手里买来柴尔德·哈萨姆的《花房》，比原主最初开出的 550 万美元价格高了近四倍，还曾砸下 3080 万美元买进意大利文艺复兴时期巨匠达·芬奇那本 18 页的笔记。但他的所作所为，没有给自己带来任何名誉，相反招致了很多非议，这给了他很大的舆论压力。后来在父亲和妻子的鼓励下，盖茨开始捐资慈善事业。他拿出了9400万美元，建立了慈善基金会，帮助贫穷、忍受疾病的人，不久又设立了图书馆基金会、学习基金会，资助家境困难和少数族裔的学生，让他们有上学的机会。慈善不仅为他赢得了名声，还改变了他的生活甚至性格。在接受采访时，他表示，金钱对自己已经没用了，他的财富完全是用来构建一个机构，来将资源分配到世界上最穷的地方去。他将把所有的财产投入到基金会中，去帮助消灭第三世界的致命疾病，以及改善美国的教育。现在，世人每次提到比尔·盖茨的时候，想到的往往不再是世界首富，而是世上最大的慈善家。

什么才是修为的最高境界？孔子说："仁者爱人。"能够以爱己之心，去爱人，以利己之心，去利人，才是最大的德行。所以，一个人能做到独善其身还不够，还要更进一步，将内在的德行扩展开来，在成就自己的同时，去成就他人，造福天下。

成就他人就是成就自己

面对先贤"兼济天下"的号召，有些人很是不以为然，觉得一个人自己过得快乐就好了，干嘛要去考虑他人，他们无论做什么都只从自己的立场出发，往往会为了自己的利益而损害他人。这种自私的人，看似从来不做吃亏的事，经常占便宜，但他们这种处世态度和追求个人的利益其实是南辕北辙的，永远不可能取得太大的成就。人生活在社会之中，方方面面都需要他人的协助、支持，一个自私自利的人，是不会赢得他人的认可的。没有别人的认可帮助，即便是天资再高，能力再强，也不免沦为平庸无为的命运。

帮助别人就是帮助自己，成就别人就是成就自己。自身的修养和助人利人是密不可分的，"见义而不为"、看到别人危难而不帮助，本身就是对德行的损害；为了自己的利益伤害他人，为了占便宜而出卖别人，更是没有道德的体现。勇者在助人的时候，也成就了自己"勇"的品质；智者在为人解忧的时候，也成就了自己"智"的品质；仁者在救危施恩的时候，也成就了自己"仁"的品质。前代的圣贤受到世人敬仰，就是因为他们能为了天下人的利益而奔波、奉献。

什么是成功？大多数人心中成功就是有钱、有权、有地位。他们心中所想的只有自己的"得"，如果不改变这种观念，那他们永远也不可能得到真正的成功。马云是当代最成功的商人了，在很多人眼中他就是成功的典范。但在他自己看来，成功并不是成为"首富"、拥有无数钱财。在一次演讲中，他指出："什么是成功？成功的'成'，就是成就自己，'功'，就是功德天下。你只有成就自己之后，帮助了别人，你才会有真正成功的感觉。所以，大家不要总想着自己，也要想想将来自己能为别人做些什么事。"

一个人不要总用一种获得的心去面对世界，不要整天想着自己应该得到什么，能得到什么，不要总念念不忘社会欠了自己什么，总是抱怨生活有多么不公平、别人有哪些地方对不住自己。而应多去想想，自己生活在这个世上是一件多么幸运的事情，自己为社会做出了什么，为别人做过什么？在要求别人成就自己之前，首先你要确保的是自己也努力成就过别人。

有这样一个小寓言故事：

一个人去世了，因为他生前做了很多善事，所以得到了一个自由选择去天堂还是地狱的机会。在选择之前，这人很好奇，提出想先了解一下天堂和地狱的样子，天使答应了他的请求。

首先，他们来到了地狱。那里的人正准备吃饭，满桌的美味佳肴，可是坐在旁边的人都愁眉苦脸，面黄肌瘦的。等到开餐了，每人得到一双一米来长的筷子，他们想要将菜夹入口中，可是因为筷子太长，怎么也够不着。手臂、筷子相互撞击，菜掉得满桌都是，人们相互抱怨、吵骂，甚至有人抛下筷子相互扭打了起来，整个地狱乱成一团。

"地狱竟然如此糟糕，我们还是去看看天堂吧！"那人看到地狱这样，便请求天使将他带往天堂。

天堂里的人也正要吃饭，令他奇怪的是，这里的人都满面红光，表情恬淡愉快。开饭的时候，这些人也都得到了一米长的筷子，然而他们并没有争抢着夹食物往自己嘴里送，而是每个人夹起面前的食物，将其送到对面人的口中。所以，这里虽然设备和地狱几乎一样，却充满了幸福的欢声笑语。

看到此处，那人感慨道："原来天堂和地狱的区别完全在于人本身，如果能够为别人着想，世界便是天堂，如果只知道自私自利，那世界也就变成了地狱。"

帮助别人就是帮助自己，成就别人就是成就自己。

一个僧人，在漆黑的夜晚赶路，跌跌撞撞，看不到前进的方向。突然出现了一个提灯的人，为僧人照亮了前方的路。走过这段崎岖的道路以后，僧人十分感激，向提灯的人致谢。提灯的人却对僧人说："我其实是一个盲人！"僧人大惑不解，问道："你既然看不到，那提灯又有什么用呢？"盲人答："我虽然不能用灯照明，但可以为别人照亮，也让别人可以看到我自己，这样，他们就不会因为看不见我而撞倒我了。而且我也能在他们的帮助下走过这段崎岖的路。"僧人听了，顿时感悟深刻。

一位女士在一家肉类加工厂工作。一天，当她完成所有工作安排，走进冷库例行检查时，突然发生了一件严重的意外，冷库的门自动关闭了，当时已经下班，没有人会再来检查冷库。她竭尽全力地喊叫着，敲打着，但没有一个人听到她的哭喊声。在冰冷的屋子里，她万念俱灰，放弃了生还的希望。然而，就在她等待死亡之时，冷库门外忽然传来了敲击之声。开始她以为是自己的幻觉，当敲击声再次响起的时候，她才兴奋地从里面回应。一会儿，工厂的保安打开了那扇门，将她救了出去。

她自己都不敢相信这奇迹会发生，事后，她询问那位保安，为什么想到要去冷库看看，这并不是他的职责。保安解释说："我在这家工厂工作了十几年，每天都有上百个工人进进出出，但你是唯一一个每天早上向我问好，每天晚上下班向我告别的人。虽然只是简简单单的'早上好'、'再见'，却让我感到自己不再是个透明人，也得到了别人的尊重和认可。今天，你像往常一样来上班，向我打了招呼，晚上却没有听到你说的再见。于是，我担心可能出了什么意外，所以到冷库查看了一下，就这样发现了你。"

仅仅是每天上下班打个招呼这样的小事，这位女士便不经意间拯救了自己。世上那些因为帮助别人而使自己摆脱灾祸的故事说也说不过来。生活中，只有以诚心对待别人，才会得到别人的认可；只有先帮助别人，才能得到他人的帮助。孔子说："己欲立而立人，己欲达而达人。"在我们追求兼济天下、造福社会的时候，其实也是在成就自己、造福自己。

二十六、无息章

原 文

故至诚无息①。不息则久，久则征②；征则悠远，悠远则博厚，博厚则高明。博厚，所以载物也；高明，所以覆物也；悠久，所以成物也。博厚配地，高明配天，悠久无疆。如此者，不见而章③，不动而变，无为而成。

天地之道，可一言而尽也。其为物不贰④，则其生物不测。天地之道：博也，厚也，高也，明也，悠也，久也。今夫天，斯昭昭⑤之多，及其无穷也，日月星辰系焉，万物覆焉。今夫地，一撮土之多，及其广厚，载华岳而不重，振河海而不泄，万物载焉。今夫山，一拳石之多，及其广大，草木生之，禽兽居之，宝藏兴焉，今夫水，一勺之多，及其不测，鼋鼍、蛟龙、鱼鳖生焉，货财殖焉。

《诗》云："维天之命，於穆不已！"盖曰天之所以为天也。"於乎不显，文王之德之纯！"盖曰文王之所以为文也，纯⑥亦不已。

注 释

①息：止息。

②征：显现出来。

③章：彰显。

④为物不贰：精诚不二。

⑤昭昭：光明。

⑥纯：纯真。

译　文

所以，至诚之道永远没有止息。永不止息就能保持长久，保持长久就能显现出来；显现出来就能悠远长久，悠远长久就能广博宽厚，广博宽厚就会崇高光明。广博宽厚，所以能够承载万物；崇高光明，所以能够覆育万物；悠远长久，所以能够成就万物。广博宽厚德配大地，崇高光明德配苍天；悠远长久永无止境。能够达到如此境界，不显示也会彰明，不活动也能变化，无所作为也会取得成就。

天地之道，就在一个"诚"字。它自身精诚不二，所以化育之物多得难以估量。天地之道：广博、宽厚、崇高、光明、悠远、长久。现在我们看到的天，只不过这么一小块光明之处，可说到它真正的无穷无尽，日月星辰都由它维系，世间万物都由它覆盖。现在我们看到的地，不过这么一小撮土，可说到它真正的广博宽厚，负载着华岳那样的崇山峻岭也不觉得沉重，容纳江河大海也不会泄露，世间万物都由它负载。现在我们看到的山，不过拳头大的石头堆积起来，可说到它真正的高大雄伟，草木在上面生长，禽兽在上面居住，宝藏在里面储藏。现在我们看到的水，不过一勺之多，可说到它真正的浩瀚无涯，蛟龙鱼鳖都在里面生活，珊瑚珍珠等财宝都在里面深藏着。

《诗经·周颂·维天命》中说："天命多么渊深，永远没有穷尽！"这大概就是说的天之所以为天的原因吧。"多么显赫光明啊，文王美德纯真无二！"这大概就是说的文王之所以被称为"文"的原因吧，他美德的纯真也是没有止境的。

经典解读

追求至诚的道路是没有止境的，君子必须不断地磨砺自己，如此德行才能博厚如地，高明如天，正如《周易》中所说的："天行健，君子以自强不息；地势坤，君子以厚德载物。"

天地之道，就是一个"诚"字，它们的德行至高至大，它们养育了天地万物，却从来不夸耀自己的功绩，从来不求取回报。这种至高无私的德行，也正是自古以来的圣人所具有的，君子所看重追求的。我们在生活中虽然不能达到至诚无私的境界，但也要懂得以诚待人，对人诚心、诚恳、多去付出而少求回报，这就是普通人所能效仿天地，以圣人为规矩的地方。

虽然我们看到的天地只有一小部分，但它们真正崇高之处，是可以承载覆育天地万物，永无止境的。德行也是如此，微小普通的善看起来没有什么太大的意义，但如果积少成多，到了德行最高的境界，也就是至诚，那就可以与天地并齐，明如神灵了。

生命不息，奋斗不止。君子无论在修养德行、求取知识，还是为善积德、待人处世上都应该保持一颗积少成多，永不懈怠之心。

哲理引申

大德无私

在子思看来，天地之道可以用一句话来概括，那就是"其为物不贰，则其生物不测。"也就是说天地诚一不二，没有一点私心杂念，它们的存在就是为了化育万物、负载万物，从来不奢求外物的回报，所以它们才能养育出这个纷呈繁复的大千世界。也正因为如此，它们的德行才能源远流长，它们才会受到世间万物的崇拜、感激。

老子《道德经》中有一句类似的话："天长地久。天地之所以能长且久者，以其不自生也，故能长生。是以圣人后其身而身先，外其身而身存，非以其无私邪？故能成其私。"天地之所以能长久存在，是因为它们不是为了自己的生存而自然地运行着，所以能够长久生存。那些有道的圣人，之所以受世人敬仰，正是因为能够效仿天地的无私，他们遇事谦让无争，反而能够领先于众人，他们将自己置之度外，反而能保全自身。正是这种无私，成就了他们本身。

子思和老子对于道德的态度虽然存在差异，但他们对于天地、圣人成就于无私奉献的观点却是相同的，这也可以称为"英雄所见略同"了。生活中太自私的人永远成就不了大的德行，只有那些抛却私欲，无私奉献，以诚恳之心对待他人的人，才能在成就别人的时候，成就自己。

无私就是能够为别人着想，把别人的尊严放在自己的面子之上，而不是处处考虑自己，轻视他人。有人常常觉得替别人考虑就是让出自己的利益，谦让他人就会导致自己吃亏。其实不然，无私之人虽然不求回报，但上天不会让他吃亏。每个人都懂得感恩、懂得回报，当你为别人着想，让出自己利益的时候，你得到的是别人的感激和认可。一个被别人感激、认可的人，无论在何时都会得到意想不到的回报，又怎么会吃亏呢？

一座仓库中，忽然发生了火灾。车间主任连忙指挥工人撤离，自己反而落在了后面。就在他奔向出口时，一根燃烧的木头落了下来，砸中了他的腿。大火蔓延到了整幢建筑中，人们已经可以听到建筑将要坍塌时那种吱吱呀呀的声音了。车间主任倒在里面，心想：完了，自己的生命就这样结束了，幸好工人们都疏散了出去……正在他绝望的时候，忽然从大火中冲出两个人，扛起他跑了出去。就在他们离开仓库不到五秒的时候，整幢建筑就轰然倒塌了。

事后，这位车间主任问那两个救他的人："你们为何要冒着生命危险来救我呢？"

那两个工人回答："您虽然是领导，但平时从来没有一丝高傲之色，对兄弟们也都诚心诚意的，能将我们普通工人的利益放在前头。而且这次火灾要没有您在后面指挥，不知要死多少人，我们本来就是您救的，当时也没想什么危险，就是想拼死也要将您救出来。"

无私就是以己之心思量别人的心意，不随意猜忌他人。每个人都期望别人信任自己，但到了自己这里则很难轻易信任别人，就是由于太看重私利，害怕自己的利益遭到损害。也正是因为如此，世上才存在很多猜疑、狡诈。如果人能够忽视利益上的忧虑，以诚待人，那他的生活就会焕然一新，少了猜疑和忧虑，多了宁静和信任。

一个年轻人，失业以后找了一份为酒店送酒的工作。他每天蹬着三轮车从酒厂拉酒，然后送到各个酒店。他没有别的长处，就是待人特别真诚，别人提出任何要求他都尽力办到，时间充足的话还会帮酒厂、酒店做些不在自己职责范围内的杂活。时间长了，很多人都十分相信他。一次，一家酒店在结账的时候多给了他一千元钱，如果他将这钱自己收起来，没人会知道。那时，一千元不是个小数目，他也确实很需要钱，但他察觉到钱多了以后，没有任何犹豫，立刻将钱送还给了酒店。

不久以后，酒厂想将送酒的工作外包，年轻人想做代理，但却没有资金。那些他曾服务过的酒店知道了这件事，纷纷来到酒厂，说愿意给这个年轻人做担保，希望送酒的人还是他。酒厂负责人本来就对他十分满意，于是开了特例，没有收他的抵押资金，便将这份业务交给了他。

后来，他的业务里越做越大，很多外地的酒厂也慕名找上门来，希望他能做代销商。有一次，一家酒厂在发货时多发了一百箱酒。年轻人发现以后，立刻打电话给厂家说："你们多发了一百箱酒，是要钱，还是要酒呢？要钱我立刻给你们汇去，要酒我就找车再给你们送回去。"厂家听到以后，很是感动，这样不贪财的商人他们还是第一次遇到。于是立刻告诉他说："酒就放在你那里卖了，下次送货一起付款就可以了，以后你就是我们厂在这个地区唯一的代销商，而且今后你要多少货尽管开口，我们不用你先付款，也不用抵押什么……"

没有几年，这位曾经靠蹬三轮送货的年轻人就成了当地最大的酒商，有了几千万的资产，而且他无论事业还是生活上都过得十分顺利。

一个人能怀着无私利之心，时刻为别人着想，就是难得的大德。他的无私，一定也可以赢得他人的信任，从而使自己的生活也发生巨大的改变。

《吕氏春秋》中说："天无私覆也，地无私载也，日月无私烛也，四时无私行也。"上天之所以能覆育万物，是因为它无私；大地之所以能负载万物，是因为它无私；日月普照，四时运行都是因为无私。如果有了私心，天地就不能广大无垠，覆载万物了；日月四时也不能运转无息，没有穷止了。人要想成就大德、大业，永不穷殆，就必须效法天地、日月、四时的无私精神，去除私心私欲。

诚而能久

至诚无私的德行，表现在待人处世上就是"诚恳"、"诚实"。"至诚无息。不息则久"，也可以理解为，一个人如果永远怀着至诚的真心对待他人，对待外物，那他的德行才会长久，他所赢得的认可、友情才会长久，他所建立的功业才会长久。如果没有诚恳之心，他所能得到的一切都不过是"雾中花，水中月"——看似美妙，实则一吹就破。

一位企业家，在谈到创建事业的最大经验时说："成功就一个字——诚，你诚心对待自己的员工，员工才会真心回报你，你的事业才能做长、做久；诚心对待自己的客户，客户才会信任你，你的生意才能越来越好；诚心对待自己的品牌，品牌才能长久，永远被市场所认可。如果没有这种诚的态度，员工不会留下，你就没有技术基础，客户不会再来，你就失去了做生意的途径，即使暂时赚到了钱，但名声坏了，品牌臭了，迟早都会失去。我看到过垮了的企业数不清，大多数都是因为管理者不诚。"

诚是一个人修养的原则，也是社会中各行各业立足的基础。《管子·乘马》中说道："非诚贾，不得食于贾；非诚工，不得食于工；非诚农，不得食于农；非信士，不得立于朝。"如果没有诚心，商人就不能依靠经商而生存，工匠就不能依靠做工而生存，农民就不能依靠种地而生存，士人也不能立于朝堂之上。也就是说，不诚无论你从事哪行哪业都是不能立足的，也就不能在这个世界上生存下去。生存都不能，更别说什么建功立业，保持长久了。

美国有一位著名的保险业务员乔·甘道夫，他曾在一年之内销售出了超过十亿美元的寿险，这在历史上都是绝无仅有的。在谈到成功经验之时，甘道夫最强调两条，一个是努力，一个就是真诚。努力自然不必说，这是任何追求成功的人都知道的。但真诚却往往被人们忽略，很多人追求成功的时候只知道盯着目标，为了达成目标不惜采取任何手段，甚至欺骗别人，误导客户。甘道夫从来不这样，他虽然是个保险业务员，却从不误导客户，更不会为了销售保险而欺骗客户。他说："每一个接触的人都是潜在的客户，你只有以诚心将他们当自己的老朋友一样看待，他们才会相信你，愿意在你这里购买产品。即便在某一次销售中，你的服务没有得到客户的青睐，你也要诚心地和他们交往，赢得别人的认可，是成功的前提。"他在生意中的谈判技巧也很值得人们思考，有人问在得到客户订单时，最有效的话是什么。甘道夫回答："'我需要你的帮助'——这就是最有效的话。很多时候，人们在做决定时犹豫不决，并非是对金钱斤斤计较，而是对销售者还没有足够的信任，如果你能向客户袒露心扉，以诚心对待他们，那你的生意就成功了一半。"正是因为这种诚恳的做事理念，让甘道夫赢得了越来越多的客户认可，成为了一个传奇般的销售员。

很多人认为欺骗、掩饰是对待错误，获得利益的最好办法，以为这种手段可以让自己免除很多麻烦，挽回很多本该承受的损失。所以，一些商家发现了自己商品的缺点以后，就登载各种欺骗顾客的广告，找各种"专家"为自己的错误开脱；一些人发现了自己的失误以后，也想尽各种办法掩饰，对朋友、合作伙伴说假话，认为这样可以避免责任、避免尴尬。却不知道这种虚伪的做法是最让人难以忍受的，一旦谎言被戳穿，他们的损失将远远超出本来应该承担的责任。每个人都会犯错误，没有人会对他人不经意的失误斤斤计较，抓住不放，只要能够坦率承认，大部分人都会宽容相待；但如果犯错者故意隐瞒，那被发现以后，就成了有意欺骗，两人之间的信任就再也不会存在了。

北宋的宰相张知白很看重才华卓越的年轻人晏殊，于是向朝廷举荐他。真宗皇帝于是召晏殊来参加殿试，在宫殿里当场给他出了一个题目，让他作赋。晏殊拿到题目以后，说："这篇赋我在十天前恰好做过，请皇上另出题目。"他的诚实得到了宋真宗的赏识，不久便担任了馆职。

后来，太子东宫缺官，皇帝批示让晏殊担任。主事官员不知道是何缘由，便请示。第二天皇帝对他们说："近来听说馆阁里的官员，没有一个不宴乐玩赏的，只有晏殊埋头读书，如此谨慎持重，正可以担任东宫官。"

晏殊听到以后，忙上书对皇帝说："臣下不是不喜欢宴乐游玩，只不过是因为太贫穷玩不起啊。臣如果有钱，也是想去玩的。"皇帝听了以后，哈哈大笑，说："你还真是诚实啊！不管想不想玩，有这份诚实之心就够了，朕可以放心地让你侍奉太子了。"晏殊就是这样以诚自处，所以朝中大臣们都很信任他，愿意与他交往，皇帝也愿意将重任托付给他。在宋仁宗的时候，他做到了宰相的高位。

以诚待人，以诚处世，可能暂时因为过于真实、直白而得不到他人好感甚至引起误会。但只要时间长了"日久见人心"，人人都会选择和诚实的人交往。而那些为了获取眼前利益的欺诈者则因为不诚实而失去别人的信任，最终也失去了赢取自己的幸福和成功的机会。

人一定要看重自己的人格和名誉，牢牢把握做人的原则，以诚恳的态度对待遇到的每一个人，以诚实的心去处理自己参与的每一件事。总有一天，你的诚心会被世人所了解，你的诚实会得到所有人的认可。那时，你会发现，"诚"才是世间最宝贵的财富，是你最值得珍重的东西。

诚则必征

"今夫天，斯昭昭之多，及其无穷也，日月星辰系焉，万物覆焉。今夫地，一撮土之多，及其广厚，载华岳而不重，振河海而不泄，万物载焉。今夫山，一拳石之多，及其广大，草木生之，禽兽居之，宝藏兴焉，今夫水，一勺之多，及其不测，鼋鼍、蛟龙、鱼鳖生焉，货财殖焉。"这段文字优美而有韵味，通过简洁易懂的言语，以天、地、山、水做比喻，说明了不断修养，追求至诚的重要性。上天的广大，来源于一小块、一小块光明的不断积累；大地的博厚，来源于一小撮、一小撮土壤的不断积累；山川的崇高，来源于拳头大石块的不断积累；大海的浩瀚，同样来源于一勺水、一勺水的不断积累。圣人的德行为何那么广大、博厚、悠久、彰明呢？同样来源于一点一点小善的积累，来源于日积月累的不辍修行。

不管是修德还是为学，都要从一点一滴做起，开始可能很难见到效果，但如果坚持不懈地追求下去，总有一天会达到至诚的境界，那时不仅能改变自己，还会影响外物，从而显现出难以想象的巨大效果。这就是"至诚无息，不息则久，久则征。"中国历史上有很多因为"至诚"而有功，甚至出现神异、超自然现象的记载。其中可能有些夸大的成分，但记录者告诉人们"心诚则灵"，劝人们追求至德，坚持修善的愿望是绝对值得肯定的。

曾子就是个至孝的人，他少年时家里贫穷，常入山打柴。一天，家中来了客人，母亲不知所措，就用牙咬自己的手指。曾子当时正藏匿在打柴，忽然觉得心口一阵疼痛，立刻想到是母亲在呼唤自己，便背着柴迅速返回家中，跪问缘故。母亲说："有客人忽然到来，我咬手指盼你回来。"曾子于是接见客人，以礼相待。

东汉的王祥也是个至孝的人，他的母亲去世很早，继母开始对他不好，总是在父亲面前谗谮他，以至于父亲也不喜欢他。但他的孝心却丝毫没有改变，侍奉父母愈加恭谨。父母有了疾病，他在旁边衣不解带地侍奉，汤药一定要自己先尝尝，不烫口了才给亲人喝。继母在生病的时候忽然提及想吃鱼，本来仅仅是嘴上说说，王祥却当成了真事。便到河中去抓鱼，当时正值寒冬，冰天雪地，王祥为了抓到鱼，便脱下棉衣，用体热将冰融化开。也许是诚意感动了上天，冰忽然自动开解，有鱼从里面跃出，王祥带着鱼回到家中。

北周的宇文宪同样十分孝顺，侍奉母亲非常尽心。他的母亲原先患有风热之病，多次发作，每到这个时候宇文宪就陪侍在床边，衣不解带地亲自为母亲端汤药。有时他带兵出去东征西战，每次感到心惊，就会立刻想到母亲，疑心母亲有病，派使者驰回问候，果然如此。

这样的例子史上多得数不清，有人觉得完全是封建迷信，是古人的臆想，其实不然，"至诚"的力量远不是普通人可以想得到的。人们常说"精诚所至，金石为开"，一个人只要有精诚之心，追求至诚的境界，无论在内、在外他都会拥有旁人难以想象的力量。比如上甘岭战役中，敌我实力相差那么悬殊，在那么小的阵地上美军丢了那么多的炸弹，志愿军的战士们是怎么守住的呢？这似乎是不可能的事。但事实就摆在那里，他们以无畏的牺牲精神，以对国家的热爱，做到了不能做到的事，战胜了不能战胜的敌人。所以说，至诚的力量是无穷的，只要"诚"到了极点，就一定能够显现出不同寻常的功效，这就是人们经常说的"精诚所至，金石为开"。

在日常生活中，我们待人做事，也需要有"精诚所至，金石为开"的念头。无论面对多大的困难，无论遇到多么不近人情的人，只要你有一颗不退缩的心，有一股诚的信念，你一定会克服所有的阻碍，最终实现自己的目标。

一家通讯公司的人事主管经常到人才市场招聘，每次去都会有一个人找到他，向他投递一份简历，并不忘告诉他："我一直很希望加盟贵公司。"

第一次，主管看了看他的简历就丢到了一边。因为他们公司招聘的最低要求是本科学历，而这个人只有大专的文凭，照例是根本不用考虑的。

后来，这个人又将简历连续两次投递给他，主管看都没看，只当这个人记性不好，忘记了自己曾投过简历。

到了那人第四次来投递简历的时候，人事主管便叫住他，当面告知："先生，您的简历我们已经收到好几次，但您的学历达不到我们的要求，所以您就不要总投递了。"那人谦恭地解释道："我真的一直很想加盟贵公司。我看贵公司招聘这个职位好久了，都没有得到合适的人，我虽然学历不够，但您为何不给我一次试用的机会呢？"主管听了，摇摇头：原则上的问题，怎么能随意更改。

事后，那人依旧没有放弃，又连续投递了两份简历。人事主管虽然没有接纳他，但对其印象深刻。不久公司开会，谈起了招聘的问题，人事主管便将这个执着的应聘者的事讲给了领导们。总经理听了以后，很感兴趣，问："他一共投递了几份简历？"

"六份。"人事主管回答。

"让我看看他的简历吧！"

几个小时以后，人事主管接到通知，总经理决定破格录取这位应聘者。他的理由是：这位应聘者虽然只有大专学历，但他确实是想获得这份工作。

243

前几份简历上都简单地写着大专学历，但第四份简历上多了计算机本科在读。第五份简历上多了电脑维修工作经验。最后的第六份简历更注明他很快即取得计算机本科在读文凭。

"他为了接近我们公司的用人标准，一直在努力着，没有一个人在连续被拒绝五次后还能继续把简历投来。他是如此信任我们，这样的人我们不用，对公司来说真是一种损失。"

这位应聘者最终凭着自己的努力和诚意感动了总经理，如愿以偿地得到了理想的工作。

其实，世上任何事情都是如此。"精诚所至，金石为开"，只要你不懈地追求，你的德行和学问一定会越积累越多，总有一天能达到一个新的境界，那时你会发现整个人生都焕然一新了；只要你怀着精诚之心去做人做事，你会发现很多难以想象的改变出现在你的生活之中——这些改变就是"诚"在生活中的显现。

二十七、大哉章

原 文

大哉！圣人之道。洋洋乎！发育万物，峻极于天。优优^①大哉！礼仪三百，威仪^②三千，待其人然后行。故曰：苟不至德，至道不凝^③焉。故君子尊德性而道问学；致广大而尽精微；极高明而道中庸；温故而知新，敦厚以崇礼。是故居上不骄，为下不倍；国有道，其言足以兴；国无道，其默足以容^④。《诗》曰："既明且哲，以保其身。"其此之谓与！

注 释

①优优：充足有余。

②威仪：古代典礼中的举止规范及待人接物的礼节，又称曲礼。

③凝：成功，达到。

④容：容身，保全。

译 文

广大啊！圣人之道。浩瀚无垠！化育万物，与天一样崇高。洋洋洒洒！礼仪三百条，威仪三千条，这些都有待于圣人来实行。所以说，如果没有至厚的德行，就不能达到至高的道。因此，君子尊崇道德修养而追求知识学问；能达到广博的境界而又钻研精微之处；追求至诚至明而奉行中庸之道；温习已有的知识从而获得新知识；敦厚自己的德行而崇奉礼节。所以身居高位不骄傲，身居低位不自弃；国家政治清明时，他的言论足以振兴国家；国家政治昏暗时，他的沉默足以保全自己。《诗经·大雅·烝民》上说："既明智又通达，能够保全自身。"大概说的就是这个意思吧！

经典解读

通过前面连续几章对"至诚"的论述以后，本章直接发出了作者对圣人德行的赞扬：广大啊！圣人之道！浩浩荡荡，与天同齐！洋洋洒洒，礼仪威严！随后提出修德的重要性：只有德行至厚，才能达到至高的道。也就是说，"有德"是"得道"的前提，如果没有内在的德行，他就永远不会知道什么是真正的道，也就永远不能让自己的行为时刻都符合道了。所以君子一定要以德为本，将德行作为立身的基础。

在指出德行的重要性之后，又提出了一些君子合乎德行的具体表现，其实这些在前面章节中基本已经诠释过了。首先就是，尊重德行，努力为学。学能让人得到智慧，由明至诚是大多数人修为的途径，不学则无以知道。其次，是既求广大，又要钻研精微之处，这与前面"君子之道费而隐"相呼应。之后，是"极高明而道中庸"，也就是既追求至高的德行、智慧，又恪守中庸之道，这是《中庸》整本书，乃至整个儒家思想的精髓。之后，是温故而知新，敦厚以崇礼。这是求知和修德的具体做法。之后，是处世安身之道，其中"故居上不骄，为下不倍"，近乎前面所讲的"素位而行"；"国有道，其言足以兴；国无道，其默足以容。"则与孔子所说的"邦有道，不废；邦无道，免于刑戮"、"天下有道则现，无道则隐"，以及孟子所说的"穷则独善其身，达则兼济天下"一脉相承，都是君子对现实政治的一种处世态度。

一个人拥有至高的德行，修养达到了至诚的境界，才能了解至高的道，行事才会时刻符合中庸的原则，才会知道如何做人，如何处世，如何随时进退，保全自身。所以说，追求德行，追求至诚，追求中庸，恪守礼仪，都是一体的，其基础是德，其目标是诚，其体现在行事上就是中庸，确切的标准就是礼仪。

哲理引申

苟不至德 至道不凝焉

"苟不至德，至道不凝焉"的意思就是只有达到了至诚的境界，拥有至厚的德行，才能知道并践行至高的道；一个人如果道德修为不足，即便是很聪明，居于很有利的位置，也不能符合大道。所以说，内在的德行是行为符合大道的基础，要想成就极高的道，必须将修身养德放在首位。

历史上有的人没有学习经典，不懂什么大道理，但他们的一言一行却都和圣人相近，一举一动都合乎中庸之道，这就是因为他们内心至诚，道德至厚的缘故。舜从小没有向谁学习大道理，但他能够主动孝顺父母，贫贱不忧，富贵不骄，为政则爱民，这些行为从哪里来？就是从他淳厚的德行中来的。有淳厚的德行，对父母自然生出感恩之心，对生活自然没有过多的奢求，对他人自然也存有仁爱、恻隐之心，以这些善心去行事待人，一举一动自然也就合乎中庸之道了。

禅宗六祖慧能大师也是如此，他连字都不识得，却能先于众人开悟，修得善法，就是因为他内心至诚，德行至高。他不仅自己谨守道德，还能时刻以道德感染别人。他曾为躲避仇家逃入山中，与众猎户同居，猎户以捕杀为生，慧能看了常生不忍之心。有时猎户请他照看陷阱、网罟，慧能每看到落入其中的鸟兽都心生恻隐，常偷着将它们放掉。最初猎户们不理解，后来和大师相处久了，知道他这种行为完全是出于内心的至善，很受感动。久而久之，所有人都受到大师的潜移默化，逐渐知道了杀生的不好，于是很多猎户放下弓箭、刀枪，改行向善，都成了善士。后来，韩愈就曾赞叹惠能大师德行至厚而悟法，说："大师至性淳一，天姿贞素，百福成相，众妙会心。"

至诚之德，与天地并齐，可以赞天地之化育，还有什么道比这更高、更大？相反一个人如果没有这种至厚的德行，即使读了再多的圣贤书，拥有再丰富的理论知识，也不可能真正成就大道。

何晏是三国时著名的玄学家，他的父亲早逝，曹操纳其母尹氏为妾，何晏因而被收养，为曹操所宠爱。他少年时就以才秀知名，不仅熟读四书五经，还喜好老庄之言。他曾与郑冲等共撰《论语集解》，可以说对圣人的言谈烂熟于胸，对圣人的大道极其熟悉了。

但知道归知道，何晏虽然天天谈论圣人之道，却不能将其应用到现实中，也不注意修养自己的品德。儒家最看重的就是一个德字，孔子在《论语》中就提倡"好德如好色"，何晏很明白这些道理，却好色而轻德，招致真正君子的不耻。他又不守礼节，倚仗曹操的宠幸，"服饰拟于太子"，所以魏文帝曹丕十分厌恶他，每次都不叫他的姓名或字，称他为"假子"，也不给他官做。

何晏又很好虚名，虽然有才，却汲汲于富贵，趋炎附势，与毕轨、邓飏、李胜、丁谧等相互吹捧。魏明帝曹叡继位以后，厌恶他们虚浮不实，故加抑制而不录用。

明帝去世以后，大将军曹爽辅政，曹爽一向和何晏等人亲近友好，掌权以后立刻将这一拨人都提拔起来，用为自己心腹。何晏等阿附曹爽，在朝中专横跋扈，却没什么真才实学，只知道争权夺利，排挤打击真正有才华的司马懿。

何晏因为驸马的身份被赐爵列侯。他倚仗曹爽的势力用事，得到了权位便将昔日所学的圣人学说全部抛到了脑后，选拔官员时迎合他的人就升官晋职，违逆他的人就罢黜斥退，以至于朝廷内外都要看风向行事，不敢悖逆他们的意旨。何晏又利用权力占取洛阳和野王典农的数百顷桑田作为自己的私产，并窃取官物，向州郡官吏明求索要，官员们都不敢抗逆。

何晏等人虽然得势，又自以为有贤名，但真正的君子都知道他们有名无实，不会长久。夏侯玄、何晏、邓飏等想与当时名士傅嘏结交，可傅嘏始终不答应。他们便托荀粲去说合。傅嘏当面拒绝说："夏侯玄，志向很大，用尽心思去达到目的，很能迎合虚名的需要，这就是所谓的利口覆邦国之人。而何晏和邓飏，急功近利，知识广博却不得要领，对外喜欢牟取利益，对内却不加检点约束，和自己意见相同的人就重视，和自己意见不同的人就排挤，好发表意见，却忌妒超过自己的人。发表意见多，破绽也就多，忌妒别人胜过自己，就会不讲情谊。依我看来，他们这些贤人，都不过是败坏道德的人罢了，离他们远远的还怕遭祸，何况是去亲近他们呢！"何晏等听到了这番话，对傅嘏心怀不满，时刻想着报复，最后因为细微小事免去他的官职，将他赶出了朝廷。从此，很少有人敢非议他们，他们也更加跋扈妄为。

但他们的好景不长，受到他们排挤的司马懿忽然发动兵败，擒杀了曹爽兄弟，何晏等曹爽党羽在事后也尽被司马氏处死。

何晏知道大道吗？应该是知道的，否则他怎么能注释论语，言谈老庄，以至于"天下谈士，多宗尚之"呢。可他得到大道了吗？应该是没有，否则他又怎么会看重权势、轻视道德、打击异己、害公谋私，最后落得身死名裂的下场呢？

何晏等人最大的过错就是才能胜过了德行，言行不能合一。所以说，一个人是否能成就大道，并不在于他知道什么大道理，也不在于他拥有多高的权位，而在于其本身的德行是否博厚。德行修养到了至诚的境界，才能明道、悟道，以道安身，以道化物，这才算是真正的"得道"。

极高明而道中庸

君子致力于达到高大光明的境界，但他们却不故意标榜自己的高明，而是能时刻选择最恰当的行事方式，以不偏不倚，折中调和的态度处世。"中庸"告诉我们人应该不断进取，追求德行上的至诚，但绝不是让我们清高自傲，待人苛薄。真正成就大道的圣人，让人感受到他的伟大，却不会觉得遥不可及；让人感受到他的崇高，却不会觉得高高在上；让人感受到他的高洁，却不会觉得不可接近。伟大而又平凡，高明而又普通，就是他们展现给世人的面貌。

南怀瑾先生在讲解这句话时，举了佛的例子，他说："大彻大悟成了佛的境界，没有个佛的样子，也没有讲自己是佛，非常平凡。世界上最伟大的就是最平凡的；真正的平凡是最崇高、最伟大。所以佛没有说'我是世尊'……他化缘的时候还光着脚，脚还沾着泥巴。"真正得道的人智慧、仁慈，但他们一定是普通的，他们不会将自己的伟大、无私写在脸上，更不会天天将自己的修为放在嘴上。他们保持最普通的外表，做最普通的事，在日常的衣食住行中传递着善，通过一点一滴的小事感动他人、化导他人。

孔子被称为至圣先师，但我们综观他的一生，就会发现他也是个普通的人，和我们身边的每一个人都相似。他出生于一个没落的贵族家庭，父亲早亡，生活贫穷，为了糊口做一些为上流社会所不齿的"下贱"工作。他做过管理仓库的小吏，做过管理牛羊的小吏，到了二三十岁还默默无闻。一次，季氏设宴招待贤者，孔子也去赴宴，接待宾客的阳虎当面将他拒之门外。直到三十多岁，他的学问才开始逐渐被认可，有弟子前来投奔。其后的二十余年中，他一直是个没有权势的"教书匠"，直到51岁，才得到了一个中都宰的位置。

就在他步入政坛，准备实现自己的政治理想时，又因为触犯了当权者的利益而被赶下政坛，从此开始了长达14年的漂泊生活。然而当时的君主们却不能施行他的大道，他带着弟子们经常落魄至极，被围困、被驱赶、惶惶如丧家之犬。在历尽坎坷、四处碰壁之后，始终没能实现自己的理想，最后不得不返回故土。如果我们没有读这么多经典，在生活中碰到了孔子，没人会认出他是个圣人，都会觉得这只不过是个执着却不得意的老先生罢了。

孔子是那么伟大，却又如此的平凡。连他的学说都是如此，最高深的地方一生追求都没有止境，可细细想来，这些要求又那么贴切合理，就在我们一举一动之中便可实现。孔子提倡最高的"仁"，但他的道德标准却不是高不可攀的，他的学说深深地根植于现实生活之中，让每一个人都能去追求践行。

一部《论语》蕴含了治理天下的大道，但翻开书，读到的总是一些简单朴素的道理，仿佛一个历尽沧桑的老者，在耳边絮絮轻语，为儿孙们讲述平常做人处世的道理，让人感到分外地亲切温暖。

孔子的道总是根植于现实人性之中，没有一点超出世人常情的。有人曾经问他："以德报怨怎么样？"孔子告诉他："以德报怨，那拿什么来报德呢？以直报怨，以德报德就足够了。"

孔子绝不是很多人印象中那种冷冰冰，高高在上的泥塑圣人，而是一个有血有肉，有普通人感情和行事方式的慈祥长者。他不会俨然一副道学家的嘴脸，整日对弟子说教，要求人们做得如何如何高。他做人时慈祥又有趣，做事时也很懂得灵活变通。

孔子周游列国之时，一次途经蒲地，当地人害怕孔子去卫国都城而损害自己的利益，便将孔子扣留了下来，威胁道："如果你不去卫都，我们便放了你。"孔子答应他们并与其盟誓，于是蒲人将孔子放出东门。孔子一出城门便前往卫都去了。子贡很是纳闷，就问："盟誓难道可以背弃吗？"孔子回答："这是要挟订立的盟誓，神都不会理睬的。"

孔子不会像伯夷那样，过于清高，自己觉得不义的东西，宁愿饿死都不吃；他也不会像尾生一样，为了一句寻常许诺，将生命都轻易丢掉；他从不苛刻地要求别人，自己做事也不走极端。这种平易近人的风格，朴实无华的精神，正是孔子学说之所以伟大之处，所以它才能被人们所认可接受、留传千百世而不息。

中庸不一定是平凡，该高的时候就应该高，该低的时候就应该低，该平凡的时候就平凡，该特立独行的时候就特立独行。能够随时随地地变通，任何时候都恰到好处，既不标榜平凡，也不标榜自己有多高明，比众人追求的更加高远，却不脱离常情。这才是君子应该择取的处世方式，也是圣人提倡"极高明而道中庸"的目的之所在。

君子随时进退

君子能"居上不骄，为下不倍"，这也就是前面所说的"素其位而行"，无论处于什么位置上，他们都能恪守原则，富贵的时候他们不会骄傲自大，贫贱的时候也不会肆意妄为。除此之外，君子还应有"明哲保身"的智慧，也就是"故国有道，其言足以兴，国无道，其默足以容"。

古人所说的明哲保身，是说要有能够保全自身的智慧，不逆道而行，不以身犯险，导致非正命而死；而今人说明哲保身往往带着反面的色彩，指见义不为，苟且偷生，这两者是大不相同的。无论是为官还是追求其他的事，先贤都不主张一味强求，而是要随时进退。"君子之中庸也，君子而时中；小人之反中庸也，小人而无忌惮也"说的就是这个道理，君子的中庸要随时做到恰当，而不是像没有头脑的小人一样，知进不知退，知得不知止，逆形势而动，自取羞辱、自招祸患。

《资治通鉴》中记载了这样的一个故事，说韩国的国君韩昭侯准备修建一个高门，但大夫屈宜臼劝谏他不要这样做。屈宜臼说："如果您非要修建这个高门，恐怕还没有修建完祸患就来到了。为什么呢？因为时势不允许啊。国君修一座门本来很正常，没有什么，可我国如今刚刚被秦国打败，丢掉了重镇宜阳城，国家元气大伤，百姓亲戚在战场上死伤的不计其数。您施行善政，抚恤百姓还怕来不及呢，却要修什么高门。那样势必会让百姓离心，志士散德，祸患还会远吗？国家的衰落也是不可避免的了。"

可韩昭侯并没有采纳屈宜臼的劝告，继续修建他的高门，耗费了巨大的财力，国内百姓怨声载道。不久，屈宜臼的预言应验，周围诸侯看到韩国国力削弱却不行善政都来侵伐，韩昭侯陷入内忧外患之中，在高门没有修好之前，就去世了，而韩国也越来越弱小，被其他诸侯所轻视。

国君修建一座大门本来没什么，但如果行为不合时宜，这点小事也会招致祸患，给自己、国家造成巨大的危害。所以说，知道时势是非常重要的，无论自己做什么事都须顺应时势而行。儒家强调"尽人事"、"自强不息"，这并不是告诉人们要不顾时势而一味进取。入仕为官，施行善政很重要，但什么时候可以做官、什么时候不该做官，什么时候应该奋力作为、什么时候应明哲保身，都需要根据时势而随时变通，这才能符合中庸之道。

孔子希望获得地位，以实现自己的政治理想。但在鲁国他要"克己复礼"，要恢复"君君臣臣"的秩序，就会触犯掌权的"三桓"的利益，孔子不能得志，被迫选择离开。他曾到过卫国，受到卫灵公的礼遇，但孔子知道卫国将要发生大乱，自己难以有所作为，而且还会有危险，于是停留往返多次，最终选择了离去。孔子想要去当时最强大的晋国，可刚刚走到黄河边上，就听到赵简子杀死了朝中不顺从自己的大夫窦鸣犊，于是孔子再次放弃了，并感慨自己不能渡过黄河是天命啊。孔子想执政，却屡屡放弃可能执政的机会，就是因为了解时势，知道自己的行政理念不被当时的权贵所认可，不愿以身犯险，这就是"明哲保身"。

孔子在教育弟子的时候，也很强调随时进退。他曾称赞弟子南容："邦有道，不废；邦无道，免于刑戮。"他曾称赞宁武子："邦有道则知，邦无道则愚。其知可及也，其愚不可及也。"他还曾教育弟子们："笃信好学，守死善道。危邦不入，乱邦不居。天下有道则见，无道则隐。"也就是说，努力地追求学问，修养德行，做好"独善其身"，至于是出来做官，还是隐退，是奋力作为还是守愚保身，都要依据形势而为。

在孔子这种随时中庸的教导下，他的弟子们大多都"能进能退"，很少有因为贪恋权势而招致祸患的。他的弟子冉雍，曾经做季氏私邑的长官，虽然得到礼遇，但"谏不能尽行，言不能尽听"，便毅然辞职而去。他的弟子闵子骞受到季桓子聘用，为季氏宰，但却不愿为官，推辞说："善为我辞焉。如有复我者，则吾必在汶上矣。"后来经孔子劝说虽然任了费宰，治理也很有成绩，但还是因为看不惯季氏越礼的行为，最后毅然辞职。

之后，继承孔子学说的孟子同样看重随时进退，明哲保身。孟子刚到齐国的时候，齐国遭受了灾荒，孟子便请求齐王打开粮仓赈济灾民，齐王同意了。之后，孟子在齐国为官多年，齐王虽然对孟子十分礼遇，但不能采取他的学说，实施仁政，孟子便萌生了去意，不领俸禄，等待时机离开。

君子一定要有知势之明，"国有道，其言足以兴；国无道，其默足以容。"当国家有道自己的学说能够实现的时候，才去努力作为，为政治民；当国家无道，大道难以施行的时候，就应该明哲保身；尤其不能为了贪图地位、权力、虚名而做自己做不到的事，那样只能给自己招致祸患罢了。

二十八、自用章

　　子曰："愚而好自用，贱而好自专，生乎今之世，反①古之道：如此者，灾及其身者也。"

　　非天子，不议礼，不制度②，不考文③。今天下车同轨，书同文，行同伦。虽有其位，苟无其德，不敢作礼乐焉；虽有其德，苟无其位，亦不敢作礼乐焉。

　　子曰："吾说夏礼，杞不足征④也。吾学殷礼，有宋存焉。吾学周礼，今用之，吾从周。"

注　释

　　①反：通"返"，回到，恢复。

　　②制度：制定法度。

　　③考文：考订文字规范。

　　④征：验证。

译　文

　　孔子说："愚鄙而好自以为是，卑贱而好独断专行，生于当今之世，却一心想返回古时去：像这样，灾祸将要降临在他的身上了。"

　　不在天子之位，就不要妄议礼仪，不要妄定制度，不要妄自考订文字。现在天下车子轮距一致，书写文字统一，伦理道德相同。即使有了相应的地位，若没有相应的德行，就不敢妄作礼乐制度；即使有了应有的德行，若没有相应的地位，也不敢妄作礼乐制度。

孔子说："我谈论夏朝的礼制，夏朝后裔杞国已经不足以验证它了。我学习殷商的礼制，殷商的后裔宋国还残存着它。我学习周朝的礼制，现在世上还实行着，所以我遵从周礼。"

经典解读

一个人如果愚蠢，却又自以为是，那他就永远听不进正确的意见，永远不知道自己的错误有多严重；一个人如果卑贱，却又专断独行，那就没有人愿意将善言讲给他听，他还会因为自专触怒上下左右所有的人。一旦具有了这两大缺点，想要免除灾祸，保全自身是不可能的，所以孔子对这种行为进行了严厉、直接的批判。

"生乎今之世，反古之道"，也就是说不看当前形势，盲目地执着于复古。这种人及其学说必然不能被人们所接受，必然要受到厌弃。有人会说，孔子提倡的"克己复礼"不就是复古吗？不是！孔子要复的是古代那种上下有序、君臣有别、人们恪守礼仪的精神，而不是庸俗鄙人所提倡的完全照搬古代制度。孔子并不认为越古越好，所以他不主张回复更久远的殷礼、夏礼，而是提倡当时流行的周礼。当时礼崩乐坏，违背礼仪的现象层出不穷，孔子认为这是社会动乱的根源，所以才想将其恢复到井然有序的程度，这远不是"复古"两个字所能概括的。

如果不能明白为什么要"克己复礼"，就不能非议礼仪；如果没有足够的德行，就不能制定出更合理的礼仪；如果没有足够高的位置，同样不能将"克己复礼"的志向实施下去。智、德、位，全部齐备，才有资格谈论礼仪。这正表现了君子对于礼的看重和敬畏。

哲理引申

自以为是乃犯错之源

"愚而好自用，贱而好自专"这是未闻大道之人常常会犯的错误。人们常说，越是愚蠢的人越自以为是，越是笨的人越觉得自己聪明，这种人头脑中只有自己那点小智慧，从来都觉得自己是对的，别人指出他们的错误，他们不去虚心接受，别人告诉他们好的道理，他们不去采纳。他们的德行越来越差，错误越来越多，却不知悔改，那祸患就大了。这些错误，就是圣人所忧虑的，孔子曾说："德之不修，学之不讲，闻义不能徙，不善不能改，是吾忧也。"

自以为是的人都会有一种外人所不能理解的狂傲、自大，因为他觉得自己哪里都对，任何人都赶不上自己。所以，周围的人也必然会越来越厌烦他，不愿意再去劝告他、纠正他。那他就变成了真正的"孤家寡人"，在自大、自傲围成的小圈子中自生自灭。

有这样一个小寓言故事：

早上，子贡正在洒扫庭院，忽然有一位客人前来拜访。来客进门就问："请问孔子先生在吗？"

子贡问："您找先生有事吗？"

客人回答："我想询问先生时令之事。"

子贡笑着说："这么简单的事，何必要问先生，您和我说就可以了。"

客人问："一年有几个季节啊？"

子贡说："当然是四个。"

客人说："明明只有三个季节，您为何非得说四个呢？"

两个人争论起来，一个说有春夏秋冬，一个说只有春夏秋三季，到了中午还没有停止。

孔子在内院中听到争论的声音，便走了出来。子贡连忙说明了事由，希望老师告诉客人一年有四季。孔子开始没有说话，听了一会儿，又察言观色，然后对他们说："客人说得对啊，一年就有三个季节。子贡啊，你说错了，赶紧给客人道歉吧！"子贡很不理解，但遵从老师的意旨，还是向客人承认了自己的错误。

客人走后，子贡心中纳闷，忙问："夫子，一年明明就有四季，您为何要说三季，害得我向人家道歉呢？"

孔子笑着说："是啊，一年本来就有四个季节，可你在回答的时候要看对象啊。那客人碧服苍颜，明明就是田间蚂蚱变化而成的，他生于春天，亡于秋天，根本没有冬天的概念？他言辞激愤，根本听不进去别人的意见，你又何必和他浪费口舌呢？"

子贡觉得老师说得很对。

庄子说，"夏虫不可以语于冰"、"井蛙不可以语于海"，并不是因为它们见识短浅，而是自以为是不愿意接受新的见识啊！一个人见识浅薄不可怕，地位卑下也不可怕，可怕的是他的心顽固不化，明明自己不知道却装作知道，明明自己不对却非得给自己找借口，说自己正确。这样的人连孔子那样的圣人都无法说服他，不愿意去教育他，他又怎么能增长修为，避免祸患呢？

法国思想家卢梭也曾说过："人之所以犯错误，不是因为他们不懂，而是因为他们自以为什么都懂。"自以为是的人是用自己的行为和态度在为自己的命运和前途挖掘陷阱，总有一天他们会被自己的骄傲、愚蠢所吞噬。自以为什么都懂，他的思维意识就会逐渐形成一个封闭的系统，再也接受不了不同的建议，再也发现不了自己存在的错误。他们心中很骄傲，但却不知道处处都隐藏着危机，自己随时都可能在一帆风顺的时候突然跌倒，从而一蹶不振。

东汉末年，河北的袁绍是最强大的军阀，他拥有四个州，雄兵数十万，有吞并天下的野心。要想得到天下，最先要消灭的就是河南一带的曹操。于是袁绍和刘备结盟，准备南北夹击曹操。

曹操看到这种情况，便听取谋士建议，迅速率军攻打刘备。刘备势力弱小，很快就支撑不住了，派使者向袁绍求救。袁绍的谋士们都劝他立刻出兵，袁绍此时却提出了个荒唐的理由，说自己的小儿子生病了，没心思作战。谋士田丰、许攸等苦谏，袁绍却自大地说："以我这么强的实力，想消灭曹操还不简单，何必非得现在出军呢！"

不久，刘备被曹操彻底击垮，这时袁绍才决定起兵南下。但谋臣田丰、沮授等人认为破曹的最佳时机已经失去了，此时应该以逸待劳，采取持久战，等待更好的机会。袁绍自恃地广兵强、粮食充足，根本听不进忠告。不仅执意出兵，还削夺了沮授的兵权，将犯颜直谏的田丰投进了监狱。

战争开始以后，袁军屡屡受挫，但因为实力强大，依然牢牢占据优势。而曹操则兵寡粮少，形势危急。谋士许攸劝袁绍说："曹操将所有兵力都投入到前方，如果派遣一支队伍绕过敌军，直扑许都，曹军必不战而败。"袁绍自以为凭借正面对抗就可以取胜，对这制胜妙计不屑一顾。恰好许攸家人犯法，被留守邺城的审配逮捕。许攸大怒，索性投奔了曹操。

曹操得到许攸以后，立刻听取了他偷袭袁军粮草的建议，派大军攻打袁军存放粮草的乌巢。粮草被烧，袁军大乱，部将纷纷投降，袁绍连忙仓皇北逃，失去了夺取天下的机会，不久就在忧愤之中死去了。

袁绍之所以失败，就是因为自以为是，本来见识有限，却不择取正确的建议，在重大军事行动上刚愎自用，最后兵败官渡，郁郁而死。历史上，这样自以为是导致败亡的例子很多，战国时候的智伯、秦朝末年的项梁、陈余、项羽、前秦的苻坚……这些人都是自恃强大，自己觉得正确，听不进部下好的建议，最后无不兵败身死。

自以为是让自己看不到别人的优点，察不到自己的缺点，也就是放弃了自己提高的机会。一个人只有不断学习，不断提高才能适应形势的发展，与时俱进。自以为是者必被社会所淘汰。

自以为是让别人远离自己，使自己陷入孤立无援的境地中。无论多么有才、多么聪明，个人的力量总是有限的，要想成就一番大业，必须能够任众人之力与智。自以为是的人，堵住了与他人合作的道路，让别人不能接近自己，他们必然无所作为。

天生众人，原本并没有太大区别，为何有的人能够称为圣贤，德行充实、见识广博，而有的人却愚昧无知、卑微低贱呢？就是因为他们喜欢"自用"、"自专"，自以为是。美国广告大师李奥·贝纳说："丧失谦逊，会危害我们的判断力；自以为是，可以让我们前进时栽跟斗。"人无论地位高低、无论见识多寡，都不应丢了谦虚谨慎、虚怀若谷之心，切勿自以为是。

坚持但不固执

君子强调坚持自己的原则，但反对盲目的固执。坚持建立在正确认知的基础之上，知道自己的目标是什么，知道自己有能力通过努力而实现目标；而固执则是一意孤行，沿着错误的方向前进，不听劝告、不撞南墙不回头。坚持是自强不息的奋斗，而固执则是自以为是的愚昧。智者该坚持的时候才去坚持，这就是中庸之道；愚者不看形势，盲目固执，这就做得过了头，有违于中庸。

古希腊哲学家柏拉图曾说过："人生最遗憾的，莫过于轻易地放弃了不该放弃的，固执地坚持了不该坚持的。"坚持不懈是成功必不可缺的精神，很多时候，成与不成，就在于是否能多坚持一会儿；而固执自大则是遭受失败的重要根源，很多人就是因为不听劝告，自以为是而一败涂地。

一个年轻人，平时很喜欢跑步，可在二十岁的时候，一场车祸夺去了他的一条腿。从此，他只能依靠拐杖行走。他曾自暴自弃过，消沉了好长一段时间。但后来终于想清楚了：自己的一生不能这样过下去，决不能向不幸的命运低头。于是，他尽力忘掉车祸给自己造成的伤害，努力像正常人一样生活。

一天，他看到马拉松比赛的报名通知，于是来到报名处要参加比赛。工作人员看到挂着拐杖，只有一条腿的年轻人，委婉地告诉他："这是正常人的比赛，没有安排专门为残疾人服务的人员和设施，不如等有专门的残疾人马拉松再参加吧。"年轻人坚持要参加，说自己不需要什么服务，只是想证明自己不比正常人差罢了。

在比赛的时候，他被别人远远甩在后面，拐杖将胳膊都硌肿了，剩下的一只脚也磨破了，汗水和着血水从鞋上渗出来，每一步都疼得厉害，最后似乎整个身体都麻木了。但他没有放弃，他相信只要坚持，自己就一定会到达终点。最终他成功了，不仅完成了整个比赛，还找回了失去很久的自信，从此他的人生发生了改变，他再也不觉得自己不如别人了。

坚持就是运动员在赛场上，朝着目标努力拼搏，永不放弃的冲劲；坚持就是革命者甘愿为理想而牺牲的无畏；坚持就是乡村教师，愿意将一生奉献给山区孩子的无怨无悔……坚持可以改变人生，坚持可以创造命运。但需要知道，坚持的前提是对目标的清晰认识，是确立一个正确的目标，然后用恒心去完成它。如果恒心不足，做事就会朝三暮四，这样的人很难取得大成就；反过来，如果"太有恒心"，不看目标是否合理，不考虑客观形势，便一意孤行，觉得只要自己想到，就一定能做到，那样做便过了头，不再是坚持而是固执。

有两个贫苦的樵夫，每天上山砍柴为生。一天，他们在山路上发现两大包棉花，二人喜出望外，丢下木柴扛着棉花向集市走去。

走着走着他们又看到了丢在路旁的两袋盐。其中一个樵夫便和同伴商量，棉花虽轻，但很不好带，不如将棉花丢了，将盐拿到集市上卖掉，也可以获得比往日打柴多得多的钱。但同伴却不认可，他说上天让我们看到了棉花和盐，我们就应该都收下，棉花已背了这么远了，如果丢掉岂不可惜。于是，一个樵夫丢下了棉花，背着盐继续前进，而另一个樵夫则将盐和棉花都背在背上，艰难地前进。棉花很轻，盐又很重，风一吹那背着两种东西的樵夫就行走艰难，站立不稳。同伴劝他将棉花丢掉吧，他固执地不听，非得要都带着。

快到集市的时候，他们需要蹚过一条河，背着盐的樵夫像往常一样很容易就过去了。而跟在后面的同伴，则因为疲惫不堪，加之忽然来了一阵风没有站稳，跌倒在了河中。虽然人没有跌伤，但背着的盐一遇水就融化在了河中，而棉花吸足了水，无论如何也提不起来了。那樵夫无奈，只能丢下一路背来的棉花，空着手看同伴去集市上卖盐了。

那个空手而归的樵夫也有自己的坚持，但他的坚持是因为贪心，为了获得更多的利益而不考虑自己的能力，固执己见，不听从同伴的劝告，最后盐没有了，棉花也失去了。生活中人们之所以不能避免固执的陷阱，就是因为像这樵夫一样，一是被外欲所吸引，忘记了危患，二是不能清晰地认识自己的能力，将目标制定得过于高远。

我们一定要学会在坚持和固执之间寻找一个平衡点，既要有一定的恒心，做事不朝三暮四，浅尝辄止；又要能够随时变通，避免顽固不化。只有行动有恒心的人，才能发挥潜能，才能成就伟业，才能完成目标。只有懂得变通，不自以为是的人才能克服困难，不将精力盲目地浪费在无用之处。

美国大发明家爱迪生年轻时为了实现自己的梦想，坚持不懈地努力学习、做实验，生活虽然十分困苦，需要到处颠簸，但他从未放弃过。在发明电灯的时候，他屡屡遭受失败，人们都不看好他，讥讽、嘲笑扑面而来，但爱迪生坚信自己能够取得成功。他废寝忘食地工作，实验了几千种材料，最后终于"将人类带入了光明时代"。可是，他也有很多固执的地方，以至于没能在研究中更上一层楼。他主张使用直流电源，拒不承认交流电的优点，为了反驳不同观点，他做了很多令人惊奇的事，散布恐惧的流言、造谣污蔑对手，甚至做出了使用6600伏交流电对大象实施电刑的闹剧。晚年时，他的这种固执与日俱增，甚至告诉助手不要给自己提任何建议。正是这种固执，限制了他进一步发挥，导致其晚年发明寥寥无几。

所以说，人要坚持，却万万不能固执。其中最关键的就是在坚持中做到中庸，无过、无不及。

不可盲目复古

孔子反对"生乎今之世，反古之道"，认为这种行为一定会招致灾祸。有人很不理解，说：孔子自己不就天天呼喊'克己复礼'吗？为什么这里却说反古复古呢？其实，孔子所说的"克己复礼"并非简单地复古，照搬古代的政治制度、礼仪规章，而是要恢复那种已经失去的礼仪精神，让人们重新找回忠义孝悌的美德，重新恢复"君君臣臣父父子子"有序的社会秩序。

如果不理解孔子"克己复礼"的本意所在，一味以古为尚，照搬古代的政治、礼仪制度，那就是"生乎今之世，反古之道"。中庸要求随时而恰当，在礼仪上就是如此，君子所看重的是恭敬、仁义等内在德行，而非具体的排场、细节。孔子曾经说过："用麻布制成礼帽，是礼制的规定，现在用黑丝代替麻做礼帽，是节俭的表现，我赞成众人的做法。觐见君主，先在堂下跪拜，现在的人为了图省事，到了堂上才跪拜，这是骄纵的表现。虽然不同于大家的做法，我还是坚持在堂下拜见。"孔子重视礼的内在精神，而非表面形式。

当时社会上流行的周礼是最易被人们接受的，也是最恰当的，孔子要"克己复礼"自然是要恢复周礼，而不是刻意追求古远。所以他才会说："周监于二代，郁郁乎文哉，吾从周。""吾说夏礼，杞不足征也。吾学殷礼，有宋存焉。吾学周礼，今用之，吾从周。"

孔子对周礼的选择和坚持，本身就是一种随时适宜，是符合中庸精神的最好做法——既能改变当时"礼崩乐坏"的状况，又不会脱离现实，而且也更易被世人所认可、接受。相反，后代很多推崇孔子的人，并没有学到孔子学说的精髓，只学了一点表面皮毛，认为要想实现孔子的政治理想，要想达到天下大同就要复古，于是他们盲目地照搬古代制度，脱离现实，那等待他们的结果只能是失败，在追求"理想"之时撞得头破血流。

王莽在篡取帝位后，看到了当时社会上的深刻矛盾，他也想解决这些，以维护自己的统治，于是进行了一系列的改革。但他的改革就很不得要领——只知道复古，不知道立足于现实形势。

王莽信奉儒家思想，认为只有恢复到孔子所宣称的"礼崩乐坏"之前的礼治时代，才有可能实现政通人和，天下安宁。因此，在做了皇帝以后，他便派人考察西周时代的礼乐制度。一群老学究，通过几个月的翻读古籍，查找典藏，将上千年前的条文制度考察得一清二楚，写在竹简上就呈献给了王莽。王莽看后，如获至宝，顿时觉得自己得到了治理天下的秘籍宝典。于是，当即下令开始推行"新政"。

王莽最大的动作就是改名字。他说既然是仿照西周制度，那就一丝一毫都要和古时一样。于是下了一堆诏书，将天下的田地改名为"王田"，在王田上恢复周朝的井田制；将奴婢改名为"私属"，和王田一样不得自由买卖。他又更改官制名称，更名大司农为"羲和"，后改为"纳言"；改大理为"作士"；太常为"秩宗"；大鸿胪为"典乐"；少府为"共工"；光禄勋为"司中"；卫尉为"太卫"；太守改为"大尹"；都尉改为"太尉"……不仅官名要改，地名也要改，把当时已流行了几百年的地名，都改成了古籍中记载的周朝名称。当时朝中大臣，没事就翻古籍，翻到了奇怪、生僻的官名、地名，连忙汇报给王莽，王莽也欣然采纳，觉得自己正在恢复周公、孔子的伟大事业。

朝廷改个名倒是简单，地方官员和老百姓却被弄昏了头，有的人说新地名，有的说旧地名，大家谈了半天，才发现说的不是一个地方。官员写了文书，对方常常不知道地名是哪里，最后不得不将前后改过的地名全部标注上。

官名难记，和百姓关系不大；地名难记，人们可以不去。但王莽还要更改币制，这就和老百姓日常生活息息相关了。而且他改的币制并不是像别的时候那样，新币替换旧币就可以了，他将古代那套又照搬来了，什么刀币和布币都在改革中恢复，人们不用这些都几百年了，忽然冒出来一大堆，谁也弄不清楚这些东西到底值多少钱。于是币制复杂混乱，民间交易很不顺畅，怨声载道。而且每次改制的钱币大小不断缩小，价却越来越高，实质上剥削了普通民众的财富，这也让普通百姓对王莽的改革万分痛恨。

王莽不仅在国内如此，在对待周边国家、民族上也要复古。以前，汉朝对周边诸国都以"王"相称，王莽登位以后，认为"天无二日，民无二主"，将各国的"王"改封为"侯"，引起了普遍的不满。西域诸国本来就常作乱，看到平白无故地被降了一级，于是不再服从号令，相互攻伐，继而攻杀西域都护。王莽派去征讨的军队，被各国联合击败，几乎全军覆没。西南的少数民族也因为被降级而造反，句町王怒不从命，被王莽处死。于是，句町王的弟弟便率众起兵，西南各族趁机起而响应，战乱一直延续到东汉初年。北方匈奴一直很强大，汉朝为了与之改善关系，一直在发给匈奴的印信上刻"匈奴单于玺"，其下诸王之印信为"汉某某王"，以表示待以客礼而不是臣属关系。王莽登基后，为表现其"威德至盛异于前"，将"玺"降为"章"表示，匈奴地位降低，又下令匈奴单于改名为"降奴单于"，这一系列行动引发了匈奴的严重不满，于是入寇边塞，边境地区吏民被掠杀者不计其数，形成了"千里无烟，无鸡鸣犬吠之声"的局面。

王莽的乱复古行为，导致国内官民不便，怨声载道，边境属国叛乱，匈奴入侵，社会矛盾急剧增加，终于引发了全国此伏彼起的暴动和起义。公元23 年，绿林军攻入长安，王莽被乱军杀死，他的复古闹剧也宣告结束了。

王莽消除社会矛盾的出发点是好的，他想恢复礼制，建立有序的社会秩序也没有错误，但他的方法却完全错误了，不顾社会现实，脱离实际地盲目复古，给国家和自己都带来了灭顶之灾。"礼者所以便事也"，制定礼仪是为了方便人们，建立秩序，而王莽照搬古制、古礼，完全是在扰乱秩序、给人们带来麻烦。子思说"虽有其位，苟无其德，不敢作礼乐焉；虽有其德，苟无其位，亦不敢作礼乐焉"，就是为了告诉人们礼不能随便乱改，古不能随便乱复，必须既有德行，又有位置才可以去议礼，而且在有利于人民，顺应时势的情况下才可有所作为。

二十九、三重章

王天下有三重^①焉，其寡过矣乎！上焉者虽善无征，无征不信，不信民弗从；下焉者虽善不尊^②，不尊不信，不信民弗从。

故君子之道：本诸身，征诸庶民，考诸三王而不缪，建^③诸天地而不悖，质诸鬼神而无疑，百世以俟圣人而不惑。质诸鬼神而无疑，知天也；百世以俟圣人而不惑，知人也。

是故君子动而世为天下道，行而世为天下法，言而世为天下则。远之则有望，近之则不厌。《诗》曰："在彼无恶，在此无射^④。庶几夙夜，以永终誉！"君子未有不如此而蚤有誉于天下者也。

注　释

①三重：三件重要的大事。

②虽善不尊：虽然德行很好但没有尊贵的地位。

③建：立。

④射：《诗经》本作"斁"，厌弃的意思。

译　文

在天下施行王道，有三件重要的事，能将它们做好也就没有什么过失了吧！在上位的人虽然德行很好但没有验证，没有验证就不能使人信服，不能使人信服老百姓就不会顺从他。在下位的人虽然德行很好但不尊贵，不尊贵就不能使人信服，不能使人信服老百姓就不会听从他。

所以君子治理天下：要以自身的品德修养作为基础，要在百姓中得到验证和信任，考察对照前代圣王的做法而没有悖谬，树立在天地之间也没有违道之处，质询于鬼神也没有什么可质疑的，百世以后等到圣人出现也没有什么迷惑之处。质询于鬼神而没有什么可质疑的，便是知天命；百世以后等到圣人出现也没有什么迷惑之处，便是知人事。

所以君子的举止世世代代作为天下的标准，行动世世代代作为天下的法度，语言世世代代作为天下的法则。离得远的对他们有仰望之意，离得近的对其道也不会厌恶。《诗经·周颂·振鹭》中说："在那里没有人憎恶，在这里没有人厌烦，日日夜夜操劳啊，为了保持美好的名望！"君子没有不这样做而能够早早在天下获得名望的。

经典解读

子思认为王天下有三件最重大的事情，做好了就没有什么过失了。南宋吕大临总结说："三重，谓议礼、制度、考文。惟天子得以行之，则国不异政，家不殊俗，而人得寡过矣。"遵守礼仪，就达到了善，有了好的德行修养；但善在自身还不够，还应有好的制度，将善实施下去，在实践中为老百姓服务，让人们知道你那套理论的好处，也就是得到验证，令人信服。政治实施以后，还要经得起时间的考验，不仅当时要思考是否与前代圣王一致，有没有什么偏颇，而且要确保几百年以后的那些圣人君子还对你的做法认可。统治者做到了这三点，才算是真正做对了，也就可以王天下而寡过了。

其实对于任何事都是这样，要想做好就必须满足三点：一，以自身的德行作为根本；二，拿出真正的成绩、效果来，让人信服；三，成就要经得起检验。这就是中国古代知识分子所追求的三不朽：立德、立功、立言。能够如此，才可以成为世人的典范，其言语、行为才足以留传后世，成为天下的准则、法度。可以说，本章既阐明了儒家"王天下"的理念，也蕴含着古人对伟大人格与崇高功绩的向往和不懈追求。

哲理引申

如何取信于民

在上位的人取信于民，要有好的制度，将自身的善体现出来，否则单单凭口说自己有多么仁义，自己有多么爱民，老百姓看不到一点好处、得不到一点实惠，口号喊得再响也没有任何意义。好的德行需要好的制度彰显，好的制度需要好的德行施行，这二者是相互依存，缺一不可的。所以孟子说："徒善不足以为政，徒法不能以自行。"

明朝末年，宦官魏忠贤专权乱政将国家搞得一团糟。危急时刻崇祯皇帝登基，将阉党一举铲除，赐死魏忠贤，朝野一时看到了希望，以为他可以引领大明中兴。崇祯掌权以后，的确有励精图治的愿望，他勤于政事，生活节俭，不近女色，重新启用很多天启年间被罢黜的官员。作为一个皇帝，他的德行可以说没有什么可以挑剔的地方，但他却不能施行好的政治，不能建立有效的制度挽救国家危亡。

当时，北方大旱，赤地千里，寸草不生，饥荒又引发了大规模的瘟疫，流民遍野。一方面百姓哀鸿遍野，以至于争食山中的蓬草，蓬草吃完，剥树皮吃，树皮吃完，只能吃观音土，最后腹胀而死；另一方面，那些富豪，尤其是宗室亲王们占有上万亩的土地，锦衣玉食，醉生梦死，对百姓的疾苦毫不在意。崇祯帝既不能抑制富豪，又不能采取有效措施拯救百姓，最后导致了轰轰烈烈的农民起义。

面对这些起义，崇祯不知从根源上解决，让百姓有饭吃，反而想方设法派兵强行镇压。在镇压的时候又对大臣疑心，频繁杀戮、更换将领，导致多次功亏一篑，李自成数次大难不死。后来战争形势逆转，起义军破城掠地，崇祯皇帝束手无策，只知道下"罪己诏"，向人民承认自己的错误。虽然罪己诏言语很感人、很诚心、承诺得也很美好，但连饭都不能让百姓吃饱的皇帝，谁会相信他。最后，闯王李自成攻入北京城，崇祯皇帝只好跑到煤山上吊了事。

更可笑的是，直到临死之时，崇祯帝还口口声声说自己不是亡国之君，都怪"奸臣所误，以至于此"，甚至写下了一份大义凛然的遗书："任贼分裂朕尸，勿伤百姓一人。"他至死也未醒悟，他所谓的奸臣都是自己提拔任用的，他所谓的贼寇都是在他的治理之下被逼得造反的良民百姓。

直到今天我们翻开史书再去读崇祯皇帝的罪己诏时也会不由得心生感动，觉得这样一个体恤百姓、勤政爱国的皇帝竟落得那样的下场。但仔细想想，却又觉得很矛盾，有德之君百姓为何不爱戴，却起来造反，将他逼上绝路呢？

有德之君为何最后搞得国破家亡，江山倾覆呢？读了本章的内容，就会恍然醒悟，因为他没有找到好的政治措施，没有用好的制度将善验证给百姓，他的德行都存在罪己诏上，都是口头上喊出来的，老百姓自然不信任他了。他说得再好听，百姓连肚子都吃不饱，怎么能不造反呢？所以说："上焉者虽善无征，无征不信，不信民弗从。"

在下位的人要想取信于民，单单有好的德行也是不够的，还要有尊贵的地位，如此才能使自己的主张彰明，通过行政来证明它，百姓才会相信。否则，普通民众都没有机会感受到他学说的好处，又怎么会相信他呢？孔子如此高的德行、修为，为何不能实现自己的政治理想。就是因为他没有尊贵的位置。他在鲁国为官的时候，其实已经有了些效果：将中都治理得井井有条，做大司寇时鲁国风俗大变。但最终还是因为遭到权贵排挤而失去了位置，导致他的政治主张中断，理想无法继续推行。所以那些庸俗鄙人不了解他，称他"四肢不勤，五谷不分"，将他围困，想要谋害他。

所以，君子对于地位是很看重的，《孟子》中就提到过，"孔子三月无君，则皇皇如也，出疆必载质。"但他们和世俗之人不同，世俗之人做官是为了获取利禄、显得自己威风，而君子做官则是为了治理百姓，实践自己的政治主张。没有尊贵的位置，学说主张就不能取得百姓的信任，也就是"不尊不信，不信民弗从"。

但无论是在上、在下，在强调制度和位置的时候，取信于民都需要将"善"放在前面，即不管处于什么位置上，内在的道德修养都是取信于民的最关键因素。孔子说："其身正，不令而行；其身不正，虽令不从。"地位再尊贵，法令再严明，如果没有德行，老百姓也不会相信他。秦国法律最为严厉，但秦二世却不行德义，残杀兄弟、滥用民力、虐待百姓，最后天下百姓都将其视为仇敌，认为该立的是公子扶苏，而不是他。隋炀帝继承文帝基业，拥有当时最庞大、富裕的帝国，但他荒淫无耻，滥杀无辜，到处游玩扰民，最后天下百姓都起来造反，推翻了他的统治。

而历史上那些有所作为的统治者，无不具有博厚的德行。汉文帝节俭、仁慈、体恤百姓，废除了残酷的肉刑。唐太宗虚心纳谏，宽容大度，爱惜百姓，时刻将修德放在心上，他曾说："要想安定天下，必须使自身合于正道。"清朝的康熙皇帝也很勤俭爱民，废除很多有害百姓的制度，而且他本人十分孝顺，给天下百姓做了很好的典范。同样拥有整个国家、身为天子，有的人能流芳百世，名垂千古，有的人却身败名裂，国破身亡，最关键的因素就是具备不具备德行，能不能以德治国，取信于民。

所以说，要想"王天下"取信于民，德行是基础，尊贵的地位和好的制度也是必不可少的。

以德服人

"王天下"无论在上位，还是在下位，都要凭借崇高的德行而令百姓信服。儒家所主张的"王道"其核心就是以德治国、以德服人。让人服从的方法很多，但德无疑是最根本的一种。孟子曾说过："依靠力量假借仁义也可以称霸，但称霸必须有大国。用道德而实行仁义使天下归顺的人，不用依靠强大的国家：商汤只有方圆七十里的土地，周文王只有方圆一百里的土地。用武力征服别人的，别人并不是真心服从他，只不过是力量不够罢了；用道德使人归服的，是心悦诚服，就像七十个弟子归服孔子那样。"

七十个弟子服从孔子是什么样？就是将他当成自己的父亲看待。有谁不服从自己的父亲呢？有谁会反对自己的父亲呢？统治者以德治民，就是民之父母，他的统治岂能不稳固、他的江山岂能不长久？

不仅是对待百姓，对待自己的对手、敌人也应该用德行令他们心悦诚服，而不是用强力将其压服。舜帝的时候，南方的三苗部落反叛，军队前去镇压没有成功，有臣下劝谏休整兵力，再次进行大举征伐。舜没有同意，他说："我身为天子，别人不支持我，一定是我的德行有所欠缺啊。用武力只能夺得他人的土地，却不能赢得人民的心，又何必再让百姓去白白流血呢！"于是他反省自己的过失，修正国人的道德，令刑吏免除无辜的罪人，让太史作歌颂美德的乐章。三年以后，天下大治，军队没有集结，四方反叛的部落就主动前来归附了。

周穆王的时候，西方的犬戎开始强大起来，周穆王感到了威胁，准备兴兵讨伐。大臣祭公谋父知道了周穆王的意图，感到不妥，就进宫拜见，劝阻说："大王，我们不应当讨伐犬戎。历代先王之所以能服众，是因为显示美德而非兵力。如果轻易发动战争，不仅要牺牲很多士兵，浪费大量国力，还会引起长久的怨恨。现在犬戎，一直能尽职纳贡，而大王您却非得征讨他们，显示武力，这恐怕是违背先王的教诲，破坏先王的制度吧。"周穆王不听从祭公谋父的意见，调集军队进攻犬戎，结果犬戎部落坚决抵抗，周朝的军队只抢到了四头白狼和四头白鹿。而且这场战争让西方的部落领袖们看到了周朝的外强中干、蛮横失德，全都脱离了周朝的约束，再也不来朝拜周王了。

舜帝知道"德"的重要性，不轻易发起武力攻击，通过修德而赢得了敌人的信服，使他们主动前来归顺。而周穆王不重德行，倚仗武力反而失去了威势，给自己树立了更多的敌人。以德服人得到的是越来越多的朋友和助手，而以武力服人得到的则是更多的威胁。三国时，诸葛亮"七擒孟获"就是以德服人的典范。

刘备去世以后，诸葛亮辅佐后主刘禅继位。刘禅年少才低，朝廷上的大小事务都由诸葛亮来决定。他忠心耿耿、鞠躬尽瘁地治理国家，时刻想着报答先主知遇之恩，北定中原，复兴汉室。然而，就在这个时候，蜀国南方发生了动乱。有个叫雍闿的豪强见刘备去世，便杀死太守，拉拢当地的少数民族首领孟获一起造反，对抗蜀国的统治。当时，蜀国刚刚经受大败，顾不上出兵，诸葛亮只能派人同吴国讲和，暂时稳住局势，继续筹备粮食、训练军马等待时机。

两年以后，北方、东方的局势都暂时安稳，诸葛亮便决定起兵南征。出发的时候，诸葛亮向好友马良的弟弟参军马谡询问策略。马谡说："南中之人，远离都城，凭借地势险要，早就不服管教了。现在我们即使用大军将其征服，也只能暂时止乱。大军一撤，反叛就会死灰复燃。我听说用兵的精髓在于攻心，攻城略地都是次要的。丞相南征，一定要让南人心服才可以一劳永逸啊。"诸葛亮听了，觉得正合自己心意，于是辞别后主等人，率军南下。

蜀军还未到达，雍闿等人就发生了内斗，雍闿被杀。但南中首长孟获，收集了雍闿的散兵，又联络周边的其他部族，继续反抗蜀兵。孟获不仅十分勇猛，而且在南中地区颇具威望。诸葛亮知道，要想一劳永逸地平定南中，就必须有一个像孟获这样的人帮助蜀国治理这一地区，而且他必须对蜀国忠心耿耿。于是他决定用攻心的手段将孟获争取过来，让他心服口服。于是，下令对孟获只许活捉，不许伤害。

蜀军初次和孟获军队交锋，诸葛亮授意前锋故意败退下来。孟获仗着人多，一窝蜂地追赶，轻易进了蜀军的埋伏。南兵被打得四处溃逃，孟获被活捉了。押到大营中以后，诸葛亮立刻叫人给他松绑，劝他投降，但孟获不服气，称："自己不小心中了埋伏，怎能让人心服？"诸葛亮听后，轻轻一笑，命人解开绳索，放孟获出去。

孟获在蜀军营垒中看了一大圈，暗中记住了兵力分布，回去重整旗鼓，便率军趁夜色偷营袭击。没想到，这早就在诸葛亮预料之中了，孟获偷袭不成，反而又中埋伏，再一次被抓了起来送到诸葛亮面前。

诸葛亮问："这次可服了？"孟获狡辩道："我没有准备充分，所以再次不小心中计。"诸葛亮没说什么，吩咐将其放回去。

孟获回去以后，让弟弟孟优假意投降，向诸葛亮献宝，妄图借机杀死诸葛亮。没想到计谋又被诸葛亮看穿了，诸葛亮便将计就计，设下埋伏再次将南兵打得大败。孟获在逃跑的途中被蜀军抓获。

就这样，诸葛亮前前后后抓了孟获七次，放了孟获七次。到第七次的时候，孟获被诸葛亮的诚意所感动，不愿再战了，流着眼泪说："丞相七擒七纵，待我可说是仁至义尽了。我打心底里敬服。从今以后，不敢再反了。"

孟获回去以后，不仅听从蜀国号令，还说服各部落全部投降，南中地区从此重新归蜀汉控制，几十年安定无事。

"太阳和北风"的寓言，人们都听过。北风和太阳打赌，看谁的能力更强一些，这时一个穿着棉袄的路人经过，它们就比试谁能将路人身上的棉袄弄下来。北风用尽力气，呼呼地吹了过去，可是它吹得越急，路人就将棉袄裹得越紧，北风筋疲力竭，不得不退却。太阳则将和煦的光芒洒到大地之上，路人渐渐觉得热了，就主动将棉袄脱了下去。以德服人就像用阳光照射别人一样，使其感到温暖，从而顺从于你；用强力做事，就像北风怒吼一样，虽然威力看起来很大，效果却往往适得其反，引来他人更多的不满和反抗。当我们行事的时候，不要总是想着用势力压服别人，而要用德行去感化、征服他们。

君子有絜矩之道

儒家一直要求人们加强自身的修养，成为真正的君子，那君子是什么样的呢？这里给出了作为一个君子，应该达到的标准："动而世为天下道，行而世为天下法，言而世为天下则。远之则有望，近之则不厌。"真正的君子，他的举止世世代代作为天下的标准，行动世世代代作为天下的法度，语言世世代代作为天下的法则。也就是说君子品质高洁，能经得起时间的考验；君子举止恰当，能合乎中庸之道，可以世代作为天下的榜样。

《大学》中说，君子有絜矩之道。"絜"是度量，"矩"是尺子，"絜矩"就是法度、规则。《孔子家语·儒行解》中也说儒者应该："今人以居，古人以稽；今世行之，后世以为楷。"生活在当今的世界中，要效法古代的圣贤，时刻以他们的高洁品行来激励自己、要求自己；注重自己的一言一行，力争使自己的所作所为能得到世人的认可，能被后人引以为规矩。这才不愧为一个真正的儒者，不愧于"君子"的称号。

什么是君子，什么是庸人？君子和庸人天生没有什么不同，但对道路的选择，对生命意义的认知，将他们分为了截然不同的两种人。庸俗之人只想着吃饭、睡觉、娶妻、生子，每天只看到眼前的蝇头小利，只想着自己的一亩二分地，他们生活是为了自己。而君子则肩负着崇高远大的使命——古人喜欢说是"天降大任"，其实是君子自求上进——他们要"为天地立心，为生民立命，为往圣继绝学，为万世开太平"。

正是因为有了这些崇高远大的使命，君子在内修习至诚的德行，在外彰明正确的行为，用自己的言行举止，告诉世人应该如何去顺应天命，应该如何去追求人生真正的价值。也正是因为如此，历史上才有那么多令人敬佩的君子，让我们后人仰望、追随。他们重道义，轻生命，重德行，轻钱财，他们甘愿为自己的理想牺牲一切，他们甘愿为世人贡献一生，他的一言一行都值得我们铭记于心，他们的一举一动都指导着世代人们。

伯夷、叔齐是商朝末年诸侯孤竹君的两个儿子。父亲想立叔齐为君，等到父亲去世以后，叔齐不愿凌驾于兄长之上，便让位给伯夷。伯夷说："这是父亲的意愿，我们怎么能违背呢？"于是就逃开了。叔齐也不肯继承君位而逃避了。国中的人就只好立他们的另一个兄弟为君。

这个时候，伯夷、叔齐听说西伯姬昌敬养老人，便商量着说："我们何不去投奔他呢？"等到他们到达的时候，西伯已经死了，他的儿子武王用车载着灵牌，正向东进发，讨伐纣王。伯夷、叔齐拉住武王战马劝阻说："父亲死了尚未安葬，就动起干戈来，能说得上是孝吗？以臣子的身份而杀害君王，能说得上是仁吗？"武王身边的人想杀死他们，太公姜尚说："这是两位义士啊!"扶起他们，送走了。

武王平定殷乱以后，天下都归顺于周朝，而伯夷、叔齐以此为耻，坚守大义不吃周朝的粮食，并隐居在首阳山，采集薇蕨来充饥，最后饿死在了首阳山。世人听到他们的事迹以后无不感慨流涕，效仿他们的德行，学习他们的志向。孟子赞扬伯夷说："只要是听到过伯夷风范的人，顽愚鄙陋的会通晓是非，懦弱畏缩的会变得意志坚定。"

伯夷、叔齐，宁可饿死也不愿吃自己认为不义的食物，他们牺牲了生命，却展示给了世人什么才叫作"正直"、"廉洁"。后世不知多少人因为效法他们而保持了高洁的品行，在诱惑、威压之下保全了节气。这正是君子所追求的"絜矩之道"。

东汉的陈寔出身寒微，为了生计年轻时在县里做些奴仆之事。但他立志为学，坐立诵读不辍，成为了一个很有学问的人。当时，朝政混乱，宦官专权，陈寔认为这非有道之世，不肯出仕为官，县中征召他为吏，他便逃避隐居在阳城山中。

当地发生了谋杀案，县中姓杨的小吏怀疑是陈寔所为，便将其秘密逮捕，审讯拷到。最终没有任何事实依据，才将其释放出来。后来，陈寔被举荐做了督邮，姓杨的小吏十分恐惧，担忧陈寔会借故报复他。陈寔知道了，便秘密托付县令，用礼召见小吏。小吏到了才知道是陈寔召见，恐惧万分，自以为难逃惩处，没想到陈寔大度地告诉他，自己并不想报复，召他来就是为了消除他的疑心。小吏十分感激，远近之人听说，都惊叹佩服陈寔的大度。当时，县中正有一桩相互争地斗殴的纠纷，双方各执一词，难以辨别是非。当他们听说了陈寔的事以后，都羞愧万分，立刻要求停止上诉，都愿意将地让给对方。

后来，陈寔又做了功曹，负责人员选用。这时，中常侍侯览托太守高伦安排个人为吏，高伦准备让其代理文学掾。陈寔知道这个人不称职，便对高伦说："这个人不宜用，然而侯常侍的命令又难以违背。就安排他做个不重要的外署官吧，这样不会有损于明德。"高伦同意了。陈寔对外称是自己举荐了这个人，舆论于是都责怪他举用不当，陈寔始终没有说什么。

不久，高伦被征召为上书，郡中士大夫为其送行。高伦对大家说："当初是因为我害怕侯常侍的势力，才用了不恰当的人，而陈寔却拿回了我的命令，说是自己举荐的。诸位都以此来责备他，都是因为我啊。陈君就是成绩推到别人身上，有过则归自己的人。"世人这才知道陈寔的所为，从此，天下士人都敬佩他的德行。

后来陈寔做了太丘长，他废除苛政，推行德治，清静无为，以自身道德来感化百姓，一时间当地百姓安居乐业，民间风俗焕然一新。陈寔为官重视贤人，当地的徐稺家里贫穷，但为人恭俭义让，品德卓著，陈寔厚礼聘请他担任功曹。徐稺虽然没有接受，但陈寔还是以礼厚待，在府中为他特设了一个卧榻，徐稺走后就悬挂起来，以表示对贤者的尊崇。

陈寔出身低微却力学不辍，修养德行，亲近贤人，为官爱民，当时天下人都将其视为儒者的榜样。《世说新语》中就称赞其："言为士则，行为世范。"

一个有道德修养的君子一定要像伯夷、陈寔一样，用自己的高洁品质去引导世人，用自己的亲身行为，给世人树立正确的榜样。

三十、祖述章

原　文

仲尼祖述①尧舜，宪章②文武，上律③天时，下袭④水土。辟如天地之无不持载，无不覆帱，辟如四时之错行，如日月之代明。万物并育而不相害，道并行而不相悖，小德川流⑤，大德敦化⑥，此天地之所以为大也。

注　释

①祖述：向上继承。

②宪章：以……为典范。

③律：遵循。

④袭：符合。

⑤川流：如同河水一样长流不息。

⑥敦化：使天下万物敦化淳朴。

译　文

孔子继承尧舜之道，以文王、武王为典范，上遵循天时，下符合地理。就像天地那样没有什么不承载，没有什么不覆盖。就像四时的交错运行，日月的交替光明。万物一起生长而互不妨碍，道路同时并行而不相冲突，小的德行如同河水一样长流不息，大的德行使天下万物敦化淳朴。这就是天地的伟大之处啊！

经典解读

孔子为何能够如此伟大，乃至于与天地并齐？一者他能继承前代圣王的美好德行，以尧舜为规矩，以文王、武王为典范。尧舜文王武王的德行本就极为崇高了，孔子能成为他们的集大成者，德行自然更上一层楼，所以才流芳百世，千载不朽，被后人誉为"大成至圣先师"。再者孔子是"上律天时，下袭水土"：效法天地的德行，无不承载，无不覆育；又能像日月四时那样随时变通，永远合乎最恰当的中庸之道。

正因为如此，世上万物都受到孔子的教化、惠利，天下因为有了孔子的道而井然有序，万物因为遵从孔子的道而并育不相害，并行不相悖。他的德行如河水一样川流不息，使万物敦化淳朴，这岂不就是天地的大德之所在！所以后人曾这样赞美孔子：天不生仲尼，万古长如夜。

子思如此赞美孔子，就是告诉人们，要想成为一个伟大而受人尊重的人，就要效法孔子之行，追求孔子之德，以孔子作为典范，努力地践行中庸之道。

哲理引申

以圣贤为规矩

为什么孔子能够取得如此高的成就？他的思想并不是一个人凭空想出来的，也不完全是根据自己亲身经验而悟出的大道，他是在学习、总结并继承尧、舜、禹、汤、周公等所有前代圣贤的德行、学识之后，再通过长期实践、思索才达到的那个高度。

有人询问孔子的弟子子贡："孔子为什么这么博学多才啊！"子贡回答："大概夫子就是人们所说的那种生而知之的圣人吧！"孔子听到了子贡的话，摇摇头，对弟子们说："我不是生来就知道的人，只是爱好古代文化，勤奋敏捷地去求得知识罢了。"孔子说的"好古，敏以求之"，其实就是学习古代圣贤的言行，以先贤为规矩。

孔子以尧舜汤武为规矩，成就了他的伟大；后人又以孔子为规矩，所以成就了各朝各代的君子贤士，志士仁人。圣贤之所以为圣贤，就因为他们的学识、德行受到世人称道，被后人所认可，值得后人去学习。后人只有以先贤为规矩，不断向先贤看齐，才能明白做人做事的大道，才不致在求知修行的途中走错了路。

孟子说过这样一段话："圣人，是百世人民的老师，伯夷、柳下惠就是这样的人。听闻伯夷之风的人，贪婪的都会变得廉洁，懦弱的也会增长志气。

听到柳下惠之风的人，刻薄的也会变得敦厚，浅薄的也会变得宽宏。百世以前奋发进取，百世以后，听说这些的人无不感动奋发。若非圣人，谁能够有如此的作为？"这赞扬了圣人的伟大，但也告诉人们，世人之所以存在贪婪、懦弱、刻薄、浅陋等缺点，就是因为不知道向前代的圣贤伯夷、柳下惠这样的人学习。如果世上的人都能以圣贤为榜样，身上就不会有那么多的缺点，行为也不会犯那么多的错误了。

人之所以不成功，就是因为不懂得向前代的圣贤学习。国君治理不好天下，是不能向尧舜学习；领导者建立不了功业，是不能向文王、武王学习；大臣不能有所作为，是不能向管仲、晏子、诸葛亮学习；将领不能建功立业，是不能向乐毅、岳飞学习；学生学习不好，是不能向颜渊、匡衡、杨时学习；当儿子都当不好，是不能向曾子、子路、王祥学习……

试想一下，孔子是个什么样的人呢？仁爱、谦恭、温和、好学，如果能向孔子学习，做到了这些，还会担心自己没有成就，担心自己德行得不到彰显吗？如果是一个学生，就想想颜渊，勤学不辍、好仁不怠，能向他看齐，还怕学不好吗？如果是一个官员，就想想晏子，能以他为规矩，还怕得不到上级的信任，得不到百姓的爱戴吗？如果是一个商人，就想想范蠡，能像他一样聚财散财、广施恩义，还怕受到为富不仁的指责吗？中国历史源远流长，几千年中诞生了无数圣贤君子，他们身上闪耀的那些美德，我们永远也学习不尽；现实中的每一个人，生活中的每一件事，都能找到先贤志士是如何恰当地处理的。只要我们有一颗向先贤学习的心，就一定能成为一个有德有识有为的君子。

有人会对先圣的大道发出质疑，说："既然那些所谓的圣人如此伟大，为何现代社会中还有那么多有违道德的现象啊？为何他的道传了几千年都不能将国家、社会治理得毫无缺陷啊？"其实，这种对先圣之道的质疑，正体现了一个人的无知无畏。黑暗现象的存在不是因为圣人之道的存在，而恰恰是因为圣人之道还未得到彻底的践行，还未贯穿在每一个人的思想行为之中。一个读圣贤书的人违背了道德，不是圣贤之道的过错，而是他自己没有去遵行圣人的学说。

孟子说过："梓匠轮舆能与人规矩，不能使人巧。"圣人告诉你怎么做了，你不去听，或是听到了不照着做，事情做错了，人品出了问题，怎么能是圣人的过错呢？圣人的言论记载在经典之中，每个人都可以翻开读读，有的人切实记在心里，表现在行为上，那他一定是个守礼的君子；有的人看了看，丢到一边，自己该怎么做还怎么做，那他并没有得到圣人的道，他的错误完全是自己咎由自取。

古代有个读书人，通过勤奋苦读中了进士，做了县官。但当官以后，他就变得腐化了，贪污受贿，盘剥勒索，每日只知道在县里作威作福，丝毫不将百姓的利益放在心上。导致辖区之内民不聊生，怨声载道。后来，百姓上告，谏官弹劾，朝廷大怒，将其罢官流放。流放之苦，难以言说，他戴着枷锁，受到沿途百姓咒骂、喊打，心中愧悔。

一天，他疲惫不堪地倒在大树下，看着路上的百姓，长叹道："哎！圣贤之书害人，要是当初我不去读书，学商学医，哪怕是种地呢，也不会到今日这种地步啊！"旁边正好有位老教书先生经过，听到了这话，很是不以为然，便询问起了他的经历。听完官员的讲述后，先生说："你真是愚昧啊！这种见识怎么能称得上是读过圣贤书呢！难道你犯的罪过都是圣人造成的吗？圣贤告诉你勤政爱民，你可做到了？圣贤告诉你敬畏百姓，你可做到了？圣贤告诉你善始善终，你可做到了？你既然读过书，难道不知道青史中那些受后人敬仰的清官廉吏是如何做的吗？不是圣贤书误了你，而是你自己误了自己。"

官员听后，无话可说，良久才叹道："您说得对啊！是我自己没有好好向圣贤学习。我见识浅薄，要是能早些听到您的这些话就好了。"

教书先生摇摇头："世人都是如此，犯了错误才知道自己没有遵从先贤的教诲。若是你还在做官的时候，我对你说这些，你不将我打出来才怪。"

就像故事中的官员一样，只有在错误不可挽回的时候，在遭受惨痛的失败以后，人们才会感到圣人教诲的重要性。而平时有多少人真正去思考自己是否听从了圣人的教诲，以圣贤为规矩了？我们从小学《三字经》《弟子规》，这些都是先贤给世人定下的最基本的规矩。可那些浅显的道理，又有多少人真正好好思考，切实践行了呢？每个人都听过"二十四孝"的故事，可社会中还是有不守孝悌的人出现；每个人都知道关云长忠义无双的故事，但社会中还是有那么多不道义的事出现；每个人都听过孔融让梨的故事，但真正能时刻辞让的人有多少呢？

我们的修为之所以有那么多不足的地方，社会之所以存在那么多缺憾，就是因为人们听了圣贤的故事，却并没有真正将圣人作为自己的规矩。先贤们给我们树立了那么多典范，给我们留下了那么多可贵的训诫，如果我们对它们视而不见，那就是对前辈的辜负，也是对自己、对当今社会的不负责任。

所以，每一个追求道德的人，都应该以圣贤为规矩；每一个合格的现代公民都应该去积极继承先贤留给我们的精神财富。

不害不悖 并育并行

天地之所以为大，在于其能"小德川流，大德敦化。"朱子对此注解道："所以不害不悖者，小德之川流；所以并育并行者，大德之敦化。"也就是说，万物能够不相损害，不相违背，这便是具有了小的德行；万物能够并行并育，相互促进，便是有了大的德行。圣人德行完备，在大的方面有所成就，在小的方面没有缺失，所以他们能够与他人和而不同，和谐相处，又能用自身的道德感化他人，引导他人。

"不害不悖"、"并育并行"，既是修行境界的表现，也是人们在平日修养时需要刻意去追求的。这体现了一种博大的包容精神与高明的和合之道。社会中每个人都不是完全相同的，很多地方不同的人之间观点、想法存在差距，甚至截然相反。这时，要想达到和谐，就必须有天地包容万物、和合共处的德行。

孔子说："君子和而不同，小人同而不和。"和而不同，就是能与他人和谐相处，虽然有不同的地方，也能相互包容，不去阿附，不去故意损害别人。小人则不然，他们一味追求相同，喜欢拉帮结派，同流合污，和自己一样的就阿附，和自己不一样的就想法迫害。

"不害不悖"、"并育并行"是宽厚的美德，是大公无私，公允正直。中国历史上有无数这样的君子，他们能够为了国家的利益包容和自己意见不同的人，能够以广阔的胸襟原谅曾经伤害过自己的仇人。

春秋之时，晋国大夫祁奚告老还乡，晋悼公向他询问谁可以接替中军尉的职务。祁奚想了想说："解狐可以。"晋悼公很是奇怪，问："解狐不是你的仇人吗？"祁奚说："国君是让我推举称职的人，而不是问谁是我的仇人。"晋悼公对其深为赞赏。不久，解狐病逝了，晋悼公又问祁奚："谁可以接替解狐的位置呢？"祁奚回答："祁午可以。"晋悼公问："祁午不是你的儿子吗？有父亲推举儿子的吗?"祁奚回答:"国君是让我推举称职的人,又不是问谁是我的儿子。"又过了一段时间,大夫羊舌职去世了。晋悼公问祁奚:"谁可以接替羊舌职呢?"祁奚说:"羊舌赤可以。"羊舌赤是祁奚的老部下,他依然只考虑谁称职,而丝毫没有避讳。

世人听说了这几件事,都认为祁奚是个君子,认为他推举仇人而不谄媚,推举儿子而不偏袒,推举下属而不是勾结,用《诗·小雅》中,"只因为他有仁德,才能推举像他的人"的诗句来称赞他。

可以说,祁奚就具有了"不害不悖"的德行,他不以自己的私情私欲损害国家的利益,既使国家得到了人才,也使贤人获得了应有的地位。如果天下人都能像祁奚一样,社会岂不就如四时运转、日月代明一样井然有序了。

三国时曹魏名将李典也是一位不以私害公的君子。

李典年少好学,不爱读兵法,于是拜师学习《春秋左氏传》,甚有儒者之风。他带兵时尊敬贤士大夫,恐怕有礼节不周的地方,军营的官兵都认为他是长者。他为人十分谦让,从来不和其他将领争抢功劳。

曹操西征汉中之时,命李典和张辽、乐进共守合肥。有人提出异议,说这三人平时不和,一起共事一定不能同心协力。曹操却不这样认为,他说:"这三位都是识大体的人,绝不会为了私怨而损害大局。"

不久,孙权趁曹操主力西征,率大军攻打合肥。张辽打算按曹操的命令出城交战,但担心乐进、李典不同意。这时,李典慷慨地说:"这是国家大事,只看计策是否好就行了,我怎么能够因为私怨而不顾大局呢!"于是出城和张辽同心协力共同作战,以少胜多,将孙权击败赶跑。

可以说,"不害不悖"、"并育并行"的包容精神与和合之道,是君子最基础的德行。不能以这种心态对待外物、对待他人,就不配称为一个君子。如果反之而行,不仅不能与人和谐相处,还想尽办法排挤、陷害他人,那就是不折不扣的小人,不仅德行可耻,让人厌恶,还会给自己带来无穷的灾祸。

春秋时,楚国有个叫费无忌的人,他没有太多的真才实学,唯独能阿谀谄媚,所以得到了楚平王的宠信。楚平王任命他为太子少师,让他去秦国为太子聘娶夫人。到了那里以后,他看到新娘子非常漂亮,想到太子平时很不待见自己,而重视太子太师伍奢,便心生奸计。他回去后对楚平王极力夸赞新娘子的美丽,劝平王自娶,再给太子找别的夫人。楚平王昏庸,果然照办了。不久费无忌便进谗言说太子因为失去了新夫人而心怀怨恨，与伍奢图谋造反。楚平王信以为真，便将伍奢抓了起来，严加审问，伍奢规劝楚平王不要亲小臣而疏骨肉，楚平王执迷不悟。最后，伍奢被杀，他的儿子伍子胥和太子建逃亡国外。

楚国左尹郤宛是个正直的大臣，很看不上阿谀奸诈的费无忌，费无忌便怀恨在心，时刻想打击报复。于是对令尹子常说："郤宛想要请您喝酒。"又对郤宛说："令尹想到您家中饮酒。"郤宛问："我地位低下，不知道应该如何招待令尹呢？"费无忌告诉他："令尹最喜欢兵器，你可以找些好的兵器摆置在院子里，令尹见到后一定高兴。"子常准备去郤宛家拜访，费无忌跑来对他说："我险些让令尹丧命，郤宛在院子里准备了兵器，想要袭杀令尹！"子常派人去察看，果然院子中摆满了兵器，于是攻杀了郤宛。

郤宛死后，国人都埋怨令尹滥杀无辜。子常非常忧虑，这时大夫沈尹戌对他说："费无忌这个奸谗的小人，是楚国祸乱的根源啊。他谗害太子导致太子流亡，伍奢被杀。如今又诱使令您杀了无辜的贤臣郤宛，招来国人怨恨！"子常觉得很有道理，气愤被费无忌诬骗，于是派兵攻杀了费无忌，将其家族全部诛灭。

费无忌以私怨陷害贤臣，不仅危害了国家，也给自己带来灭族之祸，这就是心胸狭窄、行为不道的小人的下场。可惜太多世人不能对此有清醒的认识，总觉得相互倾轧、攻讦别人就能造就自己的成功，就能让自己永享富贵。从郭开、赵高、秦桧、严嵩等大奸臣，到市井中争权夺利，拉帮结派的小人物，人们对"不害不悖"、"并育并行"的和合、包容精神，缺失得都太多了，这不可不说是大道不能行之于世的悲哀。

三十一、至圣章

　　唯天下至圣为能聪明睿知，足以有临①也；宽裕温柔，足以有容②也；发强刚毅，足以有执③也；齐庄中正，足以有敬也；文理密察，足以有别④也。

　　溥博渊泉，而时出之。溥博如天，渊泉如渊。见而民莫不敬，言而民莫不信，行而民莫不说。

　　是以声名洋溢乎中国，施及蛮貊。舟车所至，人力所通，天之所覆，地之所载，日月所照，霜露所坠，凡有血气者，莫不尊亲，故曰配天。

注　释

　　①有临：下临百姓。

　　②有容：包容天下。

　　③有执：决断天下大事。

　　④有别：辨别是非曲直。

译　文

　　只有天下德行最崇高的圣人，才能做到崇明睿智，居于上位下临百姓；宽大为怀，温和柔顺，能够包容天下；奋发勇健，刚强坚毅，能够决断天下大事；威严庄重，忠诚正直，能够博得人们的尊敬；条理清晰，详辨明察，能够辨别是非曲直。

　　崇高的圣人，美德广博而又深厚，并且时常会表现出来。广博如天，深厚如渊，表现在仪容上，百姓没有谁不敬佩的；表现在言谈中，百姓没有谁不信服的；表现在行动上，百姓没有谁不喜悦的。

这样，美好的名声广泛流传在中原地区，并且传播到边远的少数民族地区。凡是车船行驶的地方，人力通行的地方，霜露降落的地方；凡有血气的生物，没有不尊重和不亲近他们的，所以说圣人的美德能与天相匹配。

经典解读

本章描述了人格修养达到极端，也就是至诚境界的圣人的一个标准：聪明睿智，宽裕温柔，发强刚毅，齐庄中正，文理密察。这样的人头脑极为聪明，心胸极为宽阔，性格极为刚毅，行为极为端正，思辨极有条理，所以他才能下临百姓，能包容天下，能决断天下大事，能获得人们的尊重，能辨别是非曲直。

这五种美德，都是君子所不懈追求的，具备了它们，君子才能被世人所认可，他的政治理想、施政纲领才会被人们欣然接受；做到了这些，君子才配拥有天下、引领万民。如果，一个人做不到这一点，不追求修养自己的人格道德，却占有高位，居于人民之上，那他就不称职，必然不能将国家治理好，也不能正确地引导百姓，他甚至连那种鞠躬尽瘁地为人民服务的心都没有，人民自然也不会认可他。他的地位、名声、财富、权力也都成了无本之木、无源之水，不可能保持长久。

哲理引申

宽裕温柔足以有容

本章提到了五种德行：聪明睿智，宽裕温柔，发强刚毅，齐庄中正，文理密察。它们不仅是衡量一个人的人格修养是否达到至诚的标准，也是所有人在修养时必须追求的目标，尤其对领导而言，这五种德行是必不可少的，做到了就能成为一个合格的领导者，做不到就会被下属和人民所抛弃，失去自己的地位和名声。

所谓"宽裕温柔，足以有容也"，就是说一个人只有宽大为怀，温和柔顺，才能够包容天下，包容他人。能够包容他人的人，别人才可能认可他，听从他的引领；相反，如果一个人心胸狭隘，别人有了一点点小过错就抓住不放，别人有了一点和自己不同的见解就想法排挤打击，这样的人是不会得到任何支持的，他们注定将成为一个失败的统治者。

《尚书》中说"必有容，德乃大"，孔子也说"宽则得众"，儒家着重强调的"恕"，就是以宽恕的心处世、治国，以宽容的态度对待他人。中国历史上以宽容而取得成功，利国利民的事数不胜数。秦穆公以宽容的心胸对待吃了自己爱马的乡人，故能在韩原之战中反败为胜；蔺相如宽容地对待故意为难自己的廉颇，所以有了"将相和"，有了赵国的长治久安；汉文帝以宽容的心胸对待言语冒犯自己的冯唐，所以重新得到了良将魏尚，保得边境平安……

但能将宽裕温柔发挥到极致的还得说是开创"贞观之治"的唐太宗。唐太宗登上帝位以后，得到的是个经历隋末长期混战，百姓极为疲敝的烂摊子。他深知想要将国家治理好，就必须得到天下贤才。于是他秉承着"为政之要，惟在得人"的理念，将选拔和培养人才作为兴国之首要策略。得人最大的保障就是统治者宽容大度"不拘一格降人才"，唐太宗正是这样做的，他广揽贤才、海纳百川，不论亲疏，不避怨仇，不囿派系，不拘资历，只要对国家有所裨益，他便提拔。房玄龄是隋朝旧臣，张行成原本是一介布衣，唐太宗都大力起用。魏徵、王珪原本都是故太子李建成的心腹，曾经为建成出谋划策，为难李世民，可以说是唐太宗的仇人，但唐太宗发现他们的才能以后，对昔日的私仇毫不计较，不仅没有斩草除根，反而委以重任，让他们能充分发挥自己的才干。

唐太宗能以宽容之心得人，更能以宽容之心纳谏。他相信"兼听则明，偏信则暗"，无论大臣进谏以何种口气、态度，他都能用心倾听，从善如流。谏议大夫魏徵忠心又耿直，他经常直言进谏，前后达二百多条，有时会尖锐地指出唐太宗的错误和缺点，搞得皇帝很没有面子，但唐太宗都能宽容他，采纳有益的建议。

一次，魏徵在上朝的时候，当着群臣的面和唐太宗争论得面红耳赤，指责太宗的错误。太宗实在是听不下去了，怒气冲冲地退了朝。回到内宫以后，还抱怨说要杀了魏徵出气。这话恰好被长孙皇后听到了，皇后也很贤能，便立刻向唐太宗祝贺。唐太宗正一肚子闷气，听到皇后的祝贺很奇怪。皇后说："我听说英明的天子才有正直的大臣，现在魏徵这样正直，正说明陛下的英明，我怎么能不向陛下祝贺呢！"唐太宗恍然大悟，知道自己说过了头，于是忙将魏徵召入宫中，对他能犯颜直谏的行为进行表扬，并赐予丰厚的赏赐勉励他继续直言进谏。

后来魏徵去世了，唐太宗十分难过，他流着泪对大臣们说："用铜作镜子，可以照见衣帽是不是穿戴得端正；用历史作镜子，可以看到国家兴亡的原因；用人作镜子，可以发现自己做得对不对。魏徵一死，我就少了一面好镜子了。"大臣们听了这话都很受感动，更加了解了太宗的宽阔胸襟，在朝堂上也就更能直谏了。

唐太宗不仅对大臣们宽容大度，就连身犯重罪的囚犯他都能以博大的胸襟去包容、改变他们。一次唐太宗在查看刑部的奏折时，发现京城的监狱中关押着几百个死刑犯，有司请奏让他们及早受刑。当时快到重阳佳节了，正是家人团聚之时。唐太宗不禁心生恻隐，想囚犯也都是有家有感情的人啊，他们就这样死去岂不可悲，不如让他们回家看看再受刑吧。于是，他和囚犯们约好，放他们回家，一个月过完节以后回来受刑。

人们都觉得死囚们一定不会遵守约定，逃亡不归。但到了约定的时间，这几百个死囚一个不差地回来了，他们被唐太宗宽容的胸襟所感动了，他们宁愿受刑而死也不愿辜负相信他们、宽容他们的君主。唐太宗觉得百姓犯罪自己作为君主也有过错，如今这些人知道信守承诺，还不是无药可救，全部杀了过于残忍。于是下诏自责，并让刑部酌减他们的罪行，给他们重新改过的机会。

正因为唐太宗能宽容柔和地对待所有人，所以朝中大臣无不尽心，都能直言进谏，改革弊政，百姓也大都能体恤上意，安分守己，国家很快从战争的创伤中恢复过来，成为中国历史上最为强大富裕的阶段之一。

唐太宗自己也曾论及治理成功的原因，他和侍臣讨论时概括说，自己的成功关键就在用人上，用人的原则就是包容并蓄、宽大柔和。他说："过去的皇帝常常妒忌有才能的人。我不这样，我见到谁有才能就高兴，好像就是我自己的才能似的。我用人主要是用他的长处，避免他的短处，不要求一个人样样都行。我不像有的皇帝那样，对有功的人就喜欢得抱在怀里，对犯了错误的人就讨厌得要推到沟里去。我是既尊重有功的人，也原谅犯错的人。过去有的皇帝，忌恨敢说直话的大臣，随便杀害他们。我从来不这样，对说直话的人一向是奖励的。过去的皇帝差不多都只重视汉族人，轻视别族的人。我没有这种偏见，无论是不是汉族，我同等对待，所以好些外族都来投靠我。"

"宽裕温柔，足以有容也"，唐太宗领悟了其真谛，他对任何人都宽大包容，所以他才能创建一个海纳百川的盛世，成为史上最伟大的帝王之一。

我们在现实生活中同样需要宽裕温柔的修养，如此才能去包容他人，领导他人，与他人和谐相处。每个人都会犯错误，包括我们自己，无论你是一个领导者还是普通人。作为领导者要能包容不同类型的下属，并能宽容下属的错误。在下属犯错之后，不要用苛责加深他们犯错后本来就有的惭愧与羞耻，而要主动开导他们，帮助他们从错误中吸取教训，使错误成为促进组织进步的投资而不是损失。作为一个普通人，我们对自己的亲人、朋友，对不经意间碰到的陌生人都要有一颗宽容之心，这是做人的美德，也是让自己的生活更加美好的重要因素。如果你喜欢苛责和计较，你的生活就会变得晦暗、狭隘，如果你能时刻保持宽容大度，就会发现生活处处开阔，处处充满了温暖的阳光。

对别人宽裕，就是对自己宽裕；对别人温柔，就是对自己温柔。只有宽裕温柔的人才能包容万物，才能获得事业的成功和生活的幸福。

齐庄中正足以有敬

"齐"就是斋，指的是斋戒。"齐庄中正，足以有敬也"，就是告诉人们平时待人处事，必须在内心有斋戒、祭祀时的那种敬诚之心。以诚敬正直的态度对待他人，他人才能够尊敬你；以威严庄重的态度对待世事，才能避免轻佻带来的过错，才能远离灾祸。

北宋大儒程颐，就十分看重一个"敬"字，他将"主敬"视为儒家修养的根本。"主敬"就是"敬一约处"，即保持端正、恬静的精神状态，保持待人处事的赤诚之心。人们平时在说一个年轻人有修养时，常说这个人"成熟稳重"，成熟稳重的人不会像小孩子一样，随意胡为，不会轻佻恣肆地生活，他的行止坐卧都有常规，他的饮食起居都有调理，他知道自己平时应该遵守那些规矩，这就是"敬一约处"的表现。若是在没有人的时候，也能坚持这种"敬一"的状态，那就是平常我们所讲的"慎独"了，是中庸之道的重要要求。

人与人之间交往，最重要的就是"敬"，人们常说"你敬我一尺，我敬你一丈"，敬是大家都希望得到的，也是在得到别人认可时必须付出的。要想做到敬，就必须时刻怀着敬畏、礼敬之心，对待任何人、任何事都要像对待斋戒一样。看到了貌不起眼的人，不要小视人家，不要故意去欺凌；别人请求你做什么事，不要敷衍塞责，答应了就要尽力而为；在和人交往的时候，不要轻佻，时刻遵守应有的礼节；别人不小心触犯了自己，也要保持相应的气度，不可斤斤计较……这些都是"齐庄中正"的表现，都是一个人做到敬、得到敬所必需的。

敬是一种重要的美德，敬畏的态度是修养达到一定程度的外露，《春秋左氏传》上说："敬，德之聚也。"在上位者只有以敬临下，属下才会亲近他，愿意为其献力献智；统治者只有以敬临民，人民才会认可他，愿意受其统治、领导。

秦朝末年，刘邦起兵反秦，他为人大度宽容，处事不拘小节，能得下属之心，但平时轻视礼节，对人不够尊敬。当他路过魏地的时候，儒生郦食其求见。开始递上名帖的时候，刘邦一看是个儒生，便轻怠地丢到了一边，不愿相见。郦食其便对通报的人说："不要说我是儒生，就说是高阳酒徒郦食其要求见沛公!"通报的人汇报给了刘邦，说他气概非凡，于是刘邦才勉强接见他。

刘邦的接见，没有一点礼节，郦食其进了大帐，他还在两个美女的陪侍下一边洗脚一边饮酒。郦食其遭到轻慢很是生气，便问道："足下是想和诸侯一起讨伐暴秦呢，还是准备帮暴秦消灭诸侯呢?"刘邦大怒，训斥道："天下的人身受秦朝的苦已经很久了，所以诸侯们才陆续起兵反抗暴秦，你这个没见识的腐儒，怎么能说帮助秦朝攻打诸侯呢?"郦食其回答："您既然是想推翻残暴的秦朝，那就不应该用这种傲慢的姿态对待长者。秦朝正是因为对大臣、百姓没有尊敬之心，只知道逞自己的威势，用暴力、酷法去对待他人，才有今天的混乱。你这样做岂不是步秦朝的后尘，不是想帮助暴秦是干什么呢?"

刘邦听后肃然改容，连忙停止了洗脚，将郦食其请到上座，诚恳地向他赔礼道歉，并请教当今形势。郦食其于是对其谈了自己对天下的见解，并劝其夺取天下的要道陈留。在郦食其的帮助下，刘邦轻而易举地取得了陈留，从此有了自己的根据地，实力迅速发展壮大。

刘邦开始没有端庄的表现、恭敬的态度，险些失去了一位人才，知错以后，及时改正，所以郦食其才献力帮助他夺取了陈留。一个领导者要想建立一番功业，就要以海纳百川的胸襟去包容天下贤人，而"敬"就是得到贤人信服的必备素质。历史上有很多统治者因为不敬，而失去人才。三国时，西蜀的张松本来想将自己绘制的西川地图献给曹操，但曹操接见他时十分轻慢，这让张松心灰意冷，怀揣地图离开许都。但路过荆州时，刘备对其礼遇有加，将其视为上宾，张松感动，于是将地图献给了刘备，这是刘备能了解蜀中虚实、轻易击败刘璋的重要因素。

敬就能得人，不敬就会失人，甚至给自己招来杀身之祸。历史上因为对他人不敬，而招致灾祸的事数不胜数。不管是布衣百姓，还是天子诸侯，只要有轻视他人之心，就会引来他人的怨恨，如此还想长久安乐是不可能的。

春秋时，晋国大夫郤克、卫国大夫孙良夫、鲁国大夫季孙行父都到齐国去访问，齐顷公在朝堂上接见他们。这三位使臣都有些身体缺陷，郤克有些驼背，孙良夫一只眼睛有病，而季孙行父则腿脚不好。齐顷公一见面就发现了他们的缺点，于是心中一动，准备开个大玩笑。他对大家说，让使臣们先回宾馆休息，齐国好好准备一番，明日举行大礼接见。

第二天，三位使臣来到了朝堂之外，便有三个侍从来引导他们上殿。走到郤克面前的是个驼背、走到孙良夫面前的是个独眼龙、走到季孙行父面前的是个拐子。这三对人往殿上一走，齐国君臣都暗笑起来，齐顷公的母亲也被请来观看，躲在帷幕之后，看到这一幕不禁笑出了声。这时三位使臣才知道是齐侯故意捉弄，忍着羞辱参加完会见仪式，愤愤不平地回到宾馆，他们相互约好，一定要报复齐国，一雪耻辱。

多年以后，郤克成了晋国的执政大臣。他上台之后第一件事就是攻打齐国，报复齐顷公昔日施加给自己的耻辱。卫国的孙良夫、鲁国的季孙行父也在朝中掌有大权，一致支持晋国的行动。于是，晋军大举攻齐，齐顷公亲自率军抵抗，结果在鞌地被打得大败，狼狈逃走。

齐顷公就是因为没有保持"齐庄中正"的态度，失敬于人，所以招致了丧军辱国的祸患。尊敬他人就是尊敬自己，时刻保持敬畏之心，保持端庄有礼的态度，才能避免耻辱，避免祸患。

三十二、至诚章

唯天下至诚，为能经纶①天下之大经，立天下之大本，知天地之化育。夫焉有所倚？肫肫②其仁！渊渊其渊！浩浩其天！苟不固聪明圣知达天德者，其孰能知之？

注 释

①经纶：治理。

②肫肫：诚恳的样子。

译 文

只有德行达到至诚的圣人，才能成为治理天下的崇高典范，才能树立起天下的根本法则，掌握天地化育万物的大道。他们依靠的是什么呢？诚挚不二的仁心，玄幽如渊的智慧，广阔如天的德行！如果不是真正聪明智慧圣德如天者，谁能知道"至诚"对于人生的重要性呢？

经典解读

"诚者天之道也，诚之者人之道也"，天之所以那么崇高、地之所以那么博厚、圣人之所以受人崇敬，就是一个"诚"字。他们没有任何私心私欲，一心一意地造福百姓，利泽万民，所以才能得到那样的地位、获得所有人的认可。

"经纶天下之大经"，就是让天下众生安享太平，将治理天下之事变得有条不紊的一套大经大法。尧、舜、文王、武王，为人民解忧，为人民伸张正义，救天下于倒悬，百姓将他们看成是自己的父母一般，后世的统治者无不将他们作为自己的典范，就是如此。"立天下之大本"，就是在社会中建立起最根本的原则、根本的道德基础，使天下人有所执持而不至于迷惘。孔子为了实现仁政、让天下回归正道而奔走驰骋，他向上继承尧舜文武之德，在下引领世间君子几千年时间，古今之人，上至天子、下至庶民都遵其道而行，如此便是。"知天地之化育"，就是阐明天地养育万物之理，并以仁义道德等美德去资助它们，去规范统治者，去引导天地众生。历朝历代的有德君子，能够规劝君主施行善政，能够教导人民向善弃恶，崇敬德行的都是如此。

先圣贤人之所以能够做到这些，靠的就是至诚的修为：诚挚不二的仁心，玄幽如渊的智慧，广阔如天的德行。所以，一个人要想在一生中不迷失本性，要想有所作为，都要将至诚作为个人修养的目标，将诚作为个人行事的原则。

哲理引申

至诚者得天下

前面讲过"有德者必得其位"，德行完备的人一定能够得到他们应有的位置；本章所讲的道理类似，即高居在上的位置，只有德行至诚的人才配得到。德行至诚，才能为天下树立典范，为天下确立根本，代替天地化育百姓——也就是"经纶天下之大经，立天下之大本，知天地之化育"。想要得到高居在上的位置，却不修养自己的德行，妄想通过沽名钓誉等不正当手段获得，便是缘木求鱼，要么得不到，即便得到也不会坐得安稳。拥有高高在上的位置，却没有超出众人的德行，那位置便如摇摇欲坠的危楼，那权势便如惊涛骇浪中的小舟，随时可能倾覆、随时可能招来祸患。

古代的圣人懂得这个道理，所以他们从来不希求自己能得到什么位置，而是专注于修养自己的德行，专注于为百姓造福，但那位置就像上天授予他们的一样，从来也不会失去。大禹就是一个因为有至诚之德而得到天下的人。

禹的父亲叫鲧，是尧帝的大臣。尧帝之时，洪水肆虐，浩浩荡荡，淹没平原，很多人因大水而死去，活着的人只能退到较高的山地上与野兽争抢生存空间。那里没有肥沃的土地，人民生活十分贫苦，尧帝十分忧心，便寻找能治理水患的人。鲧有些治水才能，便被众人推举了出来。但鲧在治水的时候不怎么用心，一连治理九年，水患都没有消除，百姓都怀有怨气。尧帝年老以后，将政事委托给了舜。舜看到鲧不称职，不忠于职守，便将其撤职，流放到羽山，并杀死在了哪里。

舜又寻求能治理洪水的人，大家都推荐鲧的儿子禹，于是禹被起用治理水患。禹是一个善良的人，他早就为人民被洪水所困而感到忧心了，并没有因为父亲被杀而忌恨舜，毅然承担起了治理水患的重任。那时，禹刚刚结婚，他的妻子涂山氏是一位贤惠的女人，也很支持丈夫治水的决心，于是恩爱的夫妻含泪告别。

禹想到父亲因为治水无功而遭到诛杀，心中既悲伤又羞耻，他下决心一定要将洪水驯服。为了治理洪水，他礼贤下士，向部下和劳动人民征求意见。改变了父亲一味堵的做法，选择疏通河道，将河水导入大海的办法。为了寻找适合的水道，他和助手伯益、后稷等跋山涉水、风餐露宿，走遍了中原的大大小小山脉，穷乡僻壤，人迹罕至的地方都留下了他们的足迹。他往往左手拿着准绳，右手拿着规矩，走到哪里就量到哪里。每发现一个地方需要治理，禹就到各个部落去发动群众来施工，每当水利工程动工的时候，他都和人民在一起劳动，吃在工地，睡在工地，挖山掘石，披星戴月地干。

禹生活简朴，住在很矮的茅草小屋子里，吃的比一般百姓还要差，所以参与治水的百姓都愿意为他服务，听从他的领导。他曾多次路过家门，但为了早日治好洪水，早点解除人民的灾难，他都忍着不去探望妻儿一眼。

大禹整整花了十三年时间，才将洪水治理好，为了治水，他的皮肤不知泡烂了多少次，他的头发花白了，他的背也驼了，身上布满了伤痕。但通过他的努力，昔日泛滥的洪水失去了往日的凶悍，变得驯服了，被淹没的平原又从水中露出来，人们走下高山丘陵，可以在肥沃的土地上种植庄稼了，可以在干燥的土地上盖房居住了。天下的百姓都传颂着大禹的恩德，但大禹本人却从不夸耀、骄傲，也不求取什么封赏。

后来，舜帝老了，在选取继承人的时候，大家都不约而同地推举禹。禹继承了天子之位，他的儿子启建立了我国第一个世袭王朝夏朝。

大禹之所以能够得到天下，就是因为他有至诚无私的德行，他为了天下百姓的利益，愿意离别新婚的妻子，离开温暖的家，没日没夜地在荒野大山中奔波。他能真诚地对待每一个人，能够用自己的努力付出换取人民的幸福，所以人们相信他，愿意让他来领导自己，愿意让他成为首领。他的德行不仅让他得到了整个天下，还垂及后世，让他的子子孙孙都被世人所敬仰。

大禹去世以后，本来要立伯益为天子。但四方诸侯、天下百姓都怀念禹的恩德，希望他的儿子能够继位。诸侯朝觐时不去朝觐伯益，而是朝觐启，说："这是我们禹王的儿子啊！"百姓有了纠纷也不去找伯益解决，而是找启，说："这是我们禹王的儿子啊！"

一个人拥有了至诚无私的德行，能够真心真意地为百姓谋利，便会像大禹一样不仅深受爱戴，还能延福于子孙，又怎么会得不到应有的位置呢？可是一些愚昧的统治者，不懂得这个道理，只知道盯着权势地位，甚至为了这些末端丢弃德行这立身的根本。他们不考虑国家、不考虑百姓，用阴谋诡计篡取帝位，用武力夺得权势，比如秦二世、隋炀帝，比如南齐明帝萧鸾、北齐武成帝高湛。这些人虽然得到了梦寐以求的高位，但他们浅陋的德行给王朝和自己的后代都带来了灭顶之灾，最终落得一个臭名昭著，世代受人唾骂。

所以说，唯有德行至诚的人才能得到天下，不修德而求高位者是自取灾祸。

诚为修身准则

至诚者可以得天下，没有什么比至诚的道德对人更为宝贵的了。我们普通人虽然达不到至诚的境界，不能做到内心绝对地真诚无私，但也不能放弃对道德至诚的不懈追求，也需要在日常中把"诚"作为修身、处世的基本原则。

诚首先是对自己而言，一个人在对他人真诚之前，一定要做到自己内心的真诚。内心真诚，就是言行一致，表里如一，不欺骗自己。很多人好慕虚荣，生活在虚假的世界之中，自欺欺人，这是儒家修行所应尽力避免的。孟子认为诚是一个人修养中最快乐的事，他说："万物皆备于我矣。反身而诚，乐莫大焉。"世上所有的美德，本就存在心中，如果人能够真诚地观照自己的内心，他就会将恻隐之心、是非之心、辞让之心、羞恶之心等良心发扬光大，那也就具备了仁义礼智信等各种美德，那才是真正的修为，人生中真正值得快乐的事。

荀子也说："君子养心莫善于诚，致诚则无它事矣。唯仁之为守，唯义之为行。"君子修身养德其实很简单，诚心地守护着仁义就可以了。做任何事情之前，诚心诚意地反省一下，这是否符合仁义，是否有违背原则之处，有就停止，没有再去做，那还会有什么过错，还怕什么修为不足呢？世俗中大多数人就是不能做到"诚"，心里一套，表面一套，做点善事都是沽名钓誉，修养德行却抱着功利的目的，所以他们虽然经年累月地喊着修德的口号，在道德上却没有任何增益。《大学》中说："所谓诚其意者，毋自欺也。"以诚处世的人，不会自欺欺人，不会夸耀自大，他们时刻保持着自谦自律的态度，所以才德行日增，过错日损。

战国时候的宋康公就是个自欺欺人的人。宋康公本来没有被立为君主，但他一直窥伺君位，趁着哥哥宋剔成君不注意，发动兵变将哥哥赶到了国外，自己做了国君。他通过不正当的手段夺得王位以后，便想建功立业来掩饰自己的卑劣行径。于是打出了兴复国家的旗号，大肆对外用兵，向东面攻打齐国，夺取了五座城池，向南面打败楚军，抢得三百余里的土地，向西面击败了魏军，也抢占了不少土地。宋国有见识的大臣，看到君主不修德行，而四处凭恃武力树敌，便对他进行规劝，宋康公不听，说自己是上天授命。

宋国有人发现一个小鸟的巢穴中出现了体形巨大的鹑鸟，宋康公得知后大喜，让太史给自己占卜，得到结果是宋国必能称霸天下。宋康公大喜，于是出兵灭掉了滕国，攻打薛国，夺取了淮北的大片土地。为了向百姓彰示自己的德行，他玩起了千年以前老祖宗殷王武乙的老把戏，用皮袋子装满兽血，把它挂起来用箭射击，称为"射天"，又用鞭子鞭打土地，砍掉土神、谷神的神位，将它们烧掉，称自己降服了天下鬼神。做了这些之后，他便沉溺于酒色之中，大臣有劝谏的，他就当面辱骂："我的德行、功业连天地都超过了，你们凭什么来劝我！"

宋康公自欺欺人，倒行逆施，国中百姓都非常恐慌，诸侯们也对他十分厌恶、称其为"桀宋"，说："宋君会干出他的祖先商纣王干过的事，不能不杀。"齐国国君齐愍王见宋康公众叛亲离，便派军攻打宋国。宋康公刚刚取得一点小胜利，便认为自己无所不能了，不听朝政，齐国的军队都打进国门了，他还做着称霸天下的美梦呢。有向他汇报军情的，他就认为是妖言惑众，将使者处斩。结果，再也没有人敢说一句实话，都称赞他德行高，天下无双。没过几天，齐国的军队一路打到了宋国都城之下，大臣们早就抛弃宋康公投降了，宋康公这才从自己的谎言中醒过来，但已经晚了，只好收拾车马逃亡去了，宋国也就此被灭掉。

宋康公想要恢复先祖的功绩，却不知道度德量力，修养自己的德行，施行富国强兵的善政，而相信占卜之说，自己给自己编造了一个美好的谎言，这就是不诚。居于高位，内心不诚而遭到国破逃亡的命运也就很自然了。任何时候社会中都有很多像宋康公这样的人，不求内心的真诚，而过分在乎外部的虚名虚誉，在别人面前装作自己多么有德，多么有才，时间长了，连自己都相信了。想要获得尊敬，想要得到认可，不从根本的道德上下功夫，只会找一群狐朋狗友相互吹捧，做些沽名钓誉的事。这种人是不会有任何修为，不会取得任何成就的，他们的真面目必定为君子所不耻。

清代大学者纪晓岚在《阅微草堂笔记》中记载了这样一个故事。

有个叫林某某的翰林很有学问，一见人面就讲先贤圣人的大道理，时刻标榜自己的清廉德行。

一天，有个做地方官的同乡前来看望他，带了些物品相赠。林先生看到这些礼物以后，脸色立刻变了，对同乡说自己平生节俭朴素，向来不需要这些东西，而且大家都是读圣贤书的，搞这些干什么。同乡见他品性高洁，态度严正，只好带着礼物回去了。

送走宾客以后，林先生徘徊在客厅之前，惆怅迷惘，若有所失。家人请他进屋吃饭，都遭到他狠狠的责骂。他这种怪异的表现出现过好几次。后来他每到这时，便忽然听到有几个人吃吃地偷笑，到处寻找却毫无踪迹。作者说大概这就是狐狸精一类的东西吧。

虽然纪晓岚托言鬼神狐妖，但道理却很值得深思。一个人如果内心不诚，表里不一，就会被他人所耻笑，被鬼神所耻笑，时间长了就连自己都会平白无故地感到羞愧，觉得到处都有人嘲讽自己。这也就是被天地鬼神、被自己良心所不容了。

所以说，人修身养德一定要以诚为本，诚是防止迷惘、祸患的根本，诚是君子处世最大的智慧。

三十三、日章章

原 文

《诗》曰："衣锦尚䌹①。"恶其文之著也。故君子之道，暗然而日章；小人之道，的然②而日亡。君子之道：淡而不厌③，简而文，温而理，知远之近，知风之自，知微之显，可与入德矣。

《诗》云："潜虽伏矣，亦孔之昭！"故君子内省不疚，无恶于志。君子所不可及者，其唯人之所不见乎！

《诗》云："相在尔室，尚不愧于屋漏。"故君子不动而敬，不言而信。

《诗》曰："奏假④无言，时靡有争。"是故君子不赏而民劝，不怒而民威于钺。

《诗》曰："不显惟德！百辟⑤其刑⑥之。"是故君子笃恭而天下平。

《诗》云："予怀明德，不大声以色。"子曰："声色之于以化民，末也。"

《诗》曰："德輶如毛。"毛犹有伦。"上天之载，无声无臭。"至矣！

注 释

①衣锦尚䌹：衣，穿着；锦，色彩艳丽的锦绸衣服；尚，在外面加套；䌹，粗麻衣。

②的然：明显的样子。

③厌：满足。

④奏假（zōng jiǎ）：谓祭祀时精诚上达于神。

⑤百辟：诸侯。

⑥刑：效仿。

译　文

《诗经·卫风·硕人》中说："身穿锦绣衣服，外面罩件套衫。"这是为了避免锦衣彩纹过于招摇。所以，君子之道深藏不露而日益彰明，小人之道显露无遗而日渐消亡。君子之道：平淡而无欲，简约而有文，温和而有理，由近知远，由风知源，由微知显，这样，就可以进入道德境界了。

《诗经·小雅·正月》中说："潜藏的即使很深，也会得到昭显的！"所以，君子只需自我反省没有愧疚，内心不存恶念。君子德行超出一般人的地方，大概就在这些不被人看见的地方吧！

《诗经·大雅·抑》中说："看你独处一室之时，是否还能无愧于神明。"所以，君子就是在没做什么事的时候也是恭敬的，就是在没有对人说什么的时候也是信实的。

《诗经·商颂·烈祖》中说："庄重祈祷不出声，保持肃静无争执。"所以，君子不用赏赐而人民自然劝勉，不用愤怒而人民自然懂得敬畏。

《诗经·周颂·烈文》中说："弘扬那盛德啊！诸侯们都来效仿。"所以，君子笃诚恭敬而天下自然平治。

《诗经·大雅·皇矣》中说："我怀有光明的品德，不用厉声厉色。"孔子说："用厉声厉色来教化百姓，是最拙劣的手段。"

《诗经·大雅·烝民》中说："德行轻如鸿毛。"轻如鸿毛还是有物可以比拟的。《诗经·大雅·文王》又说："上天所承载的大德，既没有声音，也没有气味"。这才是最高的德行啊！

经典解读

作为全文的结尾，本章引用了一系列《诗经》中的语句，来说明作为君子应具有的美德。

"衣锦尚絅"意喻君子美于内而朴于外，虽然德行、学识，卓然超群，却能保持谦虚恭谨的态度，朴实无华的外表。君子之道，重内不重外，有实而无华，合乎中庸，合乎天道；小人之道，务名不务实，有貌而无德，是邪僻之道。

淡而不厌：君子对于世俗追逐的名利富贵，淡然而无欲；对于自身的道德和学识，求之而不厌。颜渊居陋巷，食糙粝而不改其乐，三月行仁不辍，即是如此。简而文：君子不饰于外，然德行焕然，学识卓著，威仪动静之间，其文郁郁可观。颜渊似愚，曾子性鲁，然而他们的言行皆合乎中道。温而理：君子以和气处世，举止有原则，言辞合道理。君子的修为达到以上几点，便可智慧通明，洞悉事理：由近知远，由风知源，由微知显。后面引用《诗经》中的语句，都是一步步逐渐加深地说明君子之道：内省无疚，正心慎独，随时敬畏，弘扬圣德，化育百姓，最终达到无声无臭的至诚境界。

本章从一开始的慎独到最后的至诚之境，与《中庸》全篇相呼应，是全书的一个总结，可以作为君子修行的总纲。子思以诗经为佐证，反复叮咛，显示了其教人、弘道的深切用意。

哲理引申

君子之道暗然而日章

君子每日为学为道，追求的是学识的增进和德行的完备，德行、学识积累到一定程度，自然能够显露出来，感染他人，从而获得应有的声望和地位。君子最忌讳脱离德行和学识的虚名虚誉，他们宁愿像在锦衣外套粗麻衣一样隐藏起自己的才能，也不会让外在的虚名腐蚀自己的灵魂，不愿让虚名虚誉扰乱自己平静的内心。而小人则恰恰相反，他们有点见识就要拿出来炫耀一番，有点长处唯恐他人不知，他们不注重内在的德行和学识，整日沉迷于虚名虚誉之中，最后终将被其所累，名声日渐消亡，沦为平庸无能之辈。

宋代大儒周敦颐曾在《通书》中说："实胜，善也；名胜，耻也。故君子进德修业，孳孳不息，务实胜也；德业有未著，则恐恐然畏人知，远耻也。小人则伪而已。故君子日休，小人日忧。"即君子追求德业的进步，这才是人生中最重要，最实在的；如果德业不足，而徒有虚名，君子便会以此为耻。他们在德业未足之时，最害怕身负虚名，这会让自己修行之路受阻。那些追求虚名的小人，看似得到了实惠，其实他们是在浪费自己的精力，抛弃自己名誉声望的根本，当他的德业越来越差之时，再多的虚名虚誉都会失去，所能得到的只不过是耻辱罢了。

颜渊就是一个重视内在德行而轻视虚誉的人，他十分好学，能够长期坚持老师教导的仁德，孔子很欣赏他，经常在其他弟子面前夸赞他，号召他们向他学习。但颜渊总是觉得自己的修为、学识还不够，时刻以谦恭的态度对待老师和同学，有了什么见解从来不夸耀显摆。这样时间久了，孔子看到他听完讲解，既不提问题，也没有什么恍然大悟的表现，便想是不是颜渊变得愚钝了呢？他便告诉其他弟子留意一下，后来发现，颜渊并不是真的愚钝，而是故意表现得低调，他虽然当面不发表自己的见解，但在回家之后能仔细思考老师教的内容，并有所引发。所以孔子有这样一句话："吾与回言终日，不违如愚。退而省其私，亦足以发，回也不愚！"

重视虚名是君子修行之大忌，也是为人处世应该极力避免的。过于炫耀自己的才能，不仅无益于进德修业，还会给自己带来难以估量的祸患。三国时候的杨修，就是因此而被曹操杀死的。

杨修出身于名门世家，父亲是汉朝太尉杨彪。他从小极为聪明，受到良好教育，学问渊博，受到当时很多名士的欣赏、推崇。曹操当权以后，杨修被举为孝廉，任职郎中，后来担任了曹操的丞相府主簿。曹操忙于军务，杨修负责内外之事，打理得井井有条，很合曹操的心意，曹操十分器重他。

但过了不久，杨修便骄傲自大起来，恃才傲物，凭借曹操对自己的欣赏和自己的身世、名声，到处显露自己的才能，逐渐引起了曹操的厌恶。

一次有人送给曹操一盒酥，曹操吃了一点，在盒盖上题了"一盒酥"三个字，就出去了。回来以后，发现杨修正带着众人大快朵颐，曹操大怒，问他们为何如此不守规矩。杨修上前说道："丞相不是自己在盒盖上题了'一人一口酥'吗？所以我才让他们遵循丞相的旨意，每人分吃一点啊。"曹操听了这种狡辩，虽然心中不快，但也没有说什么，摆摆手将酥赏赐给了众人。杨修为自己的聪明而沾沾自喜。

又一次，曹操修建了一个花园，带人观赏完以后，在门上写了个"活"字便离开了。众人都不知其意，杨修站出来说："门上一个'活'字，不就是'阔'吗！丞相是嫌格局太空阔了。"管理花园的人，连忙照其意思改修。数日以后，曹操再次到来，觉得很满意，问怎么知道自己心意的。众人都称赞："杨主簿聪明智慧，能懂得丞相心意。"曹操虽然面上满意，心中却很不喜欢别人能窥伺到自己心意。

曹操长子在战争中死去了。次子曹丕、三子曹植，都很有才，尤其曹植诗文无双，曹操拿不定主意该立谁为世子，便对他们进行多次考察。在考察中，曹植多次胜出，曹操对其很满意。后来，发现是杨修在暗中辅助曹植，帮助曹植赢得比赛。曹操大怒，认为杨修涉足自己的家事，心怀不轨，将会对自家不利。他曾专门写信给杨修的父亲杨彪说："足下贤子，恃豪父之势，每不与吾同怀，即欲直绳，顾颇恨恨。"面对曹操如此严厉的警告，杨修还是不以为意，认为自己才高名重，不会有什么危险。

后来曹操率军西进，和刘备争夺汉中，两军交战，曹军不利，曹操心中犹豫不知该退该进。一天，传令官询问军中口令，曹操正在喝鸡汤，随口答道："鸡肋。"传令官不知什么意思，便求教于杨修，杨修告诉他："鸡肋啊，吃它没有什么肉，丢弃了又十分可惜，丞相这是打算撤军了！"于是，这番话在军中传开，各部都开始收拾行装，为撤退做准备。曹操夜行，看到这种情况，大惊，连忙询问是谁让收拾行装的。众人都说是杨主簿猜到丞相心意。曹操大怒，再也忍不下去了，立刻下令将杨修以扰乱军心之罪处斩。

杨修之死就是因为名胜于实，又不知道收敛自己的才智，到处炫耀。《菜根谭》中说："君子之才华，玉韫珠藏，不可使人易知。"真正有大智慧的君子，绝不会到处炫耀以获取虚名虚誉，以至于给自己招来祸患。他们隐藏自己的才智，不被外物所扰乱，不息不辍地追求德业的进步，德行、学识达到极高境界时世人自然会了解他们，崇敬他们，愿意向他们学习。

君子身修而人服

君主要想让人民信服，实现治国平天下的政治理想，根本在于哪里，就是自身的德行而已。德行到达了至诚之境，必然能显露彰明，能感动外物，能化育百姓，能成就高如天、厚如地的功绩。所以，君主只要一心修德，追求诚明，达到了应有的境界，人民自然会信服他，百姓自然会劝勉，诸侯自然会效仿，天下自然平治。

《诗经·小雅·正月》中说："潜藏的即使很深，也会得到昭显的！"就是告诉人们，不要追逐外在的名誉、富贵，不要在乎世俗的权力、地位，只要你诚心自省，修德进业，内心不存恶念杂念，总有一天你会"出于其类，拔乎其萃"，你的德行、见识都会被世人所认可，应有的声望、地位也就自然到来了。

孔子从来不向谁炫耀自己的德行，也不卑躬屈膝地祈求官做，但天下的君子无不称赞他，期望与他交往；天下的诸侯也都恭敬地对待他，向他讨教政事。子禽对孔子的名望如此之高感到好奇，便询问子贡说："夫子到了每个国家，都能听闻该国的政事，是夫子自己求得的呢？还是别人主动告诉他的？"子贡说："夫子温和、善良、恭敬、俭朴、谦让，他有这样的德行，别人自然愿意将政事告诉他了。夫子所寻求听到政事的方式，和别人寻求听到政事的方式大概有所不同吧！"孔子也想闻得政事、参与政事，但他知道自身的德行才是得到这些的根本。所以，他不像普通人那样到处低声下气地求官，到处宣传自己有多么多么的厉害，只是不断修养自身的道德，以温和、善良、恭敬、谦让的态度对待别人。别人与他接触以后，便知道了孔子是一个道德高尚、学识渊博的君子，值得尊重、请教，便主动把自己国家的政事告诉他，征求他的意见。孔子便是这样通过修习自身的德行而令他人信服。

《诗经·大雅·抑》中说："看你独处一室之时，是否还能无愧于神明。"这还是强调"慎独"的重要性，一个人能反身自省，无愧于心，那他的德行就没有太大缺失了。如此光明磊落的人，即使不去做什么，大家也都会尊敬他；即使没有什么特别的言论，大家也都会相信他。

宋朝的儒者徐积就是一个内心极为真诚的人。他情性纯孝，三岁之时父亲就去世了，他对父亲"求之甚哀"，母亲让他读《孝经》的时候，他都极为哀痛，落泪不止。父亲名字为"石"，他为了避讳，终身不用石器。起初，有人觉得他父亲去世的那么早，他却如此悲伤，一定是装出来的，便暗中观察他。后来，人们看到他自己走路的时候，遇到大石头都避开不践踏，问其缘由，他说："我看到这些石头，就想起去世的父亲，不禁怵然伤心，哪还忍心去践踏呢？"人们这才知道，他的孝是出于真心的。

徐积侍奉母亲，尤为恭谨，每天早晚都要向母亲请安，从不停辍。一天，他穿着公服去见贵官，换衣服时忽然想到：穿公服见贵官是为了表示尊敬，那每日见母亲岂能懈怠？于是第二天早上，他就庄重地穿着公服去拜见母亲。有时母亲回娘家住，他也要穿戴整齐每日省视，亲戚路人看到他这样，都嘲笑他。但他却坚持这样做，一直没有放弃。

一天，他想买些猪肉给母亲吃，路上经过了一家肉铺，便打算在这里买。忽然想起还要到集市上买别的东西，便离开了。回来的时候，有别的肉铺顺路，徐积刚打算买肉，忽然想到：自己来时已经打算在那个肉铺买了，这时心中已经许下了，如果忽然改到其他的肉铺中，岂不是违背初心。于是，就绕了远路，回到来时经过的那个肉铺将肉买了下来。说给别人听时，别人都笑他迂腐，徐积却说："做人就应该这样，不欺人，亦不欺本心。"

徐积时刻都诚心自守，从来不做言行不一的事，因此，他虽然没有做什么大官，也没有特殊的才能，但乡里人都信任他、尊敬他，有了疑惑的事就来向他请教，甚至有了纠纷不去找官府，而来找他调解。

徐积为何能做到"不动而敬，不言而信"，就是诚心修德而已。人如果能时刻保持诚的态度，不懈地追求德业的进步，周围的人自然能感到他伟大的人格力量，怎么可能不信任他，不尊重他呢？

统治者治理人民、引导人民，更应该要"为政以德"，通过端正自身德行来使人民劝勉、服从；而不是通过厉声厉色、严刑酷法使人民畏惧。季康子曾向孔子请教政事，问道："如果杀死无道的人，来成全有道的人怎么样呢？"孔子回答："您治理政事，哪里用得着杀戮的手段呢？您只要想着行善修德，老百姓也会跟着行善修德。在上位者的品德好比风，在下位人的品德好比草，风吹到草上，草就必定跟着倒。"所以说，君子为政贵在诚心修德，身修德备则民必心服。这也是《中庸》中强调"君子不用赏赐而人民自然劝勉，不用愤怒而人民自然懂得敬畏"、"君子笃诚恭敬而天下自然平治"、"用厉声厉色来教化百姓，是最拙劣的手段"的原因所在。

所以说，君子无论处于什么地位之上，无论处于什么环境之中，都要时刻端正自己的诚心，将修身养德作为立身之本，这也是包括《中庸》在内所有儒家经典的最基本要求。

附录 中庸章句序

中庸何为而作也？子思子忧道学之失其传而作也。盖自上古圣神继天立极，而道统之传有自来矣。其见于经，则"允执厥中"者，尧之所以授舜也；"人心惟危，道心惟微，惟精惟一，允执厥中"者，舜之所以授禹也。尧之一言，至矣，尽矣！而舜复益之以三言者，则所以明夫尧之一言，必如是而后可庶几也。

盖尝论之：心之虚灵知觉，一而已矣，而以为有人心、道心之异者，则以其或生于形气之私，或原于性命之正，而所以为知觉者不同，是以或危殆而不安，或微妙而难见耳。然人莫不有是形，故虽上智不能无人心，亦莫不有是性，故虽下愚不能无道心。二者杂于方寸之间，而不知所以治之，则危者愈危，微者愈微，而天理之公卒无以胜夫人欲之私矣。精则察夫二者之间而不杂也，一则守其本心之正而不离也。从事于斯，无少间断，必使道心常为一身之主，而人心每听命焉，则危者安、微者著，而动静云为自无过不及之差矣。

夫尧、舜、禹，天下之大圣也。以天下相传，天下之大事也。以天下之大圣，行天下之大事，而其授受之际，丁宁告戒，不过如此。则天下之理，岂有以加于此哉？自是以来，圣圣相承：若成汤、文、武之为君，皋陶、伊、傅、周、召之为臣，既皆以此而接夫道统之传，若吾夫子，则虽不得其位，而所以继往圣、开来学，其功反有贤于尧舜者。然当是时，见而知之者，惟颜氏、曾氏之传得其宗。及曾氏之再传，而复得夫子之孙子思，则去圣远而异端起矣。子思惧夫愈久而愈失其真也，于是推本尧舜以来相传之意，质以平日所闻父师之言，更互演绎，作为此书，以诏后之学者。盖其忧之也深，故其言之也切；其虑之也远，故其说之也详。其曰"天命率性"，则道心之谓也；其曰"择善固执"，则精一之谓也；其曰"君子时中"，则执中之谓也。世之相后，千有余年，而其言之不异，如合符节。历选前圣之书，所以提挈纲维、开示蕴奥，未有若是之明且尽者也。

自是而又再传以得孟氏，为能推明是书，以承先圣之统，及其没而遂失其传焉。则吾道之所寄不越乎言语文字之间，而异端之说日新月盛，以至于老佛之徒出，则弥近理而大乱真矣。然而尚幸此书之不泯，故程夫子兄弟者出，得有所考，以续夫千载不传之绪；得有所据，以斥夫二家似是之非。

盖子思之功于是为大，而微程夫子，则亦莫能因其语而得其心也。惜乎！其所以为说者不传，而凡石氏之所辑录，仅出于其门人之所记，是以大义虽明，而微言未析。至其门人所自为说，则虽颇详尽而多所发明，然倍其师说而淫于老佛者，亦有之矣。

熹自蚤岁即尝受读而窃疑之，沈潜反复，盖亦有年，一旦恍然似有以得其要领者，然后乃敢会众说而折其中，既为定著《章句》一篇，以俟后之君子。而一二同志复取石氏书，删其繁乱，名以《辑略》，且记所尝论辩取舍之意，别为《或问》，以附其后。然后此书之旨，枝分节解、脉络贯通、详略相因、巨细毕举，而凡诸说之同异得失，亦得以曲畅旁通，而各极其趣。虽于道统之传，不敢妄议，然初学之士，或有取焉，则亦庶乎行远升高之一助云尔。

淳熙己酉春三月戊申，新安朱熹序。